MANUAL
P de roducción
M ultimedia

De la idea al Remake:
Teatro, Radio,
Cine, Televisión,
Internet,
Animación y más

COPYRIGHT

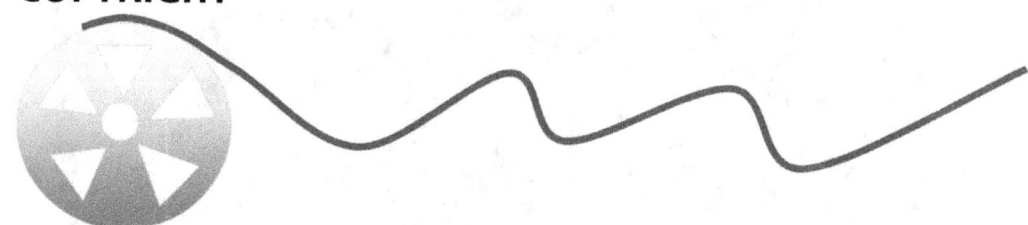

© 2018, David Isaac Ruiz A.: "Manual de Producción Multimedia: De la idea al remake: Teatro, Radio, Cine, Televisión, Internet y más."

Diseño gráfico, portada y fotografías: Servicios Promonet
Correo electrónico: serviciospromonet@gmail.com

ISBN: 9781977075703
1. Multimedia. 2. Audiovisual
I. Título.

Cesión de derechos de distribución
versión impresa: Amazon Digital Services, Inc.
410 Terry Avenue North, Seatle, WA, 98109.
Estados Unidos de América.

Derechos de autor registrados: Panamá, República de Panamá.

Primera edición impresa: Febrero, 2018.
Blog oficial del autor: http://authordavidisaacruiz.tumblr.com

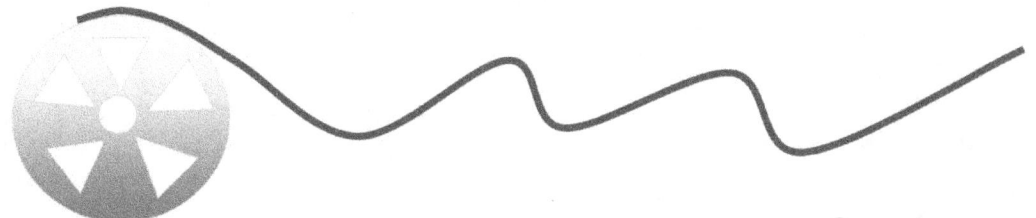

CONTENIDO
Manual de Producción Multimedia

TITULO

ACERCA DEL AUTOR

PROLOGO

CAPITULO 1

Siglo VI a.C.: El Teatro
1837: El Telégrafo
1839: La Fotografía
1876: El Teléfono
1895: El Cinematógrafo
1904: La Radio
1923: La Televisión
1943: La computadora
1973: El Internet
1995: El Celular

CAPITULO 2

Texto: del Plain text al Open file
Imagen: del gif al 3D
Video: del mp4 al blue ray
Audio: del mp2 al mp3
HTLM: del Htlm 5 al App
Almacenamiento digital

CAPÍTULO 3

Géneros Teatrales
Géneros Cinematográficos
Géneros Radiofónicos
Géneros Televisivos
Géneros de Internet

CAPÍTULO 4

La Cabina de radio
El Estudio de televisión
La locación de Cine
La Isla de edición

CAPITULO 5

La idea
Biografía corta
Adaptaciones
Sinopsis
Construcción de personajes
Tratamiento o argumento
Lista de escenas
Continuidad dialogada
Formato del Guión
Software para guiones
El guión preliminar
Las 6 preguntas
Gestión legal del desarrollo
Tipos de Contratos
El guionista y productor

CAPÍTULO 6

Organización de Pre producción
Gestión legal en Pre producción
Dirección artística
Page to page
Storyboarding
Teaser

Scouting de Locaciones
Financiamiento y coproducción
Acting Coaching
Plan de Rodaje

CAPÍTULO 7

Field Producer
Dirección de Arte
Iluminación
Fotografía y cámaras
Audio y sonido
Pre Edición y Data Managing
Electricidad
El Director
El Primer Asistente de dirección
Segundo asistente de dirección
Continuidad
Teoría de Dirección de Cine

CAPITULO 8:

Técnicas de Montaje
Edición Artística
Efectos digitales
Montaje de secuencias
Masterizado digital
Plan de Marketink de Cine
Plan de Distribución de Cine
Auditoría de Recaudación

GLOSARIO

BIBLIOGRAFÍA

OTROS EBOOKS DE ESTE AUTOR

EBOOKS DE FICCIÓN HISTÓRICA

ACERCA DEL AUTOR

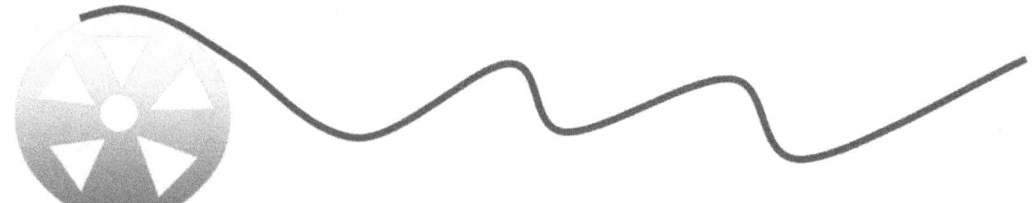

David Isaac Ruiz A. (Abril 14, 1981), es un comunicador, escritor y guionista panameño. Es autor de la monografía para licenciatura titulada "50 años de televisión educativa: evolución y replanteamientos" para optar por la licenciatura en Producción radial y televisiva de la Facultad de Comunicación Social, Universidad de Panamá, 2003. Publicó por primera vez cuentos y poesía en el libro colectivo "Contar no es juego", 2007, junto a otros noveles autores egresados del Diplomado de Creación Literaria que imparte el escritor Enrique Jaramillo Levi en la Universidad Tecnológica de Panamá. Durante su vida Ruiz también ha incursionado en el desarrollo de proyectos de cine como el largometraje animado "El Waca de Plata" el cual fue becado como finalista en el Panama Film Lab 2013, y coautor del guión adaptado para el largometraje de la novela homónima "Mujeres en fuga" de la escritora panameña Rose Marie Tapia, 2015, entre otros proyectos inéditos. Sus conocimientos en la ciencia de la nutrición, los cuales se exponen en la obra "12 Dietas de Plenitud" son basados en las más recientes investigaciones y traducciones compiladas a partir de su extensa labor en el periodismo médico desde 2009. Otro de los libros digitales que publica con la colaboración de profesionales de la estética es "Manual de Estética: Introducción y práctica para Spa y Clínicas estéticas" que esta enfocado en las terapias y tratamientos de salud y belleza más comprobados en la actualidad.

También disponible en Amazon.com :

- "Jean Santeuil" por Marcel Proust, 1954. Novela de ficción histórica reeditada con portada, notas de referencia y prefacio de David Ruiz. (2015)
- "12 Dietas de Plenitud" por David Isaac Ruiz, 2016. Serie Completa y en 6 volúmenes separados. Publicación de No ficción con un plan de nutrición empírico, basado en investigaciones recientes.

- "Manual de Estética: Introducción y práctica para Spa y Clínicas estéticas" 2017. Está enfocado en las terapias y tratamientos de salud y belleza.

Nota: Los derechos de distribución mundial de este libro están cedidos exclusivamente a Amazon Digital Services, Inc.
http://www.amazon.com/author/mykindlebooks

Esta obra es distribuida estrictamente para uso personal. En ningún caso puede ser reproducida por ningún medio electrónico ni impreso ni ser utilizada en su totalidad con fines comerciales, exceptuando el uso de algunos fragmentos como referencia, pero con el consentimiento previo y por escrito de su autor.

Correo de contacto: escribanoproducciones@gmail.com

PROLOGO

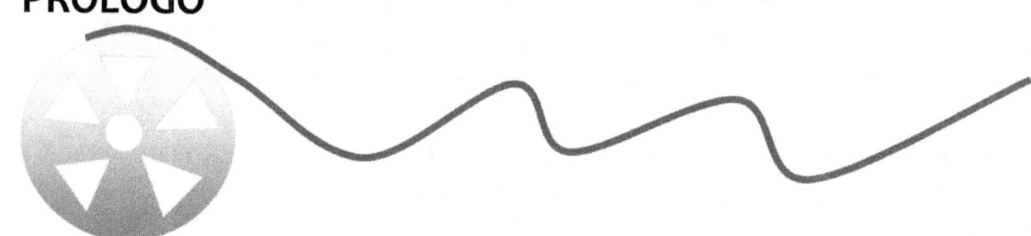

La integración del texto, la imagen en movimiento y el sonido, para traducirlos a un lenguaje que los hace invisibles y los proyecta alrededor del planeta ha sido el logro de muchos inventores soñadores.

De que aprendamos a aprovecharlo sabiamente dependerá el futuro que soñamos.

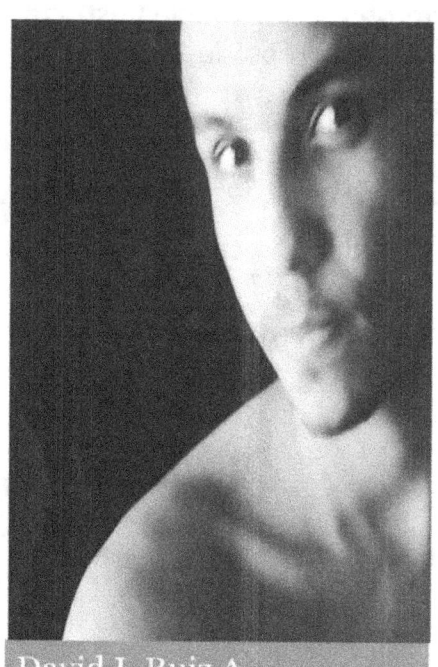

David I. Ruiz A.
Escritor y comunicador

Nuestro principal propósito es continuar afianzando los conocimientos de los lectores. Por ello, decidimos editar este libro electrónico para todas aquellas personas que ven en la producción multimedia un pasatiempo o hobbie, un sueño, una profesión o carrera de vida. Y como la producción audiovisual no ha parado de evolucionar, de mejorar y de sorprender las audiencias formadas por millones de espectadores ansiosos de informarse, entretenerse y transformar modos de vida; este libro cuenta con varios capítulos que van ilustrando, definiendo y explicando muchos de los conceptos y procedimientos que son necesarios para trabajar dentro de la industria cinematográfica, televisiva y audiovisual, sin dejar atrás a aquellos medios primigenios que fueron dando forma y carácter a lo que hoy día llamamos multimedia. Con esta lectura, podrás emprender tus propios proyectos multimedia, o inclusive administrar una empresa de medios como tu negocio propio.

La bibliografía disponible en la Internet sobre las técnicas y procesos de producción más aceptados al presente, ha quedado actualizada con este Manual que no dejó nada pendiente, porque se han incluido todos los temas y subtemas que completarán cualquier duda que se tenga y esté relacionada a este campo tan influyente en nuestros días en la sociedad global.

Comenzando con el capítulo uno donde abordamos la historia y el origen de los inventos de medios de comunicación desde la Revolución Industrial hasta llegar a nuestra época contemporánea donde la tecnología digital ha reunido, reducido su tamaño y aumentado su capacidad. En el segundo capítulo titulado "Formatos digitales" definimos sus tipos de archivos digitales y los beneficios de utilizarlos de manera combinada, además de comentar sobre las posibilidades futuras.

Exploraremos en el tercer capítulo, cómo los géneros de teatro, se trasladaron a la radio, se mejoraron con el lenguaje visual y se unieron al lenguaje htlm para proyectarse a través del espacio virtual de la Internet, unir culturas diversas, creando toda una nueva industria del entretenimiento a través de video juegos, redes sociales y demás subgéneros para los públicos más variados.

"Espacios Multimedia" es el título del cuarto capítulo que nos describe aquellos lugares dispuestos con las herramientas necesarias para los profesionales del multimedia. Además encontramos algunas comparaciones de lo que fue el proceso mediante equipos análogos con la reciente y ya casi definitiva introducción de la era digital. Al final de todos estos capítulos encontrará buzones con ideas principales para recordar y actividades sugeridas tanto como para profesores y estudiantes de cine y de otros medios.

"Desarrollo del Proyecto" es otro capítulo de éste tema que abrimos desde la concepción de la idea, el proceso de un guionista hasta alcanzar la versión final de su guión, los inicios de la necesaria gestión legal y financiera de esta etapa y el papel del Productor y muchas más recomendaciones de cómo empezar un proyecto con buen pie.

Otro de los tópicos que no hemos dejado fuera de este libro son todos los directores que intervienen en la producción, abarcando el Productor de campo, el arte, vestuario y escenografía, como iluminación, técnicas de fotografía, los avances en audio y sonido y musicalización. Descubrimos los secretos del page to page, storyboarding, teaser y el acting coaching. El capítulo siete es acerca de la Producción y Rodaje divididos en más de diez sub temas. Por supuesto que también hemos querido dividir las funciones precisas del director, sus asistentes y continuistas de acuerdo a las tendencias actuales que introducen al Data Manager. En la parte final de este capítulo reunimos un compendio de los autores y teóricos más influyentes en el estudio de los fenómenos sociales propiciados por el uso del cine como medio de expresión artística en todo el mundo.

Finalmente en el octavo capítulo conoceremos cómo se diferencian las técnicas de montaje, basado expresamente en los conceptos expuestos por las teorías históricas, cuya evolución hasta nuestros días le permite sostenerse como una fuente de empleos para las economías latinoamericanas. En último lugar incluimos la etapa de Post Producción, con algunos de los secretos de una producción exitosa y taquillera, con consejos de marketing, distribución y gestión posterior a un estreno audiovisual, hasta su fase de recaudación y las posibilidades de readaptar y venderla como remake e incluso de crear productos promocionales.

Será siempre para mí un placer compartir con ustedes amigos lectores, los más importantes datos de la producción audiovisual y multimedia que haya podido hasta ahora compilar para este manual o guía, que si bien no es extensa, esperamos que para usted no se quede en el olvido y pueda aprovechar estos conocimientos para su profesión, crecimiento y bienestar personal.

El autor.

CAPÍTULO 1

HISTORIA DEL MULTIMEDIA

- El Teatro
- La telégrafo
- El fotografía
- El teléfono
- La radio
- El cine
- La televisión
- La Computadora
- El Internet
- El Celular

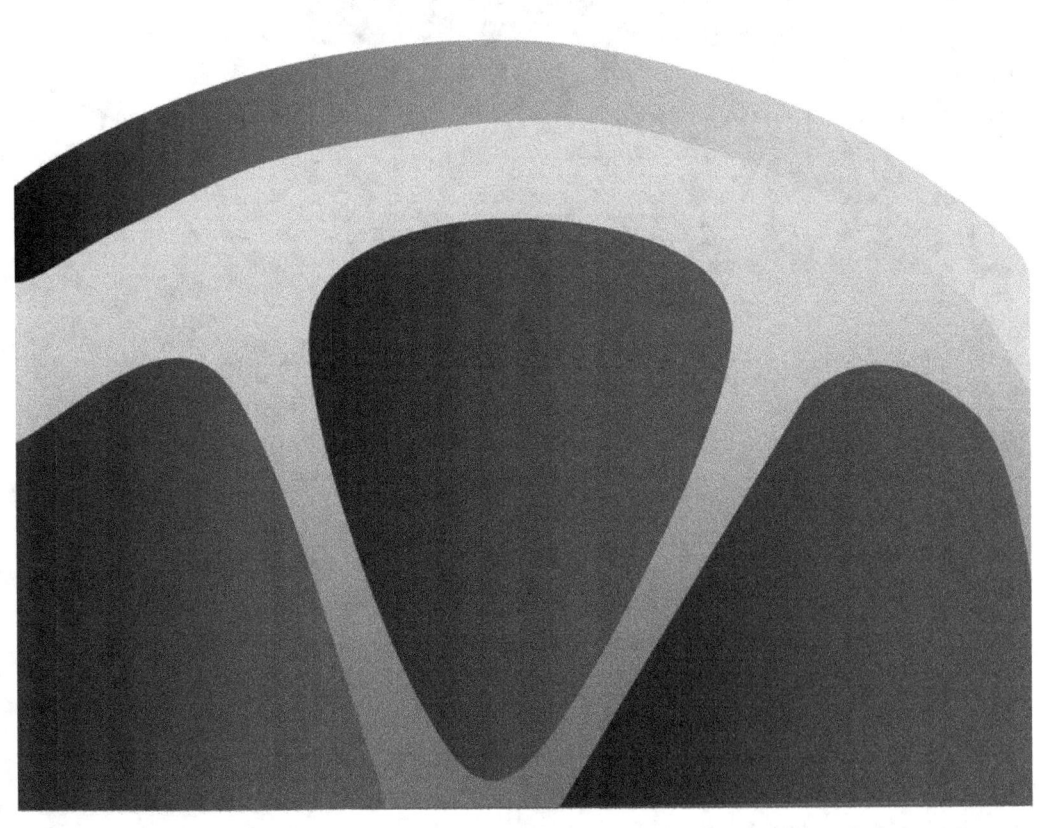

Historia del Multimedia

La tecnología digital del siglo XXI nos sigue trayendo avances que facilitan y aceleran nuestras actividades como nunca antes imaginamos. Esa obsesión del hombre por comunicarse a largas distancias, de influir en las masas o en la opinión pública, de enriquecer sus economías para subsistir y simplemente educarse y entretenerse; han impulsado el descubrimiento y perfeccionamiento de muchas máquinas e invenciones que desde la Revolución industrial han asombrado a generaciones por todo el planeta. Estos inventores y sus creaciones marcaron la historia.

De la edad de piedra a la informática han trascurrido muchos siglos. Si hubiésemos seguido usando la piedra, no nos hubiésemos provisto del perfeccionamiento que exigimos al cumplir nuestras tareas, a comparación como se logró con los precisos materiales que componen un microchip, como lo es el silicio. Los multimedia son considerados como la forma de presentar información la cual emplea una combinación de texto, sonido, imágenes, animación y vídeo. Según el dispositivo en que se reproduce el multimedia, este puede ser una PC de escritorio, una tableta, una portátil o laptop, o dispositivo móvil o celular.

Entre las aplicaciones informáticas multimedia más corrientes figuran las Apps, redes sociales, libros electrónicos, juegos, programas de aprendizaje y material de referencia como las enciclopedias en DVD o CD.

La mayoría de las aplicaciones multimedia incluyen asociaciones predefinidas conocidas como hipervínculos, que permiten a los usuarios moverse por la información de modo más intuitivo e interactivo.

Los productos multimedia, bien planteados, permiten que una misma información se presente de múltiples maneras, utilizando cadenas de asociaciones de ideas similares a las que emplea la mente humana. La conectividad que proporcionan los hipertextos hace que los programas multimedia no sean meras presentaciones estáticas con imágenes y sonido, sino una experiencia interactiva infinitamente variada e informativa.

Las aplicaciones multimedia son programas informáticos, que suelen estar almacenados en micro discos externos (SD-CARD, USB o DVD). También pueden residir en World Wide Web (páginas de Web). La vinculación de información mediante hipervínculos se consigue utilizando programas o lenguajes informáticos especiales. El lenguaje informático empleado para crear páginas de Web se llama HTML (siglas en inglés de HyperText Markup Language). Su versión más reciente es HTML 5.

Las aplicaciones multimedia suelen necesitar más memoria y capacidad de proceso que la misma información representada exclusivamente en forma de texto. Por ejemplo, una computadora que ejecute aplicaciones multimedia tiene que tener una CPU rápida (es el elemento electrónico del ordenador que proporciona capacidad de cálculo y control). Un ordenador multimedia (se llama así al que tiene capacidad para ejecutar aplicaciones multimedia) necesita memoria adicional para ayudar a la CPU a efectuar cálculos y permitir la representación de imágenes complejas en la pantalla, tarjetas de sonido y vídeo avanzadas, altavoces y otros tipos de hardware y software que faciliten la ejecución de audio, vídeo y animaciones.

El ordenador también necesita un disco duro de alta capacidad para almacenar y recuperar información multimedia, así como una unidad de disco para ejecutar aplicaciones almacenadas en memorias de almacenamiento externo como el DVD, o Blue-Ray.

Siglo VI a.C.: El Teatro

La Producción multimedia, tal y como la conocemos hoy se debe a la evolución y contribución de muchos géneros literarios, pero principalmente lo ha sido del teatro.

El naturalismo es responsable en gran medida de la aparición de la figura del director teatral moderno. Aunque todas las producciones teatrales a lo largo de la historia fueran organizadas y unificadas por un individuo, la idea de un director que interpreta el texto, crea un estilo de actuación, sugiere decorados y vestuario y da cohesión a la producción, es algo moderno. Durante mucho tiempo, en la historia del teatro, la función del director era asumida por el autor de la obra. En el siglo XVIII y parte del XIX, el director era a menudo el actor principal de la compañía, el actor-gerente. La creciente dependencia de las cuestiones técnicas, los efectos especiales, el deseo de precisión histórica, la aparición de autores que no se involucraban directamente en la producción y la conveniencia de interpretar aspectos psicológicos del personaje, crearon la necesidad de un director.

El concepto moderno de director se remonta al siglo XVIII con el actor-gerente David Garrick, quien estudió derecho, pero se convirtió en mercader de vinos y finalmente pasó de los negocios al teatro. Debutó como actor profesional en Ipswich en 1741 con Oroonoko o el esclavo real, obra del dramaturgo británico Thomas Southerne. Su éxito le llevó a actuar en Londres ese mismo año en el papel protagonista de Ricardo III, con el cual logró un triunfo sensacional. Garrick estaba dotado por igual para la tragedia, la comedia y la farsa. Rompió con el elaborado estilo declamatorio francés, tan de moda en la época, y siguió la fórmula más natural de entregarse al verso sugerida por Shakespeare. Como gerente, incorporó la iluminación escénica e introdujo telones de fondo pintados con inspiración naturalista.

El duque Jorge II de Saxe-Meiningen, que regía sobre los actores en su teatro ducal de Meiningen (Alemania), está considerado como el primer director. El primer director naturalista en Francia fue André Antoine, cuyo pequeño Théâtre Libre produjo muchas obras naturalistas nuevas. Antoine intentó imprimir detalles realistas en todos sus decorados e instruía a sus actores para que se pudieran comportar sobre el escenario como si estuvieran en una habitación cualquiera.

El arte dramático es un género literario, escrito ya sea en prosa o en verso, normalmente dialogado, concebido para ser representado; las artes escénicas cubren todo lo relativo a la escritura de la obra teatral, la interpretación, la producción, los vestuarios y escenarios.

El término drama viene de la palabra griega que significa "hacer", y por esa razón se asocia normalmente a la idea de acción. En términos generales se entiende por drama una historia que narra los acontecimientos vitales de una serie de personajes. Como el adjetivo dramático indica, las ideas de conflicto, tensión, contraste y emoción se asocian con drama. Una representación consta sólo de dos elementos esenciales: actores y público. La representación puede ser mímica (véase Mimo) o utilizar el lenguaje verbal. Los personajes no tienen por qué ser seres humanos; los títeres o el guiñol han sido muy apreciados a lo largo de la historia, así como otros recursos escénicos. Se puede realzar una representación por medio del vestuario, el maquillaje, los decorados, los accesorios, la iluminación, la música y los efectos especiales. Estos elementos se usan para ayudar a crear una ilusión de lugares, tiempos, personajes diferentes, o para enfatizar una cualidad especial de la representación y diferenciarla de la experiencia cotidiana.

1837: El telégrafo

Los primeros equipos eléctricos para transmisión telegráfica fueron inventados por el estadounidense Samuel F. B. Morse en 1836, y al año siguiente por el físico inglés Charles Wheatstone en colaboración con el ingeniero sir William F. Cooke. El código básico, llamado código Morse, transmitía mensajes mediante impulsos eléctricos que circulaban por un único cable. El aparato de Morse, que emitió el primer telegrama público en 1844, tenía forma de conmutador eléctrico. Mediante la presión de los dedos, permitía el paso de la corriente durante un lapso determinado y a continuación la anulaba. El receptor Morse original disponía de un puntero controlado electromagnéticamente que dibujaba trazos en una cinta de papel que giraba sobre un cilindro. Los trazos tenían una longitud dependiente de la duración de la corriente eléctrica que circulaba por los cables del electroimán y presentaban el aspecto de puntos y rayas.

En el transcurso de los experimentos con dicho instrumento, Morse descubrió que las señales sólo podían transmitirse correctamente a unos 32 km. A distancias mayores, las señales se hacían demasiado débiles para poder registrarlas. Morse y sus colaboradores desarrollaron un aparato de relés que se podía acoplar a la línea telegráfica a unos 32 km de la estación emisora de señales a fin de repetirlas automáticamente y enviarlas otros 32 km más allá. El relé estaba formado por un conmutador accionado por un electroimán.

En la telegrafía cuádruplex, inventada en 1874 por Thomas Edison, se transmitían dos mensajes simultáneamente en cada sentido. En 1915 se implantó la telegrafía múltiple que permitía el envío simultáneo de ocho o más mensajes. Ésta y la aparición de las máquinas de teletipo, a mediados de la década de 1920, hicieron que se fuera abandonando progresivamente el sistema telegráfico manual de Morse de claves y que se sustituyera por métodos alambrados e inalámbricos de transmisión por ondas.

En la actualidad otras invenciones como el teletipo y el fax reemplazaron la utilidad del telégrafo.

1839: La Fotografía

La sensibilidad a la luz de ciertos compuestos de plata, particularmente el nitrato y el cloruro de plata, era ya conocida antes de que los científicos británicos Thomas Wedgwood y Humphry Davy comenzaran sus experimentos a finales del siglo XVIII para obtener imágenes fotográficas. Consiguieron producir imágenes de cuadros, siluetas de hojas y perfiles humanos utilizando papel recubierto de cloruro de plata. Estas fotos no eran permanentes, ya que después de exponerlas a la luz, toda la superficie del papel se ennegrecía.

Fue al siguiente siglo cuando, al utilizar una cámara oscura con el fin de hacer copias, William Talbot creó un procedimiento químico para conseguir imágenes en negativo sobre papel. El 25 de enero de 1839 publicó los detalles de su método llamado "dibujo fotogénico", Talbot descubrió que el papel recubierto con yoduro de plata resultaba más sensible a la luz si antes de su exposición se sumergía en una disolución de nitrato de plata y ácido gálico, disolución que podía ser utilizada también para el revelado de papel después de la exposición. Una vez finalizado el revelado, la imagen negativa se sumergía en tiosulfato sódico o hiposulfito sódico para hacerla permanente. Ocho meses antes de que el pintor francés Louis Jacques Mandé Daguerre hiciese público el procedimiento del daguerrotipo. Ambos sistemas consisten en sumergir la imagen revelada en una solución salina para fijarla e interrumpir el proceso de revelado y hacerla así permanente.

En 1841 inventó el calotipo para revelar la imagen fuera de la cámara. En este método el papel se humedece en una solución ácida de nitrato de plata, antes y después de su exposición y antes de ser fijada. Asimismo presenta la ventaja de producir una imagen en negativo de la cual se puede obtener la cantidad de copias deseadas.

En 1851 el escultor y fotógrafo aficionado británico Frederick Scott Archer introdujo planchas de cristal húmedas al utilizar colodión en lugar de albúmina como material de recubrimiento para aglutinar los compuestos sensibles a la luz. Como estos negativos debían ser expuestos y revelados mientras estaban húmedos, los fotógrafos necesitaban un cuarto oscuro cercano para preparar las planchas antes de la exposición, y revelarlas inmediatamente después de ella. Los fotógrafos que trabajaban con el estadounidense Mathew B. Brady realizaron miles de fotos de los campos de batalla durante la guerra de la Independencia estadounidense y para ello utilizaron negativos de colodión húmedos y carromatos a modo de cámara oscura.

Alrededor de 1884 el inventor estadounidense George Eastman patentó una película que consistía en una larga tira de papel recubierta con una emulsión sensible. En 1889 realizó la primera película flexible y transparente en forma de tiras de nitrato de celulosa. El invento de la película en rollo marcó el final de la era fotográfica primitiva y el principio de un periodo durante el cual miles de fotógrafos aficionados se interesarían por el nuevo sistema.

Desde 1950, han ido apareciendo diversas tendencias a medida que la distinción entre la fotografía documental y la artística se hacía menos clara. Algunos fotógrafos se inclinaron hacia la fotografía introspectiva mientras que otros lo hicieron hacia el paisajismo o el documento social.

Existe una tercera tendencia, que se ha desarrollado a partir de los primeros años de la década de 1960, hacia una fotografía manipulada cada vez más impersonal y abstracta. Para ello se han resucitado muchos de los sistemas de impresión empleados en los primeros años de la fotografía. Por oposición, los pintores neorrealistas han recurrido a fotos para la realización de muchos de sus cuadros.

El trabajo de los fotógrafos en color está empezando a vencer los prejuicios críticos anteriores contra el empleo del color en la fotografía artística.

1876: El teléfono

Desde los 18 años, Alexander Graham Bell había trabajado sobre la idea de la transmisión del habla. En 1874, mientras trabajaba en un telégrafo múltiple, desarrolló las ideas básicas de lo que sería el teléfono. Sus experimentos con su ayudante Thomas Watson los probó definitivamente con éxito el 10 de marzo de 1876. Especialmente una demostración, en 1876 durante la Exposición del Centenario en Filadelfia (Pensilvania), lanzó su invento a todo el mundo y le llevó a organizar en 1877 la Compañía de Teléfonos Bell.

En 1880 Francia concedió a Bell el premio Volta, dotado con 50.000 francos, por su invento. Con este dinero, fundó el Laboratorio Volta en la ciudad de Washington, donde el mismo año, él y sus socios inventaron el fotófono, que transmite sonidos por rayos de luz. Otros inventos suyos son: el audiómetro —utilizado para medir la agudeza de oído

El conjunto básico del invento de Bell estaba formado por un emisor, un receptor y un único cable de conexión. El emisor y el receptor eran idénticos y contenían un diafragma metálico flexible y un imán con forma de herradura dentro de una bobina. Las ondas sonoras que incidían sobre el diafragma lo hacían vibrar dentro del campo del imán. Esta vibración inducía una corriente eléctrica en la bobina, que variaba según las vibraciones del diafragma. La corriente viajaba por el cable hasta el receptor, donde generaba fluctuaciones de la intensidad del campo magnético de éste, haciendo que su diafragma vibrase y reprodujese el sonido original.

Estos equipos eran capaces de reproducir la voz, aunque tan débilmente que eran poco más que un juguete. La invención del transmisor telefónico de carbono por Emile Berliner constituye la clave en la aparición del teléfono útil. Consta de unos gránulos de carbono colocados entre unas láminas metálicas denominadas electrodos, una de las cuales es el diafragma, que transmite variaciones de presión a dichos gránulos. Los electrodos conducen la electricidad que circula a través del carbono. Las variaciones de presión originan a su vez una variación de la resistencia eléctrica del carbono. A través de la línea se aplica una corriente continua a los electrodos, y la corriente continua resultante también varía. La fluctuación de dicha corriente a través del transmisor de carbono se traduce en una mayor potencia que la inherente a la onda sonora original. Este efecto se denomina amplificación, y tiene una importancia crucial, pues hasta entonces un transmisor electromagnético sólo era capaz de convertir energía, y siempre producía una energía eléctrica menor que la que contiene la onda sonora.

1895: El Cinematógrafo

Aunque Thomas Edison hubiera patentado el kinetoscopio en 1891, el cine propiamente dicho no se conoció hasta el lanzamiento en 1895 por los hermanos Louis y Auguste Lumière en París, del cinematógrafo, capaz de proyectar películas sobre una pantalla para una gran audiencia. Así apareció un nuevo espectáculo de masas, bautizado como el séptimo arte. Sólo hacía falta añadir el sonido a las imágenes. Esto se consiguió con la invención de los sistemas de sincronización sonido-imagen por la

Vitaphone (1926) y la Movietone (1931) para que fuese tal y como hoy lo conocemos.

Louis y Auguste regentaban, junto con su padre, una fábrica de material fotográfico. El 13 de febrero de 1895 patentaron lo que se puede considerar la primera cámara de cine, que también funcionaba como proyector e impresora de copias. A este ingenio lo llamaron Cinematógrafo, del que se derivó la palabra cine. Funcionaba accionado por una manivela que permitía el arrastre intermitente de la película a una velocidad de 16 imágenes por segundo.

Para la presentación pública del inventó contaron con la ayuda del fotógrafo Clément Maurice, quien finalmente eligió un pequeño local situado en el sótano del Grand Café del Boulevard des Capuchines. La fecha escogida para la presentación de la primera película de la historia fue el 28 de diciembre de 1895. A la exhibición asistieron algunas personalidades de la escena parisina, como Georges Méliès, que inmediatamente percibió las enormes posibilidades de lo que estaba contemplando. El programa de estas primeras proyecciones estaba constituido por diez películas de 17 metros, entre las que se encontraban Partida de naipes, protagonizada por miembros de la familia Lumière, La llegada del tren, que causaba gran impacto entre el público, y, sobre todo, Salida de los obreros de la fábrica Lumière, la primera cinta rodada por los hermanos y un importante documento social antecesor de los primeros documentales.

1904: La Radio

La teoría de Maxwell se refería sobre todo a las ondas de luz; quince años más tarde, el físico alemán Heinrich Hertz logró generar eléctricamente tales ondas. Suministró una carga eléctrica a un condensador y a continuación le hizo un cortocircuito mediante un arco eléctrico.

El ingeniero electrotécnico e inventor italiano Guglielmo Marconi está considerado universalmente el inventor de la radio. A partir de 1895 fue desarrollando y perfeccionando el cohesor y lo conectó a una forma primitiva de antena, con el extremo conectado a tierra. Además mejoró los osciladores de chispa conectados a antenas rudimentarias. El transmisor se modulaba mediante una clave ordinaria de telégrafo. El cohesor del receptor accionaba un instrumento telegráfico que funcionaba básicamente como amplificador.

En 1896 consiguió transmitir señales desde una distancia de 1,6 km, y registró su primera patente inglesa. En 1897 transmitió señales desde la costa hasta un barco a 29 km en alta mar. Dos años más tarde logró establecer una comunicación comercial entre Inglaterra y Francia capaz de funcionar con independencia del estado del tiempo; a principios de 1901 consiguió enviar señales a más de 322 km de distancia, y a finales de ese mismo año transmitió una carta entera de un lado a otro del océano Atlántico. En 1902 ya se enviaban de forma regular mensajes transatlánticos y en 1905 muchos barcos llevaban equipos de radio para comunicarse con emisoras de la costa. Como reconocimiento a sus trabajos en el campo de la telegrafía sin hilos, en 1909 Marconi compartió el Premio Nobel de Física con el físico alemán Karl Ferdinand Braun.

1923: La Televisión

La historia del desarrollo de la televisión ha sido en esencia la historia de la búsqueda de un dispositivo adecuado para explorar imágenes. El primero fue el llamado disco Nipkow, patentado por el inventor alemán Paul Gottlieb Nipkow en 1884. Era un disco plano y circular que estaba perforado por una serie de pequeños agujeros dispuestos en forma de espiral partiendo desde el centro. Al hacer girar el disco delante del ojo, el agujero más alejado del centro exploraba una franja en la parte más alta de la imagen y así sucesivamente hasta explorar toda la imagen. Sin embargo, debido a su naturaleza mecánica el disco Nipkow no funcionaba eficazmente con tamaños grandes y altas velocidades de giro para conseguir una mejor definición.

Los primeros dispositivos realmente satisfactorios para captar imágenes fueron el iconoscopio, descrito anteriormente, que fue inventado por el físico estadounidense de origen ruso Vladimir Kosma Zworykin en 1923, y el tubo disector de imágenes, inventado por el ingeniero de radio estadounidense Philo Taylor Farnsworth poco tiempo después. En 1926 el ingeniero escocés John Logie Baird inventó un sistema de televisión que incorporaba los rayos infrarrojos para captar imágenes en la oscuridad. Con la llegada de los tubos, los avances en la transmisión radiofónica y los circuitos electrónicos que se produjeron en los años posteriores a la I Guerra Mundial, los sistemas de televisión se convirtieron en una realidad.

Las primeras emisiones públicas de televisión las efectuó la BBC en Inglaterra en 1927 y la CBS y NBC en Estados Unidos en 1930. En ambos casos se utilizaron sistemas mecánicos y los programas no se emitían con un horario regular. Las emisiones con programación se iniciaron en Inglaterra en 1936, y en Estados Unidos el día 30 de abril de 1939, coincidiendo con la inauguración de la Exposición Universal de Nueva York. Las emisiones programadas se interrumpieron durante la II Guerra Mundial, reanudándose cuando terminó.

A partir de la década de 1970, con la aparición de la televisión en color, los televisores experimentaron un crecimiento enorme, lo que produjo cambios en el consumo del ocio de los españoles.

1943: La Computadora

Durante la II Guerra Mundial (1939-1945), un equipo de científicos y matemáticos que trabajaban en Bletchley Park, al norte de Londres, crearon lo que se consideró el primer ordenador digital totalmente electrónico: el Colossus. Hacia diciembre de 1943 el Colossus, que incorporaba 1.500 válvulas o tubos de vacío, era ya operativo. Fue utilizado por el equipo dirigido por Alan Turing para descodificar los mensajes de radio cifrados de los alemanes. En 1939 y con independencia de este proyecto, John Atanasoff y Clifford Berry ya habían construido un prototipo de máquina electrónica en el Iowa State College (EEUU). Este prototipo y las investigaciones posteriores se realizaron en el anonimato, y más tarde quedaron eclipsadas por el desarrollo del Calculador e integrador numérico electrónico (en inglés ENIAC, Electronic Numerical Integrator and Computer) en 1946. El ENIAC, que según se demostró se basaba en gran medida en el ordenador Atanasoff-Berry (en inglés ABC, Atanasoff-Berry Computer), obtuvo una patente que caducó en 1973, varias décadas más tarde.

A finales de la década de 1950 el uso del transistor en los ordenadores marcó el advenimiento de elementos lógicos más pequeños, rápidos y versátiles de lo que permitían las máquinas con válvulas. Como los transistores utilizan mucha menos energía y tienen una vida útil más prolongada, a su desarrollo se debió el nacimiento de máquinas más perfeccionadas, que fueron llamadas ordenadores o computadoras de segunda generación. Los componentes se hicieron más pequeños, así como los espacios entre ellos, por lo que la fabricación del sistema resultaba más barata.

Un programa es una secuencia de instrucciones que indican al hardware de un ordenador qué operaciones debe realizar con los datos. Los programas pueden estar incorporados al propio hardware, o bien pueden existir de manera independiente en forma de software. Grace Hopper es considerada la pionera en el procesamiento de datos, a la matemática estadounidense Grace Hopper se le atribuye la creación del primer compilador en 1952. Hopper ayudó a desarrollar dos lenguajes informáticos, así como a convertir los ordenadores o computadoras en un elemento atractivo para el mundo de la empresa y más tarde del hogar con la parición de MS Dos.

1973: El Internet

Los orígenes de Internet hay que buscarlos en un proyecto del Departamento de Defensa estadounidense que pretendía obtener una red de comunicaciones segura que se pudiese mantener aunque fallase alguno de sus nodos. Así nació ARPA, una red informática que conectaba ordenadores localizados en sitios dispersos y que operaban sobre distintos sistemas operativos, de tal manera que cada ordenador se podía conectar a todos los demás. Los protocolos que permitían tal interconexión fueron desarrollados en 1973 por el informático estadounidense Vinton Cerf y el ingeniero estadounidense Robert Kahn, y son los conocidos Protocolo de Internet (IP) y Protocolo de Control de Transmisión (TCP). Fuera ya del ámbito estrictamente militar, esta Internet incipiente (llamada Arpanet) tuvo un gran desarrollo en Estados Unidos, conectando gran cantidad de universidades y centros de investigación. A la red se unieron nodos de

Europa y del resto del mundo, formando lo que se conoce como la gran telaraña mundial (World Wide Web). En 1990 Arpanet dejó de existir.

A finales de 1989, el informático británico Timothy Berners-Lee desarrolla la World Wide Web para la Organización Europea para la Investigación Nuclear, más conocida como CERN. Su objetivo era crear una red que permitiese el intercambio de información entre los investigadores que participaban en proyectos vinculados a esta organización. El objetivo se logró utilizando archivos que contenían la información en forma de textos, gráficos, sonido y vídeos, además de vínculos con otros archivos. Este sistema de hipertexto fue el que propició el extraordinario desarrollo de Internet como medio a través del cual circula gran cantidad de información por la que se puede navegar utilizando los hipervínculos.

World Wide Web (también conocida como Web o WWW) es una colección de ficheros, que incluyen información multimedia en forma de textos, gráficos, sonidos y vídeos, además de vínculos con otros ficheros. Los ficheros son identificados por un localizador universal de recursos (URL, siglas en inglés) que especifica el protocolo de transferencia, la dirección de Internet de la máquina y el nombre del fichero.

1995: El Celular

En 1995 existían en Inglaterra más de 2,2 millones de usuarios de radioteléfonos móviles y su número ha crecido desde entonces en todos los países de Europa hasta superar todas las previsiones. Algunas empresas importantes en la fabricación de estos dispositivos son Vodaphone, Ericsson, Nokia y Motorola. Inglaterra fue el primer país en ofrecer servicios de redes de comunicación personal (PCN), que permiten utilizar este tipo de teléfonos en casa, en el trabajo o de forma portátil siempre que exista cobertura de la red. Las PCN operan con una frecuencia de unos 1,8 gigahercios.

Originalmente los sistemas celulares eran analógicos, pero hoy día son casi todos digitales, como sucede con los GSM y los de tercera generación, y cuarta generación 4G de telefonía móvil.

La tecnología celular o radio celular, es un sistema de teléfono móvil por radio que se ha impuesto rápidamente en muchas ciudades y redes rurales de países de todo el mundo. El sistema, una versión en miniatura de las grandes redes de radio, recibe su nombre de las unidades "células" en que se divide un territorio. Cada célula tiene un radio de 1,5 a 2,4 km y está equipada con una emisora de radio con su propia gama de frecuencias radiofónicas. El mismo rango puede estar duplicado varias veces en una misma región, siempre y cuando las células que lo utilizan no sean colindantes. A medida que el teléfono móvil se desplaza por este mosaico de células, las llamadas de usuario —idénticas a las de los teléfonos convencionales— se van conmutando de una célula a otra mediante un sistema automatizado.

Tradicionalmente, el teléfono se ha utilizado para transmitir la voz, sin embargo, cada vez se usa más para otros tipos de transmisiones. Se pueden transmitir imágenes por teléfono utilizando el fax. Dos computadoras se pueden comunicar entre sí por teléfono utilizando el módem. Este tipo de comunicación se esta popularizando pues permite el acceso a Internet utilizando simplemente un módem conectado a la línea telefónica.

Dado que las comunicaciones entre centrales telefónicas está ya prácticamente digitalizada, el futuro de la telefonía incluirá la digitalización de la conexión entre los usuarios y las centrales utilizando fibras ópticas de bajo coste. La señal digital no sufre distorsión o ruido. Utilizando la fibra óptica local, la RDSI (Red Digital de Servicios Integrados) permitirá el acceso directo a múltiples servicios, como teléfono, videoteléfono, televisión digital o comunicación de datos con un solo conector.

IDEAS CLAVES DE ESTE CAPÍTULO

▶ La Historia de la humanidad nos demuestra cómo los inventos y descubrimientos de varios científicos de todas partes del mundo aportaron sus conocimientos para perfeccionamientos posteriores.

▶ Los primeros prototipos del telégrafo son los inicios del teclado, la prensa y de los chat que hoy día utilizamos, la televisión permitió el monitor de la computadora y así consecutivamente.

▶ Los más recientes avances de la tecnología demuestran que la venta de estas patentes han creado compañías multinacionales que permiten el flujo de información y entretenimiento para 7 mil millones de habitantes.

ACTIVIDADES SUGERIDAS

Realice un experimento. Construya una cámara estenopeica con una caja de cartón. Se puede construir una cámara sencilla haciendo un agujero en una caja. La luz pasa a través de este orificio y forma en la parte posterior de la caja una imagen invertida del sujeto. Ésta será un poco borrosa, pero con suficiente nitidez de detalle para que la película, colocada de forma adecuada, dé una buena fotografía. No obstante, esta clase de fotografía sólo es posible si la película no recibe ninguna otra luz.

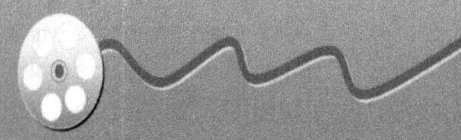

CAPÍTULO 2

FORMATOS DIGITALES MULTIMEDIA

- ▶ Texto
- ▶ Imagen
- ▶ Audio
- ▶ Video
- ▶ HTLM

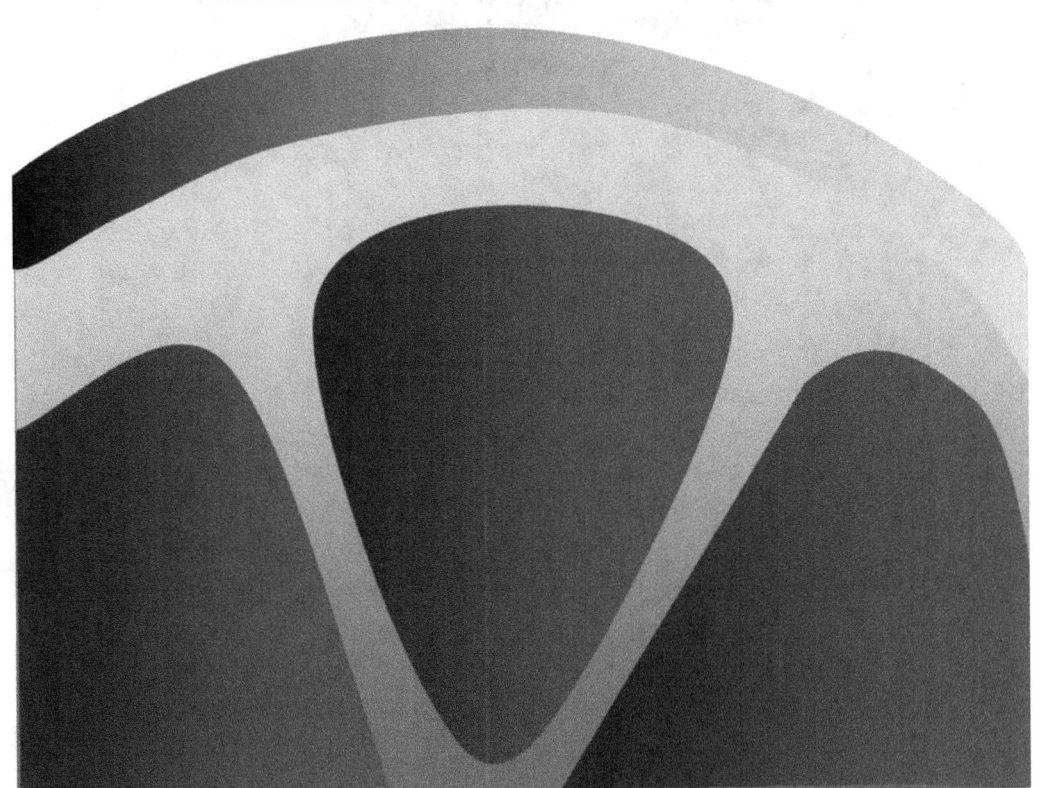

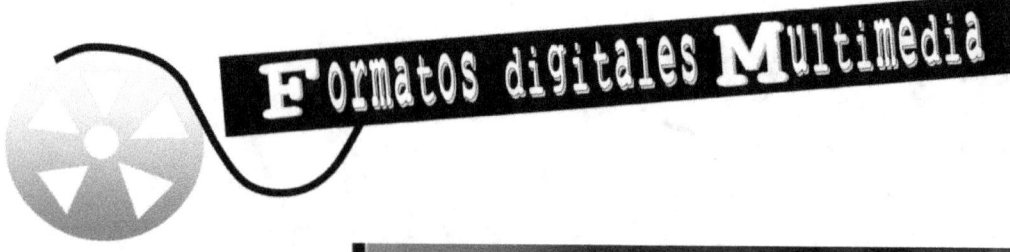

Formatos digitales Multimedia

Los formatos digitales son los archivos que crea cada programa para realizar las tareas multimedias, como editar imágenes, video, sonidos y texto. Las identificamos por sus íconos sobre la interfaz y solamente se abren con un programa específico. La capacidad del programa que escogemos instalar, limitará en gran medida las opciones o mejoras que apliquemos a un archivo. La oferta del mercado se actualiza con el paso del tiempo, algunas se afirman como las más útiles y otros sucumben ante los virus informáticos. Conozcamos algunos para usar en tu proyecto.

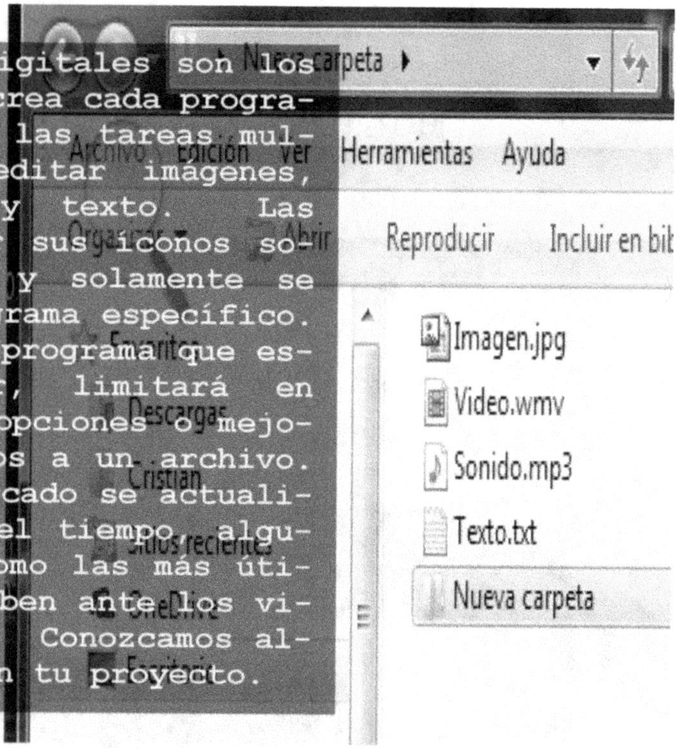

Como sabemos, todas las computadoras necesitan primeramente de un sistema operativo previamente instalado para poder ofrecer las herramientas básicas para reproducir y editar archivos multimedios. Cualquier aficionado sabe que estos son Windows o Linux, o Mac en el caso de los más populares entre los consumidores de tecnología. Un sistema operativo es un programa de control principal, almacenado de forma permanente en la memoria, que interpreta los comandos del usuario que solicita diversos tipos de servicios, como visualización, impresión o copia de un archivo de datos; presenta una lista de todos los archivos existentes en un directorio o ejecuta un determinado programa.

Un programa es una secuencia de instrucciones que indican al hardware de un ordenador qué operaciones debe realizar con los datos.

Los programas pueden estar incorporados al propio hardware, o bien pueden existir de manera independiente en forma de software. En algunas computadoras especializadas las instrucciones operativas están incorporadas en el sistema de circuitos; entre los ejemplos más comunes pueden citarse los microordenadores de las calculadoras, relojes de pulsera, motores de coches y hornos microondas. Por otro lado, un ordenador universal, o de uso general, contiene algunos programas incorporados (en la ROM) o instrucciones (en el chip del procesador), pero depende de programas externos para ejecutar tareas útiles. Una vez programado, podrá hacer tanto o tan poco como le permita el software que lo controla en determinado momento. El software de uso más generalizado incluye una amplia variedad de programas de aplicaciones, es decir, instrucciones al ordenador acerca de cómo realizar diversas tareas.

Estos dispositivos de salida permiten al usuario ver los resultados de los cálculos o de las manipulaciones de datos de la computadora. El dispositivo de salida más común es la unidad de visualización (VDU, acrónimo de Video Display Unit), que consiste en un monitor que presenta los caracteres y gráficos en una pantalla similar a la del televisor. Por lo general, las VDU tienen un tubo de rayos catódicos como el de cualquier televisor, aunque los ordenadores pequeños y portátiles utilizan hoy pantallas de cristal líquido (LCD, acrónimo de Liquid Crystal Displays) o electroluminiscentes. Otros dispositivos de salida más comunes son la impresora y el módem. Un módem enlaza dos ordenadores transformando las señales digitales en analógicas para que los datos puedan transmitirse a través de las telecomunicaciones.

Por otra encontramos los dispositivos de entrada que permiten al usuario del ordenador introducir datos, comandos y programas en la CPU. El dispositivo de entrada más común es un teclado similar al de las máquinas de escribir. La información introducida con el mismo, es transformada por el ordenador en modelos reconocibles. Otros dispositivos de entrada son los lápices ópticos, que transmiten información gráfica desde tabletas electrónicas hasta el ordenador; joysticks y el ratón o mouse, que convierte el movimiento físico en movimiento dentro de una pantalla de ordenador; los escáneres luminosos, que leen palabras o símbolos de una página impresa y los traducen a configuraciones electrónicas que el ordenador puede manipular y almacenar; y los módulos de reconocimiento de voz, que convierten la palabra hablada en señales digitales comprensibles para el ordenador. También es posible utilizar los dispositivos de almacenamiento para introducir datos en la unidad de proceso.

En diseño gráfico y multimedia, los dispositivos de entrada de datos o archivos más útiles en la actualidad son los celulares android y tablets, que por lo general desde un cable usb conectado al dispositivo permiten descargar o copiar fotos y videos previamente grabados con una calidad de imagen regular, no profesional pero aceptable y compatible para la mayoría de los programas editores, o convertibles mediante otros programas como ATube Catcher para poder utilizarlo de modo compatible. Uno es la cámara digital y el otro el lápiz óptico que son herramientas básicas y necesarias para el artista que desea producir cortometrajes animados, técnica de stop motion, 2d y 3d, entre otros.

A continuación agrupamos los tipos de formatos de archivos o files multimedia que mejor se han adaptado a los programas de los sistemas operativos más utilizados con el fin de desarrollar proyectos audiovisuales.

Texto: del Plain text al Open file

Las extensiones para archivos de texto han sido modificadas en los últimos años precisamente para permitir a los usuarios aprovechar la unificación de un solo formato compatible con todos las extensiones de programas de procesamiento de texto. Este es la extensión de archivo .odt ó texto de Open Document, el cual será el formato que se requerirá para poder seguir convirtiendo otras versiones antiguas como .doc y .rtf.

Repasemos brevemente las características de cada uno de estos formatos de texto y de libros electrónicos según su abreviatura de extensión:

- **.odt:** Open document text es un formato creado por la Fundación Apache que permite recuperar archivos de versiones antiguas que podrían ser bloqueadas ante actualizaciones de sistemas operativos recientes.
- **.txt:** Es un formato simple que funciona desde el programa Bloc de notas que carece de algunas características avanzadas como fuentes específicas, margen, vista previa, ni

inserción de imágenes. Sin embargo es útil a la hora de limpiar el texto pegado desde fuentes htlm o páginas web.

- **.rtf:** Rich tetx format es un formato que permite crear documento con características avanzadas, pero de tamaño pesado para cargarse con facilidad y rápidez. Por ello ha sido desplazado por el formato de microsoft windows .doc y luego por .docx. Sin embargo según los resultados que se buscan obtener puede ser mejor opción .txt
- **.doc:** Es un formato complejo que funciona desde el programa Word, que en sus primeras versiones se llamó Word Perfect. Permite infinidad de características avanzadas como fuentes específicas, margen, vista previa, ni inserción de imágenes. Sin embargo es útil a la hora de limpiar el texto pegado desde fuentes htlm o páginas web. que se introdujo en 1982 como el procesador de textos para el PC de IBM. Su facilidad de uso hizo que se extendiese muy rápidamente, desbancando al propio WordStar y convirtiéndose en una de las aplicaciones más populares. Ambos son ejemplos típicos de un procesador en modo texto.
- **.docx:** Es la actual versión de Word desde 2007, que introdujo modificaciones al formato .doc de Word 2003, y que se mantienen vigentes para sus sistemas operativos más recientes como son Windows 10, y sus suites o menus deplegables de Office, con formato de extensión para presentaciones .pptx y hojas de calculo como .xlsx.
- **.xml:** Es otro subconjunto de SGML, (acrónimo de Standard Generalized Markup Language, lenguaje estándar de marcado de documentos), que es un estándar de descripción de página independiente del dispositivo, lo que permite adaptar la visión del documento al tamaño de la pantalla en la que se muestra. Este permite al desarrollador definir sus propias etiquetas; el resultado es un nuevo formato denominado XHTML, que se espera que constituya un nuevo estándar de formato para páginas Web. Su principal ventaja estriba en que va a permitir desarrollar páginas Web con diferentes conjuntos de datos, que se podrían descargar en dispositivos de mano, con pantallas de tamaño reducido.

- **.htm/html:** acrónimo de HyperText Markup Language, lenguaje de marcas de hipertexto. En informática es el formato estándar de los documentos que circulan en la World Wide Web (WWW); se utiliza desde 1989. Los documentos HTML contienen dos tipos de información: la que se muestra en la pantalla (texto, imágenes...) y los códigos (tags o etiquetas), transparentes al usuario, que indican cómo se debe mostrar esa información. Para crear un documento HTML, basta con disponer de un editor de código ASCII y teclear el texto y las etiquetas que sean precisas. También se pueden utilizar editores específicos que insertan automáticamente las etiquetas correspondientes al formato del texto que se escriba o a las imágenes que se inserten; casi todos los procesadores de texto actuales incluyen esta posibilidad.
- **.pdf:** Es el acrónimo de Portable document file de la compañía Adobe Systems Incorporated. Se basa en un formato de imagen de cada página del documento de texto que bloquea la posibilidad de editarlo, ofreciendo seguridad al lector que desea almacenar información cuyo programa editor no está fácilmente disponible.
- **.epub:** Es un formato de edición compatible con código básico de Htlm para crear libros electrónicos con imágenes, listas, texto de colores, fuentes, y tabla de contenido. Existen editores específicos para este formato de manera gratuita en Internet y que permiten convertir a otros formatos de dispositivos o lectores de libros electrónicos como Kindle de Amazon, Kobo, Sony y Ipad que aparecieron entre 2007 hasta la actualidad.
- **.azw:** Es otro formato específico de lectura de libros electrónicos que se basa en un protocolo de seguridad que puede o no bloquear a algunos dispositivos o programas lectores, debido a sus políticas de derecho de autor, entre otras características compatibles o editables en formato epub.
- **.zip:** Es la extensión de archivo comprimido de cualquier documento específico o de texto que permite ahorrar espacio de almacenamiento en el disco duro local o como copia de seguridad para computadoras de escritorio o

- portátiles. Comprimir un archivo dentro de una carpeta .zip permite ahorrar hasta el 30% de espacio, sin embargo es necesario extraer los archivos para poder volver a editarlos.
- **Otros formatos de texto:** Otros formatos de texto que se han dispuesto para lectura de libros y otros programas o dispositivos, y apps de diversos operadores son .fb2, .lit, .pdb, .rb, .snb, y .tcr.

Imagen: del gif al 3D

De acuerdo a los fines que se buscan obtener en el proceso de edición de la imagen, podemos clasificar los tipos de imágenes en dos grupos: vectoriales o pixeladas.

Imágenes Vectoriales:

En diseño gráfico, un vector es una cantidad que tiene magnitud, dirección y sentido al mismo tiempo. Los vectores se representan normalmente como segmentos rectilíneos orientados, como B en el diagrama que se muestra a continuación; el punto O es el origen o punto de aplicación del vector y B su extremo. La longitud del segmento es la medida o módulo de la cantidad vectorial, y su dirección es la misma que la del vector. Las imágenes vectoriales son de hecho más pesadas y requieren de una capacidad de espacio en disco regular, ya que nos permiten extenderlas para obtener resultados óptimos para impresión a gran escala y proyección en cine digital, por decir algunos ejemplos.

El primer grupo son las imágenes vectoriales, que son aquellas que se crean y se guardan dentro de un programa de edición de imágenes específico como Publisher de Windows Office, Corel Draw, Adobe Illustrator, y otros. Estas imágenes vectoriales suelen ser dibujos de personajes 2D, ambientes o paisajes, logotipos, rótulos, y otros. Su principal ventaja es que sus nodos vectoriales pueden reubicarse dentro del lienzo de dibujo, pueden ser guardados en diferentes opciones de formato como mapa de bits, jpg, gif, etc.; y pueden ser reeditados en otros programas. Su principal ventaja es que mantienen su formato en bruto y sin compresión o reducción de datos originales.

Imágenes Pixeladas:

Un Píxel es en informática, la abreviatura fonética del concepto inglés picture element. Se trata de un punto en una rejilla rectilínea de miles de puntos tratados individualmente, para formar una imagen en la pantalla de la computadora o en la impresora. Igual que un bit es la unidad de información más pequeña que puede procesar un ordenador o computadora, un píxel es el elemento más pequeño que el hardware y el software de pantalla e impresora pueden manipular al crear cartas, números o gráficos.

Al publicar fotografías en una página web o al enviarlas por correo electrónico, para que la transferencia no sea excesivamente larga, es muy importante el peso o Kbytes del archivo de imagen, y las imágenes pixeladas son las apropiadas. En este caso, es recomendable el uso de formatos que utilicen compresión.

Para imprimir fotografías, donde el peso del archivo no tiene tanta importancia, se podrán usar otros formatos que ofrezcan más calidad que los utilizados para web. Lo mismo ocurre al hacer fotografías con las cámaras, la elección del formato se hará en función de lo que se desea obtener y de los procesos que desee realizar a posteriori el fotógrafo.

Las cámaras fotográficas y los dispositivos digitales como tabletas y celulares guardan las imágenes en formato .JPE, mientras que los escáneres los hacen en formato .TIFF, en muchos programas se pueden importar los tipos de gráficos siguientes:

- PostScript encapsulado (.eps)
- **Formato de intercambio de gráficos, formato CompuServe (.gif o .gfa)** Formato bastante antiguo desarrollado por Compuserve con el fin de conseguir archivos de tamaño muy pequeños. Admite solo 256 colores por lo que no es adecuado para imágenes fotográficas pero si es muy apropiado para logotipos, dibujos, etc. Permite crear animaciones (gif animado) y transparencias.
- **Formato de intercambio de archivos JPEG (.jpeg, .jpg, .jfif o .jpe)** Es uno de los formatos más conocido y usado para fotografías digitales ya que admite millones de colores. Lo admiten la mayor parte de las cámaras fotográficas y

escáneres y es muy utilizado en páginas web, envío de fotografías por correo electrónico, presentaciones multimedia y elaboración de vídeos de fotografías. JPEG admite distintos niveles de compresión, de forma que a más compresión menor calidad y archivos más pequeños (menos Kbytes), a menos compresión mayor calidad y archivos más grandes (más Kbytes). La compresión que hace JPEG, es con pérdidas y afecta a la calidad de imagen. Cada vez que se abre y manipula una foto JPEG en un ordenador, la imagen al comprimirse y descomprimirse se degrada, por lo que conviene no guardarlas en JPEG si se van a modificar. Se recomienda en este caso usar TIFF o BMP para editarlas y convertirlas a JPEG al final. Si no queda más remedio que editar en JPEG, manipularlas con cuidado y no excesivamente.

- **Gráficos de red portátiles (.png)** Formato creado con el fin de sustituir a GIF. Utiliza sistemas de compresión gratuitos, y admite muchos más colores que GIF. También admite transparencias pero no animaciones. Al admitir más colores es posible crear imágenes transparentes con mayor detalle.
- **Formato TIFF (.tif o .tiff)** Formato utilizado para el escaneado, la edición e impresión de imágenes fotográficas Es compatible con casi todos los sistemas operativos y editores de imágenes. Como PSD, admite millones de colores, capas, canales alfa... y también lo incluyen algunas cámaras y la mayoría de los escáneres.
- **Mapa de bits de Microsoft Windows (.bmp)** Formato introducido por Microsoft y usado originariamente por el sistema operativo Windows para guardar sus imágenes.
- Metarchivo de Windows (.wmf)
- Metarchivo de Windows comprimido (.wmz)
- Metarchivo mejorado de Windows (.emf)
- Metarchivo mejorado de Windows comprimido (.emz)
- PICT de Macintosh (.pct o .pict)
- Formato PICT comprimido de Macintosh (.pcz)
- CorelDraw (.cdr)
- PSD. Es el formato por defecto del editor de imágenes Adobe Photoshop y por tanto es un formato adecuado para

editar imágenes con este programa y otros compatibles. Admite millones de colores, capas, canales
- Metarchivo de gráficos para PC (.cgm)

Video: del mp4 al Blue-Ray

Entre las formas de grabación y reproducción de video más antiguas conocidas por el profesional audiovisual, observamos que fue la compañía Sony la que desarrolló el sistema Betamax, el primer sistema de grabación de vídeo doméstico del mercado, pero el formato de cintas de vídeo que utilizaba, el Beta, fue desbancado por el formato de cinta de vídeo VHS, comercializado por Radio Corporation of America (RCA). El formato VHS se ha convertió hasta la década de 2000 en el sistema estándar dentro de la industria de las cintas de vídeo. No obstante, el sistema Betacam de Sony siguió siendo el sistema estándar en el equipamiento profesional y de las emisoras de televisión.

El NTSC, llamado así por las siglas de National Television System Committee, (en español Comité Nacional de Sistema de Televisión) es el sistema de televisión analógico que se ha empleado en América del Norte, América Central, la mayor parte de América del Sur y Japón entre otros. Un derivado del NTSC es el sistema PAL que se emplea en Europa y algunos países de Sudamérica como Argentina, Uruguay y Brasil.

La codificación de color del Sistema NTSC se utiliza con la Norma de televisión M, que consiste en 29,97 cuadros de vídeo por segundo con exploración entrelazada. Cada trama o cuadro se compone de dos campos, cada uno de los cuales consta de 262,5 líneas de exploración, para un total de 525 líneas de exploración, de las cuales 480 componen el cuadro visible. El resto, durante el intervalo de borrado vertical, se utiliza para la sincronización y el retorno vertical. Este intervalo fue diseñado originalmente para dejar en blanco el CRT de los primeros receptores de televisión. Sin embargo, algunas de estas líneas pueden ahora contener otros datos tales como subtítulos y código de tiempo de intervalo vertical (VITC). En la trama completa se dibujan (sin tener en cuenta las medias líneas debidas al entrelazado) las líneas de exploración pares (desde la 2 hasta la 524) en el primer campo y las impares (desde la 1 hasta la 525) se dibujan en el segundo campo, para proporcionar un imagen libre de parpadeo a una frecuencia de actualización de aproximadamente 59,94 Hz (en realidad, 60 Hz). A modo de comparación, los sistemas 576i tales como los PAL-B/G/N y SECAM utilizan 625 líneas, de las cuales 576 son visibles, y así proporcionan una mayor resolución vertical, pero una resolución temporal menor de 25 cuadros o 50 campos por segundo.

La frecuencia de refresco o actualización vertical NTSC en el sistema de TV de blanco y negro originalmente se adaptaba exactamente a la frecuencia nominal de 60 Hz de corriente alterna utilizada en los Estados Unidos. La adaptación de la tasa de actualización de campo a la frecuencia de la energía eléctrica evitó la intermodulación (o batido) que produce barras rodantes en la pantalla. Cuando se añadió el color a la televisión, la frecuencia de actualización se redujo ligeramente a 59,94 Hz para eliminar patrones de puntos estacionarios entre la diferencia de frecuencia entre las portadoras de sonido y color. La sincronización de las dos frecuencias, por cierto, ayudó a las cámaras de kinescopio a grabar las primeras emisiones de televisión en directo, ya que era muy sencillo sincronizar una cámara de cine para capturar un fotograma de vídeo en cada fotograma de la película mediante el uso de la frecuencia de la corriente alterna para ajustar la velocidad del motor sincrónico de corriente alterna de la cámara. Por el tiempo en que la velocidad de fotogramas cambió a 29,97 cuadros por segundo para los sistemas en color, fue más fácil para disparar el obturador de la cámara a partir de la propia señal de vídeo.

La cifra de 525 líneas fue elegida como consecuencia de las limitaciones de la utilización del espectro. Una señal de video de 525 líneas y 30 cuadros por segundo, necesita un ancho de banda de 6 MHz. En los primeros sistemas de TV prácticos, un oscilador principal controlado por tensión, se hacía funcionar a dos veces la frecuencia de línea horizontal, y esta frecuencia se dividía por el número de líneas usadas (en este caso 525) para obtener la frecuencia de campo (60 Hz). Esta frecuencia entonces se comparaba con la frecuencia de la línea eléctrica de 60 Hz y cualquier discrepancia era corregida ajustando la frecuencia del oscilador principal. Para la exploración entrelazada, se requiere un número impar de líneas por cuadro con el fin de hacer que la distancia de retorno vertical sea idéntica para los campos pares e impares, lo que significaba que la frecuencia del oscilador maestro tuvo que ser dividida por un número impar. En ese entonces, el único método práctico de división de la frecuencia fue el uso de una cadena multivibradores de tubos al vacío. La relación total de división es el producto de las relaciones de división de toda la cadena. Dado que todos los factores primos de un número impar son también impares, se deduce que todas las divisiones de la cadena también tuvieron que dividir por números impares, y éstos tenían que ser relativamente pequeños, pues por el filtrado armónico se pierde rendimiento. La secuencia de práctica más cercana a 500 que cumplía con estos criterios fue la de 3 × 5 × 5 × 7 = 525. Por la misma razón, en las normas de 625 líneas europeos, Norma CCIR (625 líneas 25 cuadros por segundo) se utiliza 5 × 5 × 5 × 5; en la antiguo norma británica de 405 líneas la secuencia era 3 × 3 × 3 × 3 × 5 y en la norma francesa de 819 de líneas, se empleaba la relación 3 × 3 × 7 × 13. Las Normas EIA de 525/30 utilizaba un ancho de banda de 6 MHz, la CCIR 625/25 ocupaba 7 u 8 MHz de ancho de banda (dependiendo de la norma de cada país), mientras que la norma francesa 819/25 ocupaba 10 Mhz.

El sistema PAL original es PAL-B. Fue desarrollado en Alemania por el Dr. Walter Bruch de la empresa Telefunken. Básicamente utiliza los mismos principios del sistema NTSC, pero con la diferencia de que la señal de diferencia de color R-Y invierte la fase 180° entre una línea y la siguiente. Dicha inversión, permite detectar los cambios de fase de los vectores de color y además permite utilizar modulación de la subportadora de color en Banda Lateral Vestigial con portadora suprimida y con el mismo ancho de banda para cada señal diferencia de color (lo cual resulta imposible en el sistema NTSC, que recurre al ancho de banda diferencial entre las señales I y Q).

Cuando aparecieron los sistemas de transmisión de señal de televisión en color el sistema de blanco y negro ya estaba muy extendido y por lo tanto, era necesario que el sistema de transmisión en color fuera compatible con los receptores existentes. Los sistemas de transmisión B/N se basan en la captación por parte de la cámara de una señal de luminancia. En cambio en los sistemas de transmisión de televisión en color es necesario especificar el color de un elemento de imagen mediante la descomposición de los tres colores primarios rojo (R), verde (G) y azul (B). El sistema elegido para transmitir la señal fue la combinación de la luminancia (Y), y dos señales diferencia de color R-Y, B-Y. Se escogieron estas dos señales diferencia porque consiguen una mayor protección frente a las interferencias y el ruido.

Este sistema cumple las condiciones básicas de compatibilidad entre sistemas:
- Los receptores B / N podían reproducir la señal emitida con información de color pero en B / N.
- Los receptores en color podían reproducir en B / N la señal de estaciones que aún emitieran señales monocromáticos.

GRABACIÓN Y REPRODUCCIÓN DE VIDEO: CASERA Y COMERCIAL ACTUAL

Un formato de compresión de video (o una especificación de compresión de video) es una implementación para representar digitalmente un video como un archivo o un bitstream mediante la compresión de video, necesaria para la transmisión de datos debido a que la gran cantidad de datos implicados en estas aplicaciones a menudo exceden de forma notoria las capacidades de procesamiento del hardware de hoy en día, a pesar de los avances rápidos en semiconductores, computadoras y otras industrias relacionadas. La compresión de video es un proceso mediante el cual la imagen del video es reducida de forma de que cumpla con un bit rate requerido, mientras que la calidad de la imagen reconstruida satisface un requisito para una aplicación. Esta compresión busca que la transmisión de video sea más eficiente.

En la reproducción de video se utilizan en la actualidad dos tipos de formatos: los formatos muy comprimidos, de mediana definición de video como .avi, .mp4, WMV, entre otros. Y los formatos de poca a ninguna compresión de video, es decir en bruto y sin pérdida de calidad, como MPEG-4 AVC (H.264), HD y Blue Ray.

- **.AVI**: El AVI (Audio Video Interleaved, audio vídeo intercalado) es un formato propio de Windows, que sólo se puede ejecutar bajo esta plataforma.
- **.MP4**: Es un formato de alta compatibilidad de audio y video creado para la Web y dispositivos de baja resolución, e incluso diversos sistemas operativos como Windows, Linux y Mac. Sin embargo su resolución llega solamente hasta 1920x1080 en media definición, mayor que esta se considera cine digital como explicamos adelante.

- **.WMV:** Windows Media video es otro de los formatos exclusivos de la Plataforma de Microsoft, que permite a los aficionados editar videos, música y texto a la misma vez que añadirle efectos de transición y se usa a través de Movie Maker.
- **.MOV: Es** el QuickTime Movie (MOV), correspondiente al estándar MPEG. El formato QuickTime Movie (MOV), creado por Apple, es multiplataforma y en sus versiones más recientes permite interactuar con películas en 3D y realidad virtual.
- **.AIC:** Es un formato de Plataforma Mac, para que reconozcan otros formato ya que no trabajan con ellos, lo recomprimen a uno propio, el "Apple Intermediate Codec", que conserva la calidad y mejora la velocidad para trabajar con él a costa de aumentar considerablemente el tamaño de los archivos; como ejemplo: 200 MB se convierten en 2 GB de vídeo.

El cine y video de alta resolución digital han traído en la última década; 2010 a la actualidad,

- **AVCHD:** AVCHD (Advanced Video Coding High Definition) es un formato de grabación y reproducción de video de alta definición lanzado por Sony y Panasonic en 2006. Puede guardarse en diversos soportes de almacenamiento, incluyendo discos miniDVD (DVD grabables de 8 cm.), discos duros, y tarjetas de memoria SD y Memory Stick Pro, y ha sido concebido para competir con formatos de grabación de videocámara portátil como el HDV y el MiniDV. Como su nombre indica, se usa la compresión de vídeo MPEG-4 AVC (H.264). Ésta es publicitada como un método de compresión más eficiente en comparación al MPEG-2 empleado en las videocámaras HDV, ofreciendo potencialmente tanto unos requisitos de almacenamiento más reducidos como una mejor calidad de vídeo. El audio puede ser codificado en 5.1 AC-3 ó 7.1 linear PCM. Como flujo de transporte se emplea MPEG-2. Sony asegura que el formato tiene un tiempo total de almacenamiento en un MiniDVD de unos 20 minutos de vídeo de alta definición empleando bitrates "medios". En comparación, los actuales discos de 8 cm pueden almacenar

30 minutos de video MPEG-2 de definición estándar, y las cintas MiniDV pueden grabar 60 minutos tanto en DV de definición estándar como en vídeo HDV de alta definición. Las ventajas publicitadas del AVCHD sobre las cintas MiniDV es el auténtico acceso aleatorio, dado que la búsqueda por tiempo en AVCHD no implica una operación de rebobinado-avance rápido. El acceso aleatorio de AVCHD ofrece una utilidad práctica limitada para los usuarios avanzados. Este formato puede exportarse a discos Blu-ray y HD DVD, pero en general no es admitido directamente por los reproductores salvo que éste y la cámara sean del mismo fabricante. Los reproductores de alta definición de Panasonic, por ejemplo, permiten reproducir directamente AVCHD (tanto grabado en DVD estándar como en tarjetas SD) sólo si el material se graba con una cámara de la misma marca. En resumen, se podría considerar al AVCHD como un estándar de grabación y próximamente edición, pero no de reproducción.

- **Alta Definición HD, Full, Ultra HD:** HD ready y HD ready 1080p son etiquetas o logos que certifican dispositivos capaces de procesar y reproducir video en alta definición, según las especificaciones de la EICTA (European Information, Communications and Consumer Electronics Technology Industry Associations), llamada DigitalEurope desde marzo de 2009. La EICTA introdujo estas etiquetas como un signo de calidad, que permite diferenciar aquellos dispositivos capaces de procesar y mostrar imágenes de alta definición con al menos 720 líneas de imagen horizontales (HD ready) o bien 1080 líneas (HD ready 1080p). El término HD ready tiene un uso oficial en Europa desde enero de 2005, cuando la EICTA anunció los requisitos para la etiqueta. El uso de la etiqueta HD ready (1080p) fue aprobada en agosto de 2007. Previamente se había utilizado de manera no oficial el término "Full HD" o "alta resolución completa" para referirse a dispositivos conformes con los requisitos de HD ready 1080p. Los dispositivos etiquetados solo con "HD ready" podrían no mostrar la resolución plena de una imagen obtenida de una fuente en alta definición 1080p. Muchos de estos productos no tiene suficientes píxeles para representar, sin interpolación, imágenes en la resolución más alta del rango actual de alta definición (1920×1080), o incluso en casos más raros, en la resolución más baja (1280×720). Esta limitación no afecta a los productos certificados "HD ready 1080p". Se conoce como Full-HD a la resolución de 1920x1080 píxeles en un televisor o pantalla de alta definición. Este es ahora el estándar en la alta definición (1920x1080p con 2.073.600 de puntos). 1080p sobrepasa al HDTV común 1080i por un 100%, ya que la HD solamente dispone de 1.036.800 puntos con exploración entrelazada.

- **Disco Blue Ray:** Semejante al DVD (Disco de Video Digital) con su capacidad de almacenamiento permite la reproducción de contenisod de alta resolución de video. En la actualidad, el Blu-Ray es el único formato físico que tiene la capacidad de reproducir vídeo en Full-HD, y existen formatos digitales tales como el MKV, Quicktime, MP4 capaces de almacenar secuencias digitales en alta definición.
- **Cine Digital:** La norma denominada D-Cinema, es un formato estándar de proyección de cine totalmente digitalizado para proyecciones comerciales. La norma D-Cinema ha sido creada por el consorcio Digital Cinema Initiatives, LLC (DCI), cuyos miembros son los principales estudios de Hollywood - Walt Disney Pictures, Fox Broadcasting Company, Paramount Pictures, Sony Pictures EntertainmentUniversal Studios y Warner Bros. Studios. El consorcio DCI emitió un documento detallado sobre el estándar D-Cinema, que lleva por nombre Digital Cinema System Specifications (especificaciones del sistema de cine digital). En este sentido se han definido resoluciones de gran pantalla que van de 8k a 16 K. 8K1 puede hacer referencia a:
- 8K un estándar emergente para resolución en cine digital y en gráficas de computadores. El nombre deriva de la resolución horizontal, la cual es aproximadamente de 8000 píxeles. 8K UHDV (4320p) usada en la industria de la televisión digital, las cuales son representadas por el conteo de píxeles horizontales. 8K representa la resolución horizontal porque hay numerosas relaciones de aspecto

usadas en filmes. Así, mientras la resolución horizontal se mantiene constante, la vertical depende de la relación de aspecto con la que el director decida trabajar. El término 16k se refiere a una resolución de pantalla que tiene 15360 píxeles horizontales por 8640 verticales, para un total de 132,7 megapíxeles.1 Tiene 4 veces más pixeles que la resolución 8K y 64 veces más que la resolución 1080p.

Audio: del mp2 al mp3

El modo en el que se guardan los datos de un archivo de audio o sonido con el fin de que puedan ser interpretados por el ordenador o computadora son los formatos de audio. En sonido, la resolución equivale a la cantidad de bits y muestreos por segundo utilizados para representar la información. Por ejemplo, 11 kHz es una resolución adecuada para la grabación de voz, una de 22 kHz corresponde a una calidad de cinta de audio y una de 44 kHz es de calidad de CD de audio. En cuanto a los formatos de onda, los de 8 bits ofrecen una calidad de cinta de audio y los de 16 bits una de CD de audio. Por tanto, los reproductores de CD de audio, que ofrecen una alta calidad de sonido, operan normalmente con valores de 16 bits de formato de onda y 44 kHz de frecuencia de muestreo, aunque se puede trabajar a resoluciones superiores (24 bits y 48 kHz).

Básicamente existen dos tipos de formatos: los de tipo WAV, que guardan la información de la onda sonora digitalizada, y los de tipo MIDI, que guardan códigos, a modo de partitura musical, que indican al ordenador cómo debe ejecutar el sonido que se quiere reproducir.

Los formatos WAV almacenan cualquier tipo de sonido. Guardan muestras del sonido original que luego reproducen a cierta velocidad; son formatos de muestreo puro. La calidad del sonido reproducido dependerá del número de muestras que se tomen por unidad de tiempo; cuanto mayor sea la calidad, mayor será la fiabilidad y mayor la cantidad de espacio que ocupará el archivo en la memoria. Pertenecen a este tipo los formatos denominados WAV (Waveform audio), AU (Audio files), AIFF (Audio Interchange File Format) y VOC (Creative Voice).

Más recientemente se han establecido formatos de muestreo de compresión con pérdida, como el MP3. Es similar al anterior, pero trata de reducir el espacio que el archivo va a ocupar en la memoria comprimiendo la información almacenada; para ello, evita almacenar sonidos indistinguibles para el oído humano.

Los formatos simbólicos, como el MIDI, almacenan sonidos que se pueden codificar, como los producidos por los instrumentos musicales. Tienen más posibilidades de manipulación que los formatos de muestreo, y los archivos ocupan mucho menos espacio en memoria; por el contrario, sólo pueden reproducir sonidos estándares, pero no la voz humana. A este tipo pertenecen MIDI (Musical Instrument Digital Interface), MOD (Music Modules), creado inicialmente para la computadora Comodore Amiga y con amplio desarrollo posterior, y sus evoluciones, como XM, S3M, IT y otras.

Más recientemente se han establecido formatos que permiten la transmisión de sonido en tiempo real; están diseñados específicamente para Internet y reproducen el sonido al tiempo que lo reciben, como el RA (RealAudio) o MP3 radio. Los distintos formatos de sonido son intercambiables, aunque con cierta pérdida de calidad en la información que guardan.

HTML: del Html 5 al App

HTML es el acrónimo de HyperText Markup Language, lenguaje de marcas de hipertexto. El cual en informática es un formato estándar de los documentos que circulan en la World Wide Web (WWW); se utiliza desde 1989. Los documentos HTML contienen dos tipos de información: la que se muestra en la pantalla (texto, imágenes...) y los códigos (tags o etiquetas), transparentes al usuario, que indican cómo se debe mostrar esa información. Para crear un documento HTML, basta con disponer de un editor de código ASCII y teclear el texto y las etiquetas que sean precisas. También se pueden utilizar editores específicos que insertan automáticamente las etiquetas correspondientes al formato del texto que se escriba o a las imágenes que se inserten; casi todos los procesadores de texto actuales incluyen esta posibilidad.

El lenguaje HTML es un subconjunto de SGML (acrónimo de Standard Generalized Markup Language, lenguaje estándar de marcado de documentos), que es un estándar de descripción de página independiente del dispositivo, lo que permite adaptar la visión del documento al tamaño de la pantalla en la que se muestra.

En un documento HTML hay etiquetas que indican los atributos del texto (negrita, centrado...). Otras indican al sistema cómo debe responder a eventos que genere el usuario, por ejemplo, que después de que el usuario señale con el mouse un icono que representa una película, se ejecute el programa que reproduce vídeo en formato digital. La etiqueta más importante es la que indica un vínculo (link), que puede contener como destinatario otro lugar del mismo documento o el URL de otro documento; este último puede residir en el mismo lugar de la Web que el documento actual o en cualquier otro ordenador de WWW. El usuario "navega" de documento en documento seleccionando estos vínculos con el mouse.

A medida que se ha ido avanzando, se han estandarizado distintas versiones del lenguaje HTML. Cada una de ellas amplía el número de etiquetas, lo que permite nuevas posibilidades para los documentos; así, se le ha dotado de marcas para rellenar formularios (forms) de manera interactiva, que permiten al usuario enviar la información necesaria para realizar consultas en bases de datos, comprar o solicitar un servicio. Otras marcas permiten mejorar la presentación de los documentos, por ejemplo, añadiendo fondos, tablas de contenido o textos intermitentes. La versión HTML 4.0 se utiliza en combinación con el XML 1.0, otro subconjunto de SGML que permite al desarrollador definir sus propias etiquetas; el resultado es un nuevo formato denominado XHTML, que se espera que constituya un nuevo estándar de formato para páginas Web. Su principal ventaja estriba en que va a permitir desarrollar páginas Web con diferentes conjuntos de datos, que se podrían descargar en dispositivos de mano, con pantallas de tamaño reducido.

El software que permite al usuario consultar documentos en World Wide Web se denomina explorador o navegador; los más conocidos son Netscape Navigator y Microsoft Internet Explorer. Se encarga de interpretar las etiquetas y de mostrar el documento en la pantalla. La evolución de las distintas versiones del lenguaje HTML ha estado determinada por un desarrollo paralelo de los navegadores, que permitiese interpretar las nuevas etiquetas. El avance de unos y otros ha contribuido al crecimiento exponencial que ha experimentado WWW.

Almacenamiento digital

Algunos dispositivos se utilizan para varios fines diferentes. Por ejemplo en el pasado, los disquetes fueron los primeros espacios físicos para hacer copias de información, hoy día el CD y el DVD Digital también pueden emplearse como dispositivos de entrada si contienen información que el usuario informático desea utilizar y procesar. También se pueden utilizar como dispositivos de salida si el usuario quiere almacenar en ellos archivos multimedia de diversos tamaños en su computadora. La memoria de sólo lectura (ROM, siglas en inglés) contiene información y software cruciales que deben estar permanentemente disponibles para el funcionamiento de la computadora, por ejemplo el sistema operativo, que dirige las acciones de la máquina desde el arranque hasta la desconexión. La ROM se denomina memoria no volátil porque los chips de memoria ROM no pierden su información cuando se desconecta el ordenador.

El byte es la unidad de información que en Informática consta de 8 bits; en procesamiento informático y almacenamiento, el equivalente a un único carácter, como puede ser una letra, un número o un signo de puntuación. Como el byte representa sólo una pequeña cantidad de información, la cantidad de memoria y de almacenamiento de una máquina suele indicarse en kilobytes (1.024 bytes), en megabytes (1.048.576 bytes) o en gigabytes (1.024 megabytes). La capacidad de todo dispositivo de tecnología se mide de la siguiente manera:

1 kilobyte (KB)   = 1,024 bytes
1 megabytes (MB)   = 1,024 kilobytes
1 gigabyte (GB)   = 1,024 Megabytes
1 Terabyte (TB)   = 10,487 gigabytes

Los más recientes dispositivos de almacenamiento que se han consolidado más manejables que los anteriores para la mayoría del público consumidor de tecnologías, son el USB, el disco duro externo y las SD card o tarjetas de memoria. Estos funcionan con la mayoría de las cámaras digitales, celulares, computadores de escritorio y laptops o portátiles.

Futuro digital

Desde un comienzo, el principal punto débil de muchos formatos obedecía a que muy pocos programas de edición de vídeo se reconocían nativamente en el ordenador. Fue la gran crítica que se hizo a Sony cuando lanzó las primeras cámaras en 2007, y para el 2008 la situación había mejorado un poco siendo posible editar, más o menos, las grabaciones en AVCHD en un PC.

Sony asegura que su nueva versión de Vegas Pro (la 9) permite editar AVCHD en el ordenador. Eso sí, sólo para entornos operativos con sistemas Windows. En el caso de los usuarios de Mac, Apple ha actualizado Final Cut Express 4, Final Cut Studio 2 e iMovie '08 para que reconozcan el formato aunque no trabajan con él, lo recomprimen a uno propio, el "Apple Intermediate Codec", que conserva la calidad y mejora la velocidad para trabajar con él a costa de aumentar considerablemente el tamaño de los archivos (200 MB se convierten en 2 GB de vídeo). En las últimas versiones de Final Cut Pro, Apple Inc. ha presentado el nuevo Codec (Proress LT 4:2:2:0) para trabajar en Final Cut Pro 7.0 con el cual trabaja 6 a 1 (16 gb AVCHD = 96GB Apple ProressLT).

Corel ULEAD Video Studio 11.5 y Pinnacle Studio Plus 11 también se han publicitado como compatibles (entorno Windows). En cuanto a su reproducción, de momento, Nero 8 Ultra Edition Enhanced o Cyberlink PowerDVD Ultra son las únicas soluciones que se presentan como disponibles (sólo Windows), aunque en Windows 7 el Windows media Player es capaz de reproducir dicho formato. Toda esta situación puede cambiar en los próximos meses ya que Canon, Panasonic, JVC y Sony, entre otros, están sacando modelos de videocámaras domésticas que graban en formato AVCHD y eso debería dar un empujón definitivo a los programas compatibles para editarlo.

Resumiendo, para Windows los programas que lo editan son:
- Adobe After Effects CS4 en adelante - Adobe Systems Incorporated
- Adobe Premiere Pro CS4 - Adobe Systems Incorporated
- Roxio VideoWave
- MAGIX Video deluxe
- Kdenlive
- Edius (Ver.4.54 en adelante) Canopus - Thomson Grass Valley
- Vegas Pro 8.0 (Ver.8.0b) Sony Creative Software

- Vegas Movie Studio Platinum 8.0 (Ver.8.0d) Sony Creative Software
- Pinnacle Studio V11 Plus
- Pinnacle Studio 12/12 Ultimate
- Nero 8 (Ver.8.2.8.0) Nero Inc.
- Ulead VideoStudio 11 Plus - Corel Corporation
- Ulead VideoStudio 11 - Corel Corporation
- Ulead DVD MovieFactory 6 - Corel Corporation
- Free AVCHD Converter - Koyotesoft
- Cyberlink PowerDirector 6 - Cyberlink Corp.
- Grass Valley EDIUS

Para OS X
- Final Cut Pro X (Ver.10.0.3) Apple Inc.
- iMovie '11 (Ver.9.0.4) Apple Inc.
- Elgato Turbo.264 HD Software

IDEAS CLAVES DE ESTE CAPÍTULO

▶ Los formatos multimedia son los elementos primordiales para planear, construir y publicar un proyecto multimedia.

▶ Los formatos de texto nos permiten llevar nuestros manuscritos o ideas al papel de una manera más presentable, las imágenes enriquecen ese texto ilustrando con mayor detalle, el video registra acciones que se escapan de nuestra capacidad visual, el audio nos comunica conceptos y el lenguaje informático lleva todo ello a muchas partes del espacio, en segundos.

▶ Los dispositivos tecnológicos nos permiten almacenar esta información y sus accesorios nos permiten interactuar entre estos a pesar de aparente incompatibilidad.

ACTIVIDADES SUGERIDAS

Realice un práctica. En un computador abra un documento de texto que desarrolle un tema seleccionado al azar o de preferencia. Busque una imagen que ilustre ese tema e insértela dentro del texto. Imprima su texto.

Otra actividad sugerida es recopilar imágenes en la Internet sobre un mismo tema en común, puede ser la evolución de un medio multimedia hasta nuestros días. Escriba frases sobre cada imagen y en un editor de video, cree un video de imágenes con textos intercalados de cada segmento de fotos.

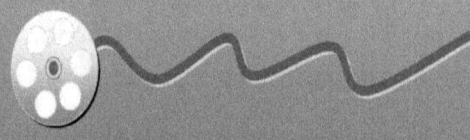

CAPÍTULO 3

GÉNEROS DEL MULTIMEDIA

- ▶ Géneros Teatrales
- ▶ Géneros Cinematográficos
- ▶ Géneros Radiofónicos
- ▶ Géneros Televisivos
- ▶ Géneros de La Internet

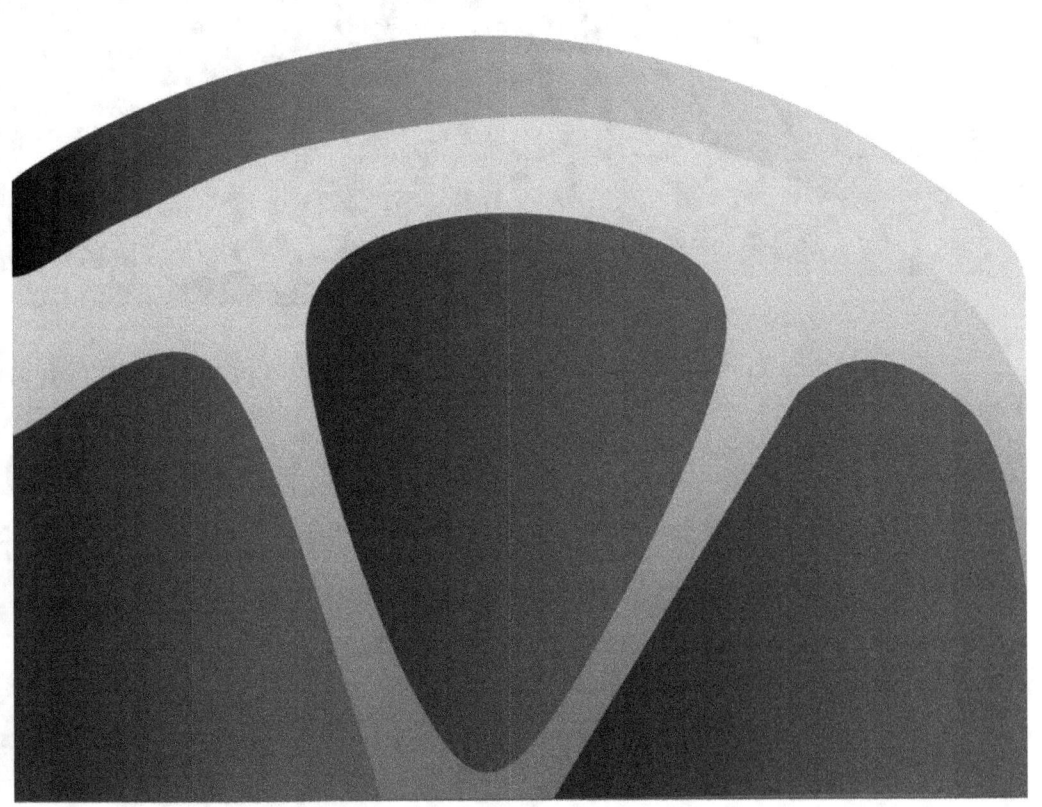

Géneros Multimedia

Cada medio de comunicación nos permite interactuar con las herramientas multimedias de una manera diferente. Así la experiencia de entretenimiento que se logra de cada uno forma un hábito en la audiencia que es capaz de permanecer en su memoria, y liberar las tensiones a través de situaciones, información y demás elementos visuales que captan la atención por horas. Lo que se llamó alguna vez la magia de los medios, se ha ido desglosando en una gama de géneros que han permito el desarrollo de los medios masivos de comunicación que transforma el pensamiento humano.

En la lógica clásica, el género se usa siempre en combinación con la llamada 'diferencia específica' o propia, que permite particularizar la generalidad del género. Platón identificaba los géneros como ideas y Aristóteles consideraba el género como un atributo fundamental que puede ser aplicado a varias entidades que mantienen diferencias entre sí.

Los autores escolásticos desarrollaron diferentes clasificaciones de géneros y discutieron acerca de su particularidad, siguiendo las clasificaciones de Aristóteles y Porfirio.

Géneros Teatrales

Aristóteles sostenía que la tragedia griega se desarrolló a partir del ditirambo, himnos corales en honor del dios Dioniso que no solamente lo alababan sino que a menudo contaban una historia. Según la tradición, Thespis, el director de un coro del siglo VI a.C., creó el drama al separar en un ditirambo el papel del personaje principal del resto del coro: él hablaba y el coro respondía. Según Aristóteles, desde ese hecho sólo había que dar un pequeño paso hacia la evolución del drama como forma independiente con la incorporación de otros actores y personajes.

La tragedia nació como tal en Grecia con las obras de Tespis y Frínico, y se consolidó con la tríada de los grandes trágicos del clasicismo griego: Esquilo, Sófocles y Eurípides. Las tragedias clásicas se caracterizan, según Aristóteles, por generar una catarsis en el espectador.
Las características de este género teatral de la tragedia son:
- Se trata de un tema serio. Por lo general, es un episodio conflictivo de la vida de una persona, en el que muchas veces están en juego la vida y la muerte.
- Los protagonistas de la tragedia son personas dignas de imitación, es decir, representan valores de su sociedad. Por ejemplo en la antigüedad clásica, eran, por lo general, hombres nobles, héroes o semidioses.
- El objetivo de la tragedia es provocar en los espectadores dos emociones: El temor y la compasión.

La comedia se origina en el mundo griego, pero se va desarrollando por el medievo y por la edad moderna, hasta llegar a nuestros días. La comedia pasó entre los griegos por tres diferentes estados que dieron origen a tres clases de comedias: la antigua, la media y la nueva.
La comedia antigua era una sátira personal en que aparecían los personajes notables, jueces, magistrados, literatos, con sus propios nombres y fisonomías. Su más notable representante fue Aristófanes. La autoridad prohibió esta clase de representaciones, y esto dio origen a la comedia media, que suprimió los nombres de las personas; pero por medio de alegorías y otros recursos se daban a conocer las personas a quienes ridiculizaba. Una nueva ley prohibió también este género de la comedia.

Apareció entonces la comedia nueva que se limitó a la crítica de las costumbres y la sátira de los defectos comunes a todos los humanos. El principal autor fue Meandro. En Roma cultivaron la comedia Plauto y Terencio.

Tradicionalmente, existen más de veinte tipos de comedias definidas por distintos diccionarios teatrales.

La comedia puede ser:

a- De carácter: Los personajes de esta comedia son estereotipos, caricaturas que forman parte de una trama que tiene una intención satírica. Retrata al vivo cierto tipo de moral: el avaro, el hipócrita, el mentiroso, etc. Ej: "La verdad sospechosa", de Ruiz de Alarcón.

b- De costumbres: Presenta hábitos, perjuicio, modas, etc. La sociedad en que vive el autor. Ej: "El sí de las niñas" de Leandro de Moratín.

c- De ideas: También llamada filosófica, es la que trata de asuntos y conflictos en que se plantean teorías filosóficas
y actitudes vitales... Buena parte del teatro del absurdo (que se valía de un humor mordaz para dar curso a su visión pesimista del mundo) podría ser encuadrado en el género. Algunos autores: Calderón De La Barca, Luigui Pirandello, Bernard Shaw, Jean Paul Sartre, Samuel Beckett.

d- De intriga: se caracteriza por lo complicado de la acción que da margen a situaciones cómicas y efectos sorprendentes e imprevistos. Ej: " El desdén con el desdén", de Moreto.

Las características de la comedia son:

- La comedia presenta a seres inferiores, es decir seres que encarnan algún vicio. La manera de representarlos es por medio de situaciones divertidas, graciosas o ridículas.
- Los personajes suelen ser arquetipos, es decir, personajes que representan un rasgo característico de los seres humanos a modo general, como el avaro, mentiroso, pícaro, enamorado, el Don Juan, el estafador, etc.
- Su objetivo es provocar la risa en los espectadores, pero no de manera gratuita, sino llevándolos a la reflexión
- sobre el conflicto que se expone y que se muestra como algo que puede ocurrir el la vida real.
- El desenlace tiende a provocar algún tipo de acuerdo que beneficie a todos.

El drama corresponde a la combinación entre los dos géneros anteriores, por eso es también conocido como tragicomedia. El drama reproduce más perfectamente la vida que la tragedia y que la comedia, porque abarca lo trágico, lo vulgar y lo cómico.

El drama propiamente tal es una composición moderna. Tuvo sus precursores en el drama satírico griego El Cíclope, de Eurípides, y en Sakuntala del hindú Kalidasa. Los ingleses llamaron dramas a las tragedias históricas; los españoles, a los dramas los llamaron comedias, aunque sólo tuviesen de comedia el nombre (la vida es sueño). El drama romántico se inicia débilmente con "La conspiración de Venecia" (1834), de Martínez de la Roza, y llega a su culminación con "Don Alvaro" (1835), del Duque de Rivas, "EL Trovador" (1836), de García Gutiérrez, y "Los Amantes de Teruel" (1837), de Hartzenbusch, cerrándose el ciclo con el "Don Juan Tenorio" (1844), De Zorrilla.

Pasado el fervor romántico nace el drama moderno, especie de fusión del drama romántico con la tragedia clásica.

Un drama teatral se debe caracterizar por lo siguiente:
- Presenta a los seres humanos tal como son, es decir, ya no se presentan seres superiores ni inferiores.
- En estas obras el hombre es dueño de su destino. Por lo mismo debe sobrellevarlo con su "humanidad".
- Con sus imperfecciones y limitaciones.
- El conflicto plantea situaciones en que se mezcla lo trágico y lo cómico. Plantea situaciones individuales o sociales en relación con los problemas que aquejan al hombre de la época.
- El desenlace puede ser feliz o infeliz.

El drama puede ser:
a) Psicológico: pinta las luchas interiores del alma y el desenvolvimiento de fuertes pasiones. Ej: "La estrella de Sevilla", de Lope de Vega.
b) Filosófico: plantea los grandes problemas del destino humano, encarnando sus personajes, no a individuos, sino a la humanidad colectiva. Ej. "La vida es un sueño", de Calderón de la Barca.
c) Social: presenta el aspecto de la sociedad de una época, analizando las ideas o costumbres. Ej. "Fuente Ovejuna", de Lope de Vega; "El Alcalde de Zalamea", de Calderón de la Barca.
d) Histórico: revive una época pasad, mediante la representación de sus grandes hechos o simplemente de la sociedad o costumbres. Ej. "La prudencia de la mujer", de Tirso de Molina.

e) Legendario: se basa en leyendas o tradiciones. Ej. "El burlador de Sevilla", de Tirso de Molina; "El caballero de Olmedo", de Lope de Vega.

Otros géneros teatrales:

a) La opera o drama lírico: es un drama musical íntegramente cantado por los actores, pudiendo adoptar la modalidad trágica o cómica. La parte literaria se llama libreto y la parte musical, partitura. Ej. "Parsifal", de Wagner; "Margarita, la tornera", de Chapí.

b) Zarzuela: es una pieza dramática breve y de carácter festivo, en la cual alteran el canto y el recitado o declamación. Ej. "El laurel de Apolo", de Calderón de la Barca; "Los sobrinos del capitán Grant".

c) Sainete: es una composición dramática de un acto, que retrata tipos y costumbres populares, con el fin de provocar risa. Ej. "El rastro por la mañana", "Las castañas picadas", de Ramón de la Cruz; "Abanicos y panderetas", "Los piropos", de los hermanos Alvares Quinteros.

d) El entremés: es un breve acto jocoso de un asunto popular, que se representa en los entreactos de la obra principal. Ej. "El retablo de las maravillas", de Cervantes; "El soldadillo", de Lope de Vega; "El guardainfante", "El borracho" de Quiñones de Benavente.

e) El paso: es una breve pieza cómica, de tres o cuatro personajes, que pinta cuadros alegres de la vida humana.

Ej. El principal autor fue Lope de Rueda con "Las aceitunas", "La tierra de Jauja", etc.

f) La Loa: era una pieza breve que se representaba al principio de una función, en la cual se elogiaba a la persona festejada o se describía el argumento de la obra o se encarecía el mérito de los actores.

g) El Auto Sacramental: son representaciones simbólicas de la Sagrada Eucaristía. Son creaciones netamente españolas, que se representaban el día del Corpus en todas las ciudades de España. El auto sacramental toma sus argumentos del Antiguo y Nuevo Testamento, de la historia sagrada y profana. Consta de un solo acto y varios cuadros. Las decoraciones se instalaban en carros, que llegaban a tener dos o más pisos. Una de sus figuras fue Calderón, quien compuso tantos y tan grandiosas obras, que fue llamado el poeta eucarístico.

Ej. "El gran teatro del mundo", "La cena de Baltasar", "La nave del mercader", de Calderón; El Colmenero divino", de Tirso de Molina; "La siega", de Lope de Vega.

Géneros Cinematográficos

Actualmente no existe un consenso en cuanto a géneros cinematográficos se refiere y se da una compleja serie de clasificaciones. El género cinematográfico es el tema general de una película que sirve para su clasificación.
Los géneros cinematográficos, como los géneros de otros campos artísticos, tienen su primer origen en la cultura clásica. Los dos géneros mayores griegos: comedia y tragedia; uno de estilo ligero, tema aparentemente superficial y final feliz, y el otro afectado, profundo y de triste desenlace. Estos géneros se fueron diversificando en el teatro, y los primeros largometrajes los intentaron imitar. Sin embargo, las posibilidades del cine lo desmarcaron completamente de los géneros tradicionales, creando nuevos géneros caracterizados por la escasa complejidad de su regulación.

Es muy importante señalar que en las primeras décadas del cine, el género de las películas era encorsetado, con características muy delimitadas que ayudaban al espectador a comprender rápidamente la película. Sin embargo, aproximadamente tras la Segunda Guerra Mundial los géneros empezaron a mezclarse creando diversas producciones y extraños especímenes.

Los géneros cinematográficos se clasifican según los elementos comunes de las películas que abarquen, originalmente según sus aspectos formales: ritmo, estilo o tono y, sobre todo, el sentimiento que busquen provocar en el espectador y ajuste. Alternativamente, los géneros cinematográficos se definen por su ambientación o por su formato. Los géneros siguientes son a menudo concretados para formar subgéneros, y también pueden ser combinados para formar géneros híbridos.

GÉNEROS CINEMATOGRÁFICOS

ESTILO Y TONO	DESCRIPCIÓN	PELÍCULAS ESTRENADAS
DRAMA	En el cine, son las películas que se centran principalmente en el desarrollo de un conflicto entre los protagonistas, o del protagonista con su entorno o consigo mismo.	"Titanic", USA, 1997.
COMEDIA	Películas realizadas con la intención de provocar humor, entretenimiento y/o risa en el espectador.	"Ahí está el detalle", México, 1940.
ACCIÓN	Película cuyo argumento implica una interacción moral entre el «bien» y el «mal» llevada a su fin por la violencia o la fuerza física.	"La Máscara del Zorro", España, 1998.
CIENCIA FICCIÓN	Se basa en un futuro cercano o muy lejano, donde se logra ver el avance de la tecnología y de cómo se ejecuta este en la historia.	"La Guerra de las Galaxias", USA, 1977.
FANTASÍA	La magia y animales mitológicos o sucesos sin una explicación lógica forman parte de este mundo donde la realidad esta combinada con el pasado.	"Crónicas de Narnia", USA,
TERROR	Películas realizadas con la intención de provocar tensión, miedo y/o el sobresalto en la audiencia con elementos como fantasmas, cadáveres, etc.	"Nosferatu, el vampiro", USA, 1922.
ROMANCE	Películas donde las parejas protagonistas hacen hincapié en los elementos amorosos y románticos.	"Lo que el viento se llevó", USA, 1939.
MUSICAL	Películas que contienen interrupciones en su desarrollo, para dar un breve receso por medio de un fragmento musical cantado o acompañados de una coreografía.	"El Mago de Oz", USA, 1939.
SUSPENSO	Películas realizadas con la intención de provocar tensión en el espectador. También suele utilizarse la palabra thriller para designar películas de este tipo, aunque hay sutiles diferencias.	"Psicosis", USA, 1960.
AVENTURA	Películas donde el personaje se mueve a través de parajes y lugares exóticos envueltos en un conflicto relacionado a culturas, razas y tesoros.	"En busca del Arca perdida", USA, 1981.

Los ejemplos mencionados en esta tabla son las películas cuyos directores son considerados los pioneros en cada género cinematográfico en pleno siglo XX. Adicionalmente, existen otras sub categorías dentro del género de acción como narco género, western, bélica, policiaca, samuráis y artes marciales. En drama también se distinguen también otras sub categorías como: road movie, catástrofe, adolescentes y costumbrista.

Mientras que el Terror se divide en las sub categorias: thriller, bizarro o gore, slasher o asesinos, monstruos y zombis. Las comedias también se sub categorizan: como la parodia o spoof movie, la comedia negra y la comedia romántica.

Géneros Radiofónicos

La radio es el medio en el que algunos géneros del periodismo clásico alcanzan su máxima expresión. Un ejemplo es la entrevista, el debate y la tertulia. La adaptación de los géneros periodísticos a la radio se caracteriza por la riqueza expresiva y el carácter personal que se incorpora al mensaje transmitido. Las claves para una buena comunicación son contenidos concisos, claros y directos. De esta manera se producirá un mayor efecto de atracción sobre la audiencia.

Los géneros radiofónicos podrían clasificarse de la siguiente manera: el reportaje, la crónica, la crítica, el comentario, el editorial, la entrevista, la tertulia, el debate, la cuña, el deporte.

- **El Magazine Radial** es una programa de variedades que se nutre de diversos segmentos informativos como salud, moda, farándula, política, ciencia, con éxitos musicales como cortinillas, con uno varios locutores que entrevistan a un profesional determinado.
- **El reportaje** es un género periodístico que consiste en la narración de hechos que pueden ser de actualidad o ser atemporales. En este género, se explica con palabras, imágenes, y desde una perspectiva actual, y acontecimientos de interés público.
- **La crónica** es una obra literaria que narra hechos históricos en orden cronológico. En una crónica los hechos se narran según el orden temporal en que ocurrieron, a menudo por testigos presenciales o contemporáneos, ya sea en primera o en tercera persona.

Se entiende por crónica la historia detallada de un país, de una localidad, de una época o de un hombre, o de un acontecimiento en general, escrita por un testigo ocular o por un contemporáneo que ha registrado sin comentarios todos los pormenores que ha visto, y aún todos los que le han sido transmitidos.

- **La crítica** es la reacción o la opinión personal y/o analizada ante un tema, varias opiniones pueden formar a veces

también una crítica, siempre que sea de la misma tendencia. La crítica es el arte de juzgar las cualidades (bondad, verdad, belleza...) de las cosas.
Hay tres tipos de crítica: positiva, negativa y constructiva.

- **El comentario** es un escrito que sirve de explicación de una obra para que se entienda más fácilmente el sentido que encierra.
- **El editorial** es un género periodístico, que consiste en un texto no firmado que explica, valora y juzga un hecho noticioso de especial importancia. Se trata de una opinión colectiva, de un juicio institucional formulado en concordancia con la línea ideológica del medio.
- **La tertulia** es una reunión, informal y periódica, de gente interesada en un tema o en una rama concreta del arte o de la ciencia, para debatir, informarse o compartir ideas y opiniones. Por lo general la reunión tiene lugar en un café o cafetería, y suelen participar en ellas personas del ámbito intelectual. Es una costumbre de origen español y se mantuvo arraigada hasta mediados del siglo XX en las colonias independizadas del imperio español. A los asistentes se les llama contertulios o tertulianos.
- **El Debate:** Es una técnica de comunicación oral donde se expone un tema y una problemática. Hay integrantes, un moderador, un secretario y un público que participa. No se aportan soluciones solo se exponen argumentos. La condición de un debate se da en el distinto punto de vista que guardan dos o más posiciones antagónicas en torno a un tema o problema. Es un texto argumentativo en el que se entrelazan los argumentos que sostienen la tesis en conflicto. Los argumentos se deben ir construyendo en estrecha relación conforme el oponente, así que el debate se trata de una argumentación de gran dificultad y rapidez mental.
- **Cuña radial** es una forma radiofónica en la que se transmite un mensaje sin presentarse a sí misma, sino que va integrada en otros formatos, al ser claro con su contenido.

Por ejemplo, un reportaje dentro de una crónica como ilustración de una mesa redonda o un spot publicitario tras una canción en una emisión radiofónica. En principio no debe tener una duración mayor de los dos minutos y suele ser la forma más habitual para introducir la publicidad en un medio radiofónico.

Géneros Televisivos

Las tres formas básicas de programas televisivos son los de ficción, no ficción y programas en directo. Los programas de ficción son sobre todo series de sobremesa, comedias de situación, series dramáticas y películas para televisión, incluyendo las mini series (una película en varias partes).

Los programas de no ficción más habituales son los concursos, debates, noticiarios y magazines (espacios informativos que se nutren de noticias variadas dentro de un formato que busca el entretenimiento).

La televisión en directo se limita generalmente a los deportes, entregas de premios, cobertura de noticias en telediarios y algunos espacios diarios de testimonios o debates.

Podríamos resumir los géneros televisivos de mayor influencia en la última década de las audiencias en América, con la siguiente lista de conceptos.

▶ **FICCIÓN TELEVISIVA**
   Serial televisivo: Se refieren a los programas seriados dentro de un periodo de 12 a 60 capítulos, transmitidos días de semana o fin de semana, basados en un drama rodado regularmente en un estudio y parte en exteriores. Los temas son variados y forman parte de la programación de canales por cable.
   Serie de dibujos animados: Se refieren a las animaciones 2d o 3d de una duración unitaria o serial donde el personaje esta sujeto a las cualidades del público. Se restringe la violencia, el lenguaje soez, entre otros.
   Comedia televisiva: Están escritos en su mayoría para público adulto de criterio formado, ya que suele usarse la malicia o morosidad argumental en la insinuación de las situaciones, complejas algunas veces. Sin embargo también suele moderarse el lenguaje al público juvenil.
   Telenovela: Son seriados que enfatizan el melodrama o la repetición de situaciones y conflictos amorosos, con cierta exageración de

las pasiones. Se escriben para un público variado aunque generalmente es adulto, como amas de casa. Fueron exclusivos de países como México, USA, Argentina y Colombia; pero ya son producidas por países de todo el mundo.

Telenovela policíaca: Son una tendencia nueva por la que han apostado muchas compañías productoras dejando la tradición del melodrama, abriéndose al público masculino que prefiere argumentos más asociados a la realidad social y económica de los pueblos latinoamericanos.

Serie de ciencia ficción: Son propias de mercados anglosajones y europeo, donde los seriados grabados en estudios interiores y pantallas verde, muestras ambientas surrealistas o futuristas.

Serie de antología: Los reportajes seriales sobre un tema investigativo, histórico o de valor cultural como los clubes de lectura, reseñas de pintores, piezas teatrales, grupos de danza y entrevistas a notables personalidades del ámbito folklórico también son expresiones propias que cada país debe promover a través de este tipo de programas.

▶ **NO FICCIÓN TELEVISIVA**

Concursos televisivos: Programa donde los participantes pasan por pruebas físicas o de conocimiento muy variadas, donde a través de concursos, obtienen premios en efectivo o artículos de valor, previa presentación a llamados de castings, donde los productores aprueban un plan específico que aborda preproducción, rodaje en estudio y edición o incluso la transmisión en vivo.

Dating shows: Programas en donde los participantes solteros encuentran la oportunidad de conocer y entablar amistades con otros solteros del sexo opuesto. Este formato tiende a marcar buen margen de audiencia por lo que podemos actualmente encontrarlo combinado con otros formatos como el reality show, competencia y resistencia física, vida nocturna, comedia, etc.

Reality shows: Como su nombre lo dice son programas basados en la realidad de las personas, donde solo algunos objetivos son cumplidos, sin actuación o representación actuada de la verdad de las vidas de los implicados. Existen muchas sub categorías de esta llamada telerealidad, como unión de familias, parejas encerradas, parejas por Internet, etc.

Talent shows: Se trata de los programas donde el público participa ante un jurado de profesionales, que decide si el talento; ya sea canto, baile, corografía, humor u otro; son merecedores de recibir el premio o pasar a una etapa eliminatoria de finalistas.

Magacín: Este es un programa muy similar a su versión radial con entrevistas, juegos, reportajes, consejos de salud, mini competencias, que imita a las revistas en su contenido estructurado en bloques.

Drama médico: Son reportajes tomados de pacientes en su diario vivir donde enfrentan difíciles diagnósticos médicos, donde entre cada capítulo se observa su evolución médica. Algunos de estos también se basan en pacientes de cirujanos plásticos que corrigen defectos estéticos ante el lente de la cámara.

Drama sobrenatural: Los eventos paranormales también se han visto reportados a través de la recreación de programas donde se analizan grabaciones efectuadas en casas embrujadas, en base al testimonio de sus habitantes.

Entrevista periodística: También conocidos en el mercado anglo como Talk show y Late night shows son programas de entrevistas a artistas, políticos, y actores donde se pretende conocer a profundidad sus vidas.

Anime: Las series japonesas han logrado a través de los años colocar algunos exitosos animes o cómicas en formato de series que incluso se adaptan a video juegos multimeda, como fue el caso reciente de Pokemon Go.

Policía procesal: Los casos detectivescos entre parejas y los juicios de causa procesal han sido también llevados a la pantalla a manera de reality show, o rodado en estudios bajo los permisos de los involucrados y ante la opinión de un juez.

Espectáculo de variedades: Los programas de conciertos, combinados con competencias donde los participantes son celebridades fueron un estilo único que se ha visto modificado por la necesidad de diversificar los viejos estereotipos en producción televisiva.

Comedia y cámara oculta: El Telecomedia es un tipo de programa que busca ante todo hacer reír a sus televidentes, y para lograrlo se utilizan muchas maneras como el humorismo, la parodia, las situaciones sorpresa en exteriores y demás.

Telebasura: Los bloopers o errores fuera de escena también son un material que aprovechan los productores. Las grabaciones caseras y los retos de adolescencia, videos graciosos y demás encuentran su espacio en este tipo de contenidos jocosos.

▶ **HÍBRIDOS Y OTROS:**
Docudramas: Los documentales para televisión, es decir rodados con cámaras de video no tan exigentes como el 35 mm del cine, el Docu-reality ha permitido la presentación de programas especiales que por su actualidad, influencia en las sociedades e interés son ubicados dentro del periodismo.

Cadena nacional: Los canales de televisión estatales tienen la finalidad primordial de informar a sus ciudadanos de los eventos y decisiones que sobre asuntos de Estado se vayan a tomar, con el fin de considerar la opinión pública y estimar los efectos adversos que pueden causar.

Programa diferido: Otro de los programas que son regidos mediante los canales estatales, no comerciales, es señalar por ley o decretos las obligaciones de transmitir contenidos de interés para la población. Se refiere a la trasmisión desde una antena madre a través de otras terminales que cubren todo el territorio.

Franja electoral: Durante las elecciones de gobierno las televisoras han incluido en los últimos años franjas relacionadas a las vicisitudes entre los políticos o candidatos que son foco de atención para los votantes.

Infomercial: Finalmente los espacios publicitarios han incluido la opción de los informerciales que son los espacios pagados de mayor duración para que las empresas den a conocer sus eventos, productos y servicios de un modo corporativo en el campo de negocios.

Géneros de Internet

Los multimedia han permitido, no solo a las grandes marcas y compañías de los medios de comunicación, sino también al emprendedor o ciudadano común; crear contenidos personales y atraer seguidores interesados en seguir disfrutando de los mismos, de una manera gratuita. Estas comunidades virtuales se han consolidado para permitir a los publicistas encontrar consumidores para sus campañas, expendiendo así las posibilidades de influir en sus decisiones de compra.

Un servicio de alojamiento de videos permite a individuos subir videoclips a un sitio web de Internet. El alojador de videos almacenará el video en uno de sus servidores, y le mostrará al individuo diferentes tipos de código para permitir que otros vean su video. El sitio web es llamado sitio web de alojamiento de videos o sitio web de distribución de videos. Entre los formatos de leguaje virtual que son utilizados como géneros en Internet encontramos el sitio web, la serie web, el video juego, el video musical, el video blog, y otros.

Sitio web

Una página web, o página electrónica, página digital, o ciberpágina12 es un documento o información electrónica capaz de contener texto, sonido, vídeo, programas, enlaces, imágenes, y muchas otras cosas, adaptada para la llamada World Wide Web (WWW) y que puede ser accedida mediante un navegador web. Esta información se encuentra generalmente en formato HTML o XHTML, y puede proporcionar acceso a otras páginas web mediante enlaces de hipertexto. Frecuentemente también incluyen otros recursos como pueden ser hojas de estilo en cascada, guiones (scripts), imágenes digitales, entre otros.

Serie web

Una webseries o serie web es una serie creada para ser distribuida a través de Internet, y forma parte del nuevo y emergente medio llamado web televisión. Utilizan guiones y están estructuradas en temporadas divididas en episodios, los que pueden recibir el nombre de webisodios. Pueden ser distribuidas de forma gratuita a través de plataformas como YouTube o Vimeo, o mediante una subscripción como en Netflix o Crackle. Siendo un nuevo medio emergente la definición señalada abarca a toda producción realizada para ser distribuida por primera vez en internet, de tal forma que resulta indiferente la duración, temática y género, pudiendo ser de imagen real o animación.

El formato estándar de la serie web, temporadas con episodios de 5 a 15 minutos, ha quedado entregado a la creatividad y los recursos de sus productores, de tal forma que vemos series con escasos recursos pero al mismo tiempo otras galardonadas como House of Cards, de la televisión web Netflix, que obtuvo nueve nominaciones a los Premios Primetime Emmy en 2013. En relación al éxito de las series web House of Cards y Orange Is the New Black se ha dicho: "Las dos ficciones estrellas de la plataforma online Netflix han dejado claro que el modelo de consumo tradicional de las series, si quedaba alguna duda, ha cambiado por completo. No solo se han estrenado sus segundas temporadas íntegras para consumirlas a demanda sino que compiten en igualdad de condiciones (calidad, factura, actores...) con las series tradicionales y, además, no las emite un canal de televisión."

Video juego

Un videojuego o juego de video es un juego electrónico en el que una o más personas interactúan, por medio de un controlador, con un dispositivo que muestra imágenes de vídeo.[1] Este dispositivo electrónico, conocido genéricamente como «plataforma», puede ser una computadora, una máquina arcade, una videoconsola o un dispositivo portátil (un teléfono móvil, por ejemplo). Los videojuegos son, año por año, una de las principales industrias del arte y el entretenimiento.

Al dispositivo de entrada usado para manipular un videojuego se lo conoce como controlador de videojuego, o mando, y varía dependiendo de la plataforma. Por ejemplo, un controlador podría únicamente consistir de un botón y una palanca de mando o joystick, mientras otro podría presentar una docena de botones y una o más palancas (mando). Los primeros juegos informáticos solían hacer uso de un teclado para llevar a cabo la interacción, o bien requerían que el usuario adquiriera un joystick con un botón como mínimo.[2] Muchos juegos de computadora modernos permiten o exigen que el usuario utilice un teclado y un ratón de forma simultánea. Entre los controladores más típicos están los gamepads, joysticks, teclados, ratones y pantallas táctiles.

Generalmente, los videojuegos hacen uso de otras maneras, aparte de la imagen, de proveer la interactividad e información al jugador. El audio es casi universal, usándose dispositivos de reproducción de sonido, tales como altavoces y auriculares. Otro tipo de realimentación se hace a través de periféricos hápticos que producen vibración o retroalimentación de fuerza, usándose a veces la vibración para simular la retroalimentación de fuerza.

Video blog

Un video blog o vlog es una galería de clips de videos, ordenada cronológicamente, publicados por uno o más autores. El autor puede autorizar a otros usuarios a añadir comentarios u otros vídeos dentro de la misma galería.

En la web se escanea, no se lee,[1] por lo que la imagen cobra un protagonismo especial, y particularmente, el vídeo. Si a esto le unimos la evolución de la Web tradicionalmente unidireccional y cerrada a la Web participativa que Tim O'Reilly calificó de 2.0, tenemos como resultado un entorno donde los usuarios conversan dando directamente la cara y donde las plataformas de vídeo como YouTube son significativas.

Los videoblogs pueden tratar cualquier temática que desee el autor, al igual que sucede con los blogs, y la facilidad de distribución hace que algunos videoblogs populares alcancen cientos de miles de suscriptores.2 La estética de un vlog está basada en el cara a cara del vlogger con su público, hablando, o bien de manera interpretativa y actuada, o bien de forma sincera y honesta, conectando de manera directa con él; ya que el público de un videblogger, basándose en ambos casos, está interesado en los vídeos del mismo por el hecho de ser personas con gustos similares, y en ocasiones, hasta se pueden llegar a sentir identificados. Estos sólo serían casos en los que el vlogger habla sobre sí mismo o trata temas cotidianos que afectan a la mayoría de las personas. De esta manera podríamos clasificar los distintos tipos de vloggers en tres amplio sectores:

Existen los vloggers que tratan temas de interés común entre una inmensa mayoría de personas, de esta manera consigue llamar la atención de más gente, pudiendo llegar así a ser más originales y consiguiendo una amplia variedad dentro de esta rama. También son, por ello, los más extendidos en la plataforma de YouTube. Éstos vloggers pueden realizar sus vídeos a partir de un guion o bien de manera improvisada, según las capacidades o gustos del videblogger;

Dentro de éstos último, muchos de ellos también hacen vlogs en los que cuentan hechos que les han sucedido, o cualquier anécdota que ellos han vivido; lo que sería básicamente contar su propia vida, lo que a simple vista puede parecer aburrido, aunque está destinado al público que sigue a este vlogger por otros méritos, como pueden ser otros vídeos que suben o cualquier otra influencia que puedan tener dentro del mundo de internet; Podríamos calificar como vlogs los tutoriales, aunque su contenido es más bien de carácter informativo-explicativo, donde el vlogger muestra el procedimiento mediante el cual se debe realizar algo, ya sea el montaje de un utensilio, hasta un tutorial de maquillaje;

Video clip musical
Un videoclip es un cortometraje realizado principalmente para su difusión en video, televisión y a través de portales en internet, que ofrece una representación o interpretación visual de una canción. Según diversos autores se trata del formato audiovisual más consumido por la juventud global.

Los videoclips se suelen realizar con multitud de efectos visuales y electrónicos. Son producciones muy dinámicas que tienen por objetivo llamar la atención del telespectador. Es el género audiovisual en el que hay más creatividad y experimentación. Los profesionales que operan en este sector deben tener en cuenta numerosas consideraciones técnicas. El video musical (o videoclip) se compone de campos, planos, movimientos de cámara de diverso grado de complejidad y tratamientos específicos de iluminación. Jailhouse Rock de Elvis Presley, es considerado el primer videoclip de la historia. El videoclip se estructura en función del tema musical que representa, es decir, la propia pertenencia al género se afirma a través de una serie de elementos visuales a los que se tiene que ceñir.

Video educativo

El Tutorial o video educativo es un material audiovisual con cierto grado de utilidad en los proceso de enseñanza y de aprendizaje. Este concepto genérico engloba tanto al video didáctico propiamente dicho (elaborado con una explícita intencionalidad didáctica) como aquel video que, pese a no haber sido concebido con fines educativos, puede resultar adecuado por la intervención docente. La tecnología educativa ofrece diversas alternativas para favorecer un entorno de aprendizaje adecuado, tales como el video, que, con los adelantos y la accesibilidad de las nuevas tecnologías opto-electrónicas (CD, DVD) y el acceso por Internet, resulta cada vez más popular. Una adecuada utilización del video como recurso proporciona diversas alternativas en su empleo que pueden favorecer los procesos perceptivos y cognitivos durante el proceso de aprendizaje.

IDEAS CLAVES DE ESTE CAPÍTULO

▶ Los géneros son propios a cada medio de comunicación social y debemos tener en cuenta sus características para mantenernos dentro del género que escogemos para producir.

▶ La radio dio origen a muchos de los géneros que hoy día conocemos en la televisión como las telenovelas, el video musical y la entrevista. Mientras que los videos y demás multimedia permitieron a la Internet volverse un medio on stream; es decir en conexión vía inalámbrica, en tiempo real.

▶ El papel del productor y del guionista son sensitivos a la hora de seleccionar y desarrollar un proyecto multimedia.

ACTIVIDADES SUGERIDAS

Realice un piloto de proyecto multimedia siguiendo los siguientes paso:
1. Escoja uno de los medios multimedia.
2. En una hoja redacte su primer piloto, escogiendo un formato de los mencionados.
3. Escoja un tema a producir.
4. Diseñe un objetivo general y tres específicos.
5. Seleccione su target meta o público.
6. Redacte la estructura de 4 bloques/o un guión de 20 minutos para el primer programa.
7. Prepare su presupuesto estimado.

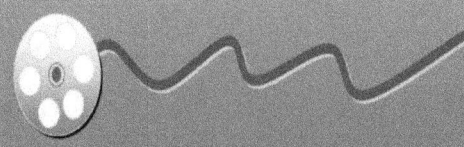

CAPÍTULO 4

ESPACIOS MULTIMEDIA

- ► La Cabina
- ► El Estudio
- ► La locación
- ► La isla

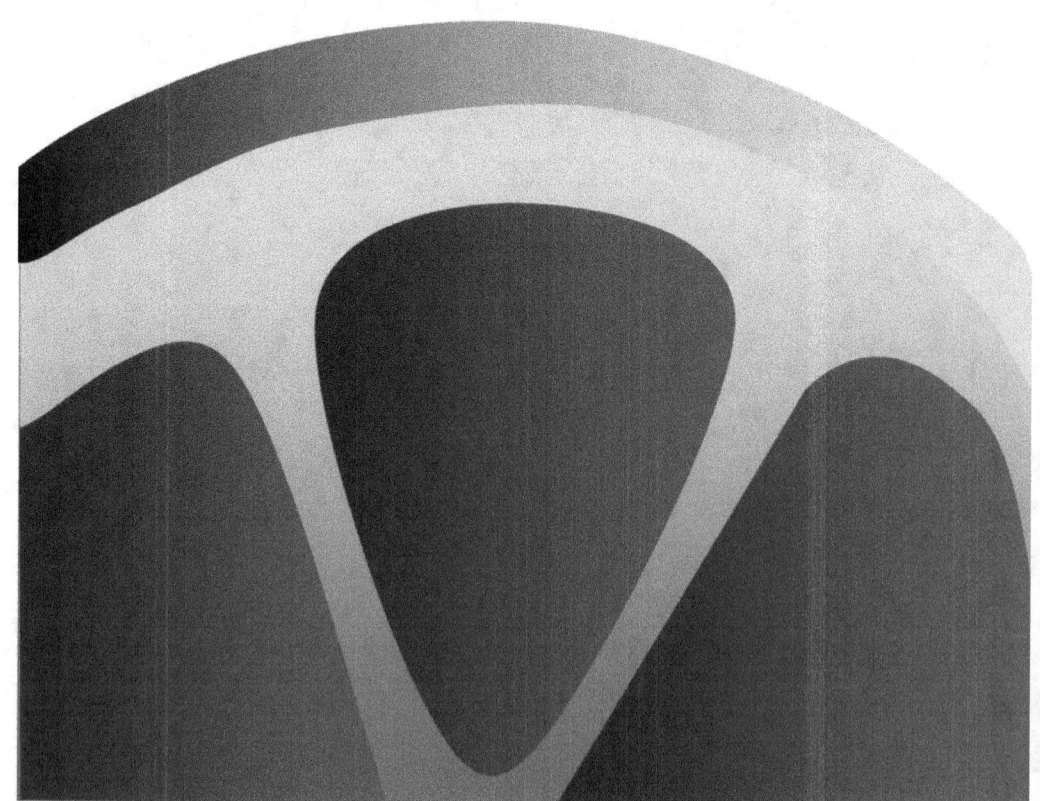

Espacios Multimedia

Un lugar donde se desarrolla un rodaje de una película con efectos especiales no es igual a un estudio de noticias. Por esa razón debemos aprender a distinguir las herramientas que están a nuestra disposición para lograr cada tarea al más alto nivel profesional, sin errores que pueden ser evitables. Por eso en este capítulo de este libro abordamos las características físicas de cada espacio de cuatro de los principales medios de comunicación. Comparamos algunas diferencias superadas así como se ha ido reemplazando los equipos análogos por la era digital.

Dependiendo del lugar, para el técnico de multimedia el protocolo de grabación consta de una serie de etapas: como selección del equipo disponible en almacén, verificación del cableado, instalación de luces y filtros en el techo, verificación de los dispositivos de almacenamiento, pruebas de audio y registro ante la cámara, ect.

A continuación estudiaremos cada uno con más detalles.

La Cabina de Radio

En una estación de radio existen varios departamentos como administración, publicidad, la cabina de producción, y la antena de transmisión. Los equipamientos especiales de una cabina tienen las siguientes características:

- Aislamiento acústico en muros, pisos, plafones, ventanas y puertas.
- Equipo de grabación de audio digital y analógico (computadora con tarjeta de captura de audio y programas de grabación y edición de audio)
- Un mezclador de audio con entradas y salidas para conectores canon, rca y de 6.1 mm, con 8 canales mínimo.
- Cuatro micrófonos profesionales de tipo unidireccional y dinámicos.
- Mobiliario ergonómico.
- Bocinas y amplificador de audio.
- Auriculares.
- Comunicación visual entre la cabina de producción y locución.
- Ambiente climatizado.
- Micrófono: Entre los micrófonos dinámicos se encuentran los micrófonos de cinta y los de bobina móvil. Los primeros llevan una fina cinta metálica adherida al diafragma, colocado en el seno de un campo magnético. Cuando la onda sonora incide sobre el diafragma y hace vibrar la cinta, en ésta se genera un pequeño voltaje por inducción electromagnética. El funcionamiento del micrófono de bobina móvil se basa prácticamente en el mismo principio, pero posee una bobina de hilo fino en lugar de una cinta. Algunos micrófonos modernos, diseñados para captar solamente sonidos unidireccionales, llevan una combinación de cinta y de bobina. Otro tipo es el micrófono de condensador. Posee dos finas láminas metálicas muy próximas, que actúan como un condensador. La lámina posterior va fija, mientras que la anterior hace de diafragma. Las ondas sonoras modifican la distancia entre las láminas, alterando la capacitancia eléctrica entre ambas. Si se integra

un micrófono de este tipo en el correspondiente circuito, se pueden amplificar las variaciones y producir una señal eléctrica. Este tipo de micrófonos suelen ser muy pequeños. En los audífonos se utiliza otro tipo muy habitual, el micrófono de condensador de electrodos.

Las características más importantes de cualquier micrófono son su respuesta en frecuencia, direccionalidad, sensibilidad e inmunidad a las perturbaciones externas como golpes o vibraciones.

Tarjeta de sonido: Tarjeta de sonido, tarjeta de expansión en un ordenador o computadora que permite grabar sonidos procedentes de un micrófono u otra fuente externa como un sintetizador, reproducirlos utilizando unos altavoces o un amplificador externo y, en ocasiones, manipular los archivos de sonido almacenados en el disco. La tarjeta de sonido debe tener un convertidor analógico digital (CAD), que transforme el sonido entrante, de naturaleza analógica, en dígitos que puedan ser almacenados y tratados por el ordenador. Además, debe tener un convertidor digital analógico (CDA), que vuelva a convertir los sonidos almacenados de forma digital en una onda analógica, que se envía a los altavoces.

El sintonizador de AM/FM permite escuchar programas de emisoras de radio con frecuencias entre 500 y 1.650 kHz para onda media y entre 88 y 108 MHz para FM. De entre todas las señales de radio que llegan a la antena, el sintonizador selecciona la frecuencia de la emisora deseada. A continuación extrae la onda de la frecuencia utilizada para modular la portadora, obteniéndose así la señal de audio del programa que se está transmitiendo, y la amplifica para activar los altavoces del sistema de alta fidelidad.

En el sistema normal mecánico-electrónico de grabación de sonido, las ondas sonoras están inevitablemente distorsionadas y recogen ruidos del propio proceso de grabación. En la grabación digital estos problemas no existen. El grabador digital mide las ondas miles de veces por segundo y asigna un valor numérico o dígito a cada una de estas medidas. Estos dígitos se convierten en una corriente de pulsos electrónicos que se almacenan en una memoria para su posterior reconversión y reproducción. En los últimos años estas técnicas se han utilizado de forma limitada para la producción de grabaciones gramofónicas convencionales.

Actualmente se realizan grabaciones digitales directas, en las cuales los pulsos electrónicos se sitúan en un disco compacto (CD), en el que, observados a través de un microscopio, se asemejan a una espiral de señales en código Morse. El CD, una vez extraído de su estuche de plástico, se coloca en un equipo en donde un rayo láser lee la información codificada y una serie de circuitos la convierten en señales analógicas para su reproducción a través de sistemas de altavoces convencionales.

El amplificador eleva la potencia de los impulsos eléctricos enviados por el cartucho hasta alcanzar un nivel suficiente para activar los altavoces. La potencia que puede producir un amplificador se mide en vatios (W). Según el sistema de altavoces, el amplificador puede enviar de 10 a 125 W de potencia o más. Por lo general, el amplificador está controlado por un dispositivo denominado preamplificador, que amplifica el voltaje de las señales sonoras que resultan demasiado débiles como para que el amplificador pueda manejarlas. Los preamplificadores también aumentan las frecuencias bajas y atenúan las frecuencias altas para compensar la respuesta demasiado débil de las primeras y demasiado fuerte de las segundas en las grabaciones gramofónicas. Los amplificadores modernos están equipados con circuitos de estado sólido o integrados.

Los altavoces o bocinas (dispositivos electromecánicos que producen sonido audible a partir de voltajes de audio amplificados) se utilizan ampliamente en receptores de radio, sistemas de sonido para películas, servicios públicos y aparatos para producir sonido a partir de una grabación, un sistema de comunicación o una fuente sonora de baja intensidad.

Altavoces: Existen diferentes tipos, pero la mayoría de los actuales son dinámicos. Estos altavoces incluyen una bobina de cable muy ligero montada dentro del campo magnético de un potente imán permanente o de un electroimán. Una corriente eléctrica variable procedente del amplificador atraviesa la bobina y modifica la fuerza magnética entre ésta y el campo magnético del altavoz. La bobina vibra con los cambios de corriente y hace que un diafragma o un gran cono vibrante, unido mecánicamente a ella, genere ondas sonoras en el aire.

La potencia y la calidad de sonido se pueden aumentar si se utilizan conjuntos especiales de varios altavoces de diferente tamaño (pequeños para notas agudas y grandes para notas graves. La unidad de control puede considerarse como el centro neurálgico del sistema de alta fidelidad, ya que realiza una serie de funciones críticas. Así, por ejemplo, atenúa los ruidos superficiales de las grabaciones antiguas mediante un dispositivo denominado filtro de ruidos de fondo y elimina los ruidos de frecuencias bajas, como las vibraciones del motor del fonógrafo. El control de sonido compensa la incapacidad del oído humano para oír las notas agudas y graves con la misma claridad con que escucha las frecuencias medias, produciendo un aumento del nivel relativo de las frecuencias altas y bajas cuando se reproduce el disco a bajo volumen. La unidad de control también ajusta las señales sonoras del tocadiscos, el magnetófono o el sintonizador.

El estudio de Televisión

Un estudio de televisión es todo el complejo necesario para poner un programa en antena. No confundir con "plató" que es el espacio físico donde tiene lugar lo que ve el espectador. El estudio de televisión es un lugar cerrado y aislado de luces, sonidos y campos magnéticos externos, en el cual se pueden colocar equipos audiovisuales tales como cámaras de televisión, focos de iluminación profesional, sonido profesional para la grabación o retransmisión de programas con la mayor limpieza de luz, imagen y sonido en el ambiente posible y necesario para dar la calidad broadcast necesaria para emitir programas de televisión.

PRODUCCION:
Una producción es el acto mediante los cuales se crea riqueza, esta actividad transforma determinados bienes en una utilidad mayor, el equipo de producción es el encargado de toda la organización, y magnitud del programa y el tipo de producción depende del productor, quien es el responsable tanto de los insumos artísticos, creativos del programa, la interpretación del mismo, la contratación de actores, presentadores, la supervisión de todas las operaciones en el estudio, el productor es la figura principal que da unidad cohesión y guía al equipo de estudio. Dirige a un equipo especializado en todas las ramas de la comunicación, desde escenográfos hasta sonidista, etc, quienes también contribuyen aportando sus interpretaciones de diversas situaciones observadas en la planificación y durante la producción del programa.

Aplicado a los ordenadores o computadoras, la grabación de vídeo es sinónimo de capturar las imágenes procedentes de una fuente analógica (por ejemplo un magnetoscopio o una cámara de vídeo) mediante un dispositivo dedicado, capaz de convertir las señales analógicas al formato digital para su almacenamiento y posterior tratamiento con aplicaciones dedicadas. Dichos dispositivos se pueden instalar en las computadoras en una ranura PCI libre, por el conector USB o por conexión FireWire.

La conexión FireWire, denominada iLink por Sony y otros fabricantes, en combinación con una cámara de vídeo o magnetoscopio DV tiene como ventaja frente a otros sistemas de captura de vídeo el que se conserva en todo momento la calidad de las imágenes en su formato máximo (PAL). Por lo general, otros sistemas de captura de vídeo no profesionales utilizan sistemas de compresión que reducen en parte su calidad o bien realizan la captura de vídeo con una velocidad inferior a 25 fotogramas por segundo y con un tamaño de cuadro no superior a 640 × 480 píxeles.

Las aplicaciones de vídeo disponibles permiten realizar procesos de edición, montaje, creación y aplicación de efectos especiales, titulación y otras muchas tareas en un ordenador personal y volcar posteriormente el proyecto finalizado de nuevo a un soporte analógico (para su reproducción en un televisor, por ejemplo) o guardarlos a disco con un formato óptimo para su reproducción desde soporte CD-ROM, DVD o Internet.

La localización de Cine

En cinematografía, el término locación (del inglés location; en español, es, en este contexto, localización), cuando se relaciona con la producción audiovisual, se refiere a un sitio empleado en la filmación de cine, televisión y publicidad, pero que no fue creado con ese objetivo. La filmación en locación es la práctica de filmar en un encuadre real más que en una zona de sonido o zona posterior.

En el cine, una locación es cualquier lugar donde un equipo de filmación estará filmando actores y la grabación de su diálogo. Una ubicación en la que no se graba de diálogo puede ser considerada como un segundo sitio de unidad de fotografía. Los cineastas suelen elegir para disparar en el lugar porque creen que un mayor realismo se puede lograr en un lugar "real", sin embargo el rodaje de exteriores es también a menudo motivado por el presupuesto de la película. Por ejemplo, la película de terror independiente Marianne fue rodada íntegramente en Suecia. Sin embargo, muchas películas graban escenas de interior en un estudio de sonido y las escenas exteriores en una locación.

A menudo se cree erróneamente que el rodaje "en la locación" tiene lugar en la ubicación real en el que se establece su historia, pero esto no es necesariamente el caso.

La mayoría de las películas hacen un poco de ambos tipos de grabación, aunque las películas de bajo presupuesto suelen hacer más disparos de ubicación de las películas de mayor presupuesto, porque el costo de filmar a un lugar que ya existe es mucho más barato que la creación de ese lugar desde cero. En ciertas situaciones, es más barato para grabar en un estudio. En estas situaciones las películas de bajo presupuesto a menudo graban más en un estudio.

Grabar en locación tiene varias ventajas de filmar en un estudio:
- Puede ser más barato que construyendo conjuntos grandes
- La ilusión de realidad puede ser más fuerte - es duro a replicate real-desgaste mundial-y-lágrima, y detalles arquitectónicos.
- A veces permite el uso de mano de obra no sindicalizada más barata o de eludir un paro en los EE.UU..

Sus desventajas incluyen:
La falta de control sobre el medio ambiente - la iluminación, las aeronaves que pasa, el tráfico, los peatones, el mal tiempo, regulaciones de la ciudad, etc.
Localización de un lugar en el mundo real que coincida exactamente con las exigencias del guión.
Los miembros de la audiencia pueden estar familiarizados con un lugar en el mundo real se utiliza para doblar como un lugar de ficción (como Rumble in the Bronx mostrando inexplicablemente las montañas de las afueras de Vancouver, en el fondo de una escena urbana)

La locación puede proporcionar un beneficio significativo en el desarrollo económico en una zona por uso de equipo de los servicios locales, tales como la restauración y el alojamiento.

La isla digital

Una isla es un cuarto oscuro, con mesa sillas y equipos de edición digital. Para la mejor recepción de audio y las conversiones entre dispositivos de almacenamiento, se suele hallar una isla que no es completamente HD high definition, que no es completamente análoga o es destinada a un formato específico de video, como sucede ahora con AVCHD.

Los equipos de un lab o isla de edición: En este tipo de edición solo se necesita una VTR (Video tape Recorder) y una computadora, que es donde se van a trabajar las imágenes.

Computadora: Necesitamos una CPU con varios discos duros de capacidad de 1 Tera byte a 4 TB. Anteriormente eran de carcaza mediana o si es posible grande, ya que los elementos que llevan adentro van a tener que estar bien ventilados, para que así no se recalienten las unidades de almacenaje.

En la computadora vamos a tener una MOTHER que es donde se insertan las plaquetas o placas. Ahí vamos a necesitar una placa DIGITALIZADORA, que es la que permite transformar la información de la casetera a información digital que usa la computadora.

Las imágenes van a ir a un disco rígido, pero no uno convencional. El disco rígido que necesitamos tiene que ser muy grande (con mucha capacidad de ingreso de datos, ya que las imágenes ocupan mucho espacio en el disco) y con una velocidad de transferencia de datos muy alta. Es por esto que se necesitan discos rígidos de tipo SCSI (escasi), los cuales tienen la velocidad de transferencia de datos muy alta. Si no se usara este tipo de disco, las imágenes se verían entre cortadas. Para poder controlar este disco rígido se necesita una placa controladora.

Calidad de imagen: Con la computadora vamos a poder elegir que calidad de imagen queremos. Cuanto más calidad queramos, más va ocupar en el disco, ya que se necesita más información para almacenar. Las calidades que podemos elegir son las siguientes:

Se usan monitores más grandes que los comunes (17" aprox.) ya que de esta forma se puede ganar más espacio. Esto es porque se achican las ventanas y entonces tenemos espacio libre. Para que las ventanas se achiquen hay que aumentar la resolución.

Timeline: Línea de tiempos. Allí hay una línea que está dividida en segundos. Esta línea graduada se puede ir aumentando hasta poder ver los cuadros.

Programas de edición: Hay también dos barras horizontales y paralelas al timeline ("A" y "B") que vendrían a ser lo mismo que la player 1 y 2 en una isla lineal. Entre medio de estas, se encuentra otra barra llamada FX (en el Media 100) o T (en el Premiere) de "transition". Debajo de estas tres barras hay dos más de audio, llamadas Aa (Audio "a") y Ab (Audio "b").

Bin o Proyect: Esta es otra ventana que se abre debajo del TIMELINE, donde aparecen todas las imágenes que tenemos guardadas o que hemos elegido.

- Para hacer una edición: Se arrastra la imagen que elegimos del BIN, al A o B del timeline.
- Para hacer un efecto en la transición de imágenes hay que poner en la barra de FX o T el efecto que elegimos.

IDEAS CLAVES DE ESTE CAPÍTULO

▶ El estudio de televisión y la cabina de radio se asemejan en algunos equipamentos y en otros no tanto, por ello es necesario que conozcamos que tipos de dispositivos de entrada se usan en multimedia.

▶ La locación es un espacio físico real que le da al cine el realismo que le caracteriza. Nunca podríamos rodar una escena de película en interiores si no fuera más que para controlar efectos de fondo como el chroma key o una tormenta de nieve, o una inundación dentro de una piscina, por ejemplo.

▶ El multimedia encuentra su máxima expresión a través de la preparación de los efectos mecánicos que una vez grabados se editan medinte programas de realidad 3D dependiendo del proyecto multimedia.

ACTIVIDADES SUGERIDAS

Realice varias giras a medios locales:
1. Escoja uno de los medios y contácteles via telefónica.
2. Arregle una cita para su grupo de estudiantes.
3. Entreviste al personal del medio y pregúnteles sobre el equipo, logística y utilidad.

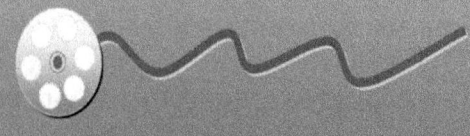

CAPÍTULO 5

DESARROLLO DEL PROYECTO

- La idea
- Biografía Corta
- Adaptaciones
- Sinopsis
- Construcción de Personajes
- Tratamiento o Argumento
- Lista de Escenas
- Continuidad Dialogada
- El Guión Preliminar
- Revisiones del Guión
- Formato del Guión
- Software para guiones
- Gestión legal
- Las 6 preguntas
- Tipos de Contratos
- El Guionista

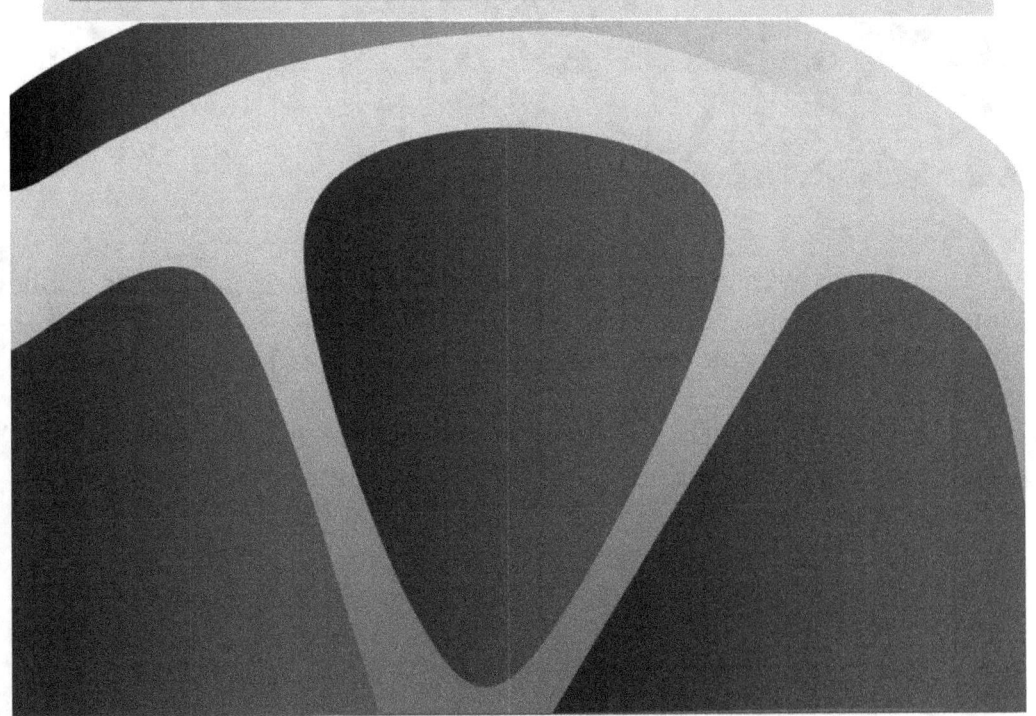

Desarrollo del Proyecto

¿Por dónde comenzar? Si tienes una gran idea para tu proyecto multimedia, de cine, de televisión o cualquier otro medio, siguiendo algunos sencillos pasos puedes comenzar a darle forma, perfeccionarla y lograr venderla a un fondo financiero. Debes poner mucho empeño en lo que te propones y no darte por vencido al llevar tu proyecto a feliz termino. Muchas ideas parecen al comienzo absurdas, pero con el apoyo oportuno han llegado luego a ser éxitos de taquilla, exitos de librería y la pequeña pantalla. Escribir, dibujar, corregir y reescribir son el comienzo.

Si tienes ya una idea para una gran película, y no sabes por dónde comenzar o inclusive cómo debe ser un guión cinematográfico, relájate tu haz justamente completado uno de los más difíciles pasos que es tener una idea.

El arte de la escritura creativa de un guión puede ser aprendido, pero todo esto comienza por tener una buena idea, que valen oro para la industria audiovisual.

La idea

Una buena idea puede cambiar el mundo, o por lo menos, garantizarnos la sobrevivencia, el pan de cada día. Las ideas valen dinero, y ya que somos personas que viven de sus ideas, nada es más justo que cobremos por ellas. Claro que existen momentos en los que damos una idea sin cobrar por ella: pero en ese caso se trata de un obsequio. No desprecie una idea, aun cuando parezca completamente trasnochada. Siempre o casi siempre podrá ser aprovechada. Una buena idea puede surgir hasta en la estampilla de una carta, como en el caso de la película "Charada" de Stanley Donen, o de una simple tarjeta postal, como fue el caso de T. B. Clarke, que imaginó una historia a partir de una postal que recibió de un amigo.

Las ideas valen por su propio peso, dinero y por lo tanto deben ser cuidadas. Cuando tenemos una idea, un guión, un titulo, una obra de teatro, una letra para una canción, etc., debemos registrarla inmediatamente. Existen organismos que tratan esos temas como la oficina de Registro del derecho autoral de cada país.

Solo para ilustrar, existe el caso de Orson Welles. En una charla con Chaplin, Welles mencionó la idea que tenia para una película. Días después, Welles viaja a Europa. Cuando vuelve, ¡sorpresa! La pelicula Mr. Verdum, escrita y dirigida por Chaplin, ya estaba en vísperas de ser exhibida. Chaplin había robado su idea. Welles le exigió a Chaplin el pago por el uso de la idea y créditos en la película. Chaplin ni discutió el pago. Como vemos, algunas ideas valen oro.

Cuando escribimos la historia, puede cambiar de rumbo e inclusive puede terminar de forma totalmente diferente. En realidad, una sinopsis o "story-line" sirve de base, de punto de partida: no existe ninguna rigidez en su desarrollo. Ahora nos gustaría especificar la que una "story-line" no es:

- Una""story-line" no es solamente una declaración sobre la vida.
- Una "story-line" no es solamente una interrogación sobre la vida.
- Una "story-line" no es solamente la moral de la historia.

Vamos a otro ejemplo de lo que es una "story-line" a través de Graham Greene, el famoso guionista inglés.

Idea: "Fui al entierro de un amigo. Tres días después, él estaba caminando por las calles de Nueva York."
De allí salió la siguiente "story-line" que dio origen al film "El Tercer Hombre".
Story-line: "Jack va al entierro de su amigo en Viena. Sin resignarse a esta pérdida, investiga y termina descubriendo que su amigo no murió. El esta vivo y falsificó su entierro porque estaba siendo buscado por la policía. Descubierto por la curiosidad de Jack, el amigo termina muerto a tiros por la policía."

No intenten mayores explicaciones o en lugar de una "story-line" tendremos un tratamiento o argumento.

Estos ejercicios fueron aplicados en el curso de guiones en Río de Janeiro, 1982 Centro de Artes de Laranjeiras. Decidimos incluirlos en el libro para que el lector tenga idea de cómo ejercitarse y para que pueda ver como una idea evoluciona, desde la simple idea hasta el Argumento. Podremos también observar como, una misma idea es empleada por distintas personas.

Un posible primer ejercicio sería el siguiente. Se le pidió a los alumnos que escribieran 5 ideas. De todas esas ideas, el grupo de alumnos escogió 2 para ser desarrolladas.
1. Una escalera que crece.
2. Una mujer enloquece y comienza a arrastrar la plancha como si esta fuera un perro.

1° Sinopsis sobre el tema Escalera: "Al saber que un hombre tiene visiones y cree que la escalera de una casa abandonada se mueve en varias direcciones, un grupo de comerciantes, con la intención de hacer progresar sus negocios, hacen correr la voz de que Nuestra Señora aparece en lo alto de la escalera. Gente de todos los lugares acuden al lugar: no sólo los comerciantes sino toda la ciudad progresa rápidamente."
Observaciones: Incompleta. Falla la solución del conflicto y mayores detalles sobre el hombre y sus visiones.
Preguntas: ¿Realmente se mueve la escalera? ¿Cuál es el drama de este nombre?

2°) Sinopsis de la idea de la Plancha: "En un país ocupado por los nazis, una mujer que carga consigo una plancha y haciendo mil travesuras es señalada por todos como la loca folklórica de la ciudad. En realidad ella es

el nexo entre diferentes focos de la resistencia armada, y lleva dentro de la plancha mensajes fundamentales para la organización del movimiento. Los invasores nunca piensan con revisarla. Después de la victoria final de la policía, la loca de la plancha se convierte en heroína nación. "
Observación: Completo. Existe desarrollo, conflicto y solución.

Ahora veamos un cross de comedia-satírica.
"Solitarios y despreciados por sus respectivas familias un viejo y una vieja abren un burdel, llamando así la atención de sus familiares provocando un escándalo mayúsculo en el pueblo."
Si la modificamos, quedaría así: "Una pareja de viejos descubre que les queda poco dinero. Resignados, resuelven dedicarse al amor. Abren un burdel solo para ancianos. Tienen gran éxito y son rechazados por la sociedad. Mueren ambos de un orgasmo."

Tu idea proviene probablemente de uno de éstos recursos:
1. Esta es una idea original que pensaste camino al trabajo, en el carro, o por la mañana en el baño.
2. Esta idea es de un libro que tú leíste y piensas que puede convertirse en una gran película.
3. Es de una revista o de un artículo del periódico y se convierte en la base de tu guión.
4. Es la historia de la vida de alguien famoso o de alguna manera te ha inspirado.

TIPOS DE IDEAS:

Idea transformada
Una Idea Transformada es básicamente una idea que se inspira de una ficción, de una película, de un libro, de una obra de teatro que vimos pero nos gustaría contar a nuestra modo dándole varios giros personales. Entre nosotros, guionistas, decimos que "el autor aficionado copia de sus colegas exitosos, mientras que el autor profesional roba... y transforma". Enrique V, del ilustre autor inglés Shakespeare, fue una idea robada a una obra escrita por otro autor de la época. Sin embargo, es preciso señalar la diferencia entre un Plagio y una Idea Transformada. Plagio es la transcripción "ipsis literis" de partes de una obra, mientras que Idea Transformada es usar la misma idea de otra forma.

Idea solicitada

Idea Solicitada es la idea realizada por encargo. Un productor nos pide un guión sobre la historia inspirada en lo que pasa en una locación determinada, o para un film educativo y a partir de ahí, pensamos en el tema.

Idea investigada

Una Idea Investigada es aquella en la que nos valemos de investigaciones para saber cual es el tipo de película que esta faltando en el mercado. Una investigación puede demostramos que en Brasil no existe ninguna película de época. Por ejemplo sobre los conflictos entre portugueses e indios. La Idea Investigada es aquella que ocupa un vacío en el mercado. Otro tipo de Idea Investigada es cuando una película, (espectáculo, obra de teatro, etc.) se dirige a un público determinado; eso es común en la televisión. La película Apocalipsis Now, de Francis Copola, fue realizada sobre un tema que aun no había sido tenido en cuenta en los filmes de guerra: Vietnam. Finalmente, la idea investigada es la idea que responde a una laguna temática, tanto sea de naturaleza dramática como comercial. El ejemplo clásico de idea investigada que no funcioné, fue la película Cleopatra. Comercialmente tenía todo para ser un éxito: una historia conocida, Elizabeth Taylor, Richard Burton y mucho lujo. Feliz o infelizmente, al público no le gustó la idea.

Biografía corta

Ejercicio No.1

Llena esta hoja de idea para idear un personaje puede ser alguien que amas, alguien que no ames tanto, un amigo, un amor platónico, un famoso, un vecino... lo que se te ocurra.

Luego en base a esta información crea la sinopsis de tu ópera prima.

HOJA DE IDEA

1. GENERAL

Temporalidad (fechas)
Título preliminar:
Protagonista o personaje central:
Necesidad dominante del protagonista:
Premisa dramática:
Otros personajes importantes:
Lugar:
Ocasión:
Conflicto o dilema principal:
Cómo cambia tu personaje al final:
Resolución:

2. BIOGRAFIA CORTA
Nombre del protagonista:
Características físicas:
- Edad:
- Día de nacimiento:
- Color de Piel:
- Color de ojos:
- Color de cabello:
- Postura:
- Apariencia:
- Tono de voz:
- Apariencia general:

3. SITUACIÓN FAMILIAR:
- Naturaleza de la relación:
- Padre:
- Mamá:
- Parientes:
- Otros parientes importantes:
- Funcionalidad familiar:
- Estado civil:
- Hijos:
- Vida sexual:

o   Amigos íntimos:

4. LUGAR EN LA COMUNIDAD:
- o Ocupación:
- o Educación:
- o Clase económica:
- o afiliación política:
- o filiación religiosa:
- o Membresía en otras instituciones:
- o Estatus general en la comunidad:
- o Actividades en tiempo libre:

5. MUNDO INTERNO:
- o   Inteligencia:
- o   Tipo de personalidad:
- o   Sentido de la confianza en sí mismo:
- o   Grado de satisfacción sexual:
- o   Sentido de moralidad:
- o   Secretos importas:
- o   Metas personales:
- o   Contrariedades importantes:
- o   Cualidades y talentos especiales:

Adaptaciones

Al hacer por vez primera un guión, puede que le resulte mas fácil adaptar una obra literaria que inventar completamente la historia. Una novela será casi siempre demasiado larga, pero es fácil condensar un cuento con una longitud razonable. No oses cambiar demasiado el argumento, debiendo evitarse en la medida de lo posible alterar los diálogos.

Si ha encontrado ya un cuento que se acomode a sus intenciones, y piensa enviar la película a un concurso o a cualquier forma de exhibición publica, debe tener en cuenta la cuestión del copyright. Si la obra tiene mas de cincuenta años, no hay problema, pero si es más reciente deberá conseguir el permiso del autor o abogado del derecho habiente. Aparte de esto, cada producción incluye su propio copyright, aun cuando el original tuviese más de cincuenta años. Si la película va a exhibirse a nivel local o internacionalmente. La obtención del permiso no será difícil y además podría requerir poco dinero. En general, los editores se preocupan por reclamar sus derechos solo si consideran que con la película se gana dinero.

El guionista principiante, generalmente cree que es más fácil adaptar que escribir un original. Imaginar que una adaptación es más fácil que un original, es un error monumental. Una adaptación es una transcripción del lenguaje en la que cambiamos el soporte lingüístico usado para contar una historia. Esto equivale al acto de transustanciar, o sea de transformar la sustancia, ya que una obra es la expresión del lenguaje.

Por lo tanto, ya que una obra es una unidad de contenido y forma, en el momento en que nos apropiamos momento en que nos apropiamos solamente del contenido y lo expresamos a través de otro lenguaje, entramos necesariamente en el proceso de recreación.
Claro que ese acto de recrear implica el riesgo de que el producto recreado quede por debajo del original. No obstante a veces sucede que la adaptación supera al original.

Eso sucede porque en ocasiones en que el material de la historia se presta mejor para otro tipo de soporte dramático. Una adaptación implica la elección de una obra
adaptable, es decir, que pueda ser transportada sin pérdida de la calidad. No todas las obras se prestan a la transcripción. Un ejemplo típico de imposibilidad de transcripción es la novela Ulises, de James Joyce, dado que lo que caracteriza esta novela es el fluir de la conciencia; hechos mentales dentro del personaje.

Una adaptación implica un límite creativo ya que el guionista debe atenerse al contenido de la obra, o sea a sus climas, personajes, intenciones, etc. Pero como vimos, ese límite puede ser positivo y de él nacer una mejor obra original. Claro que esto depende del talento del guionista. Millor Fernández dice que su traducción de Moliere mejora el original ya que con sus conocimientos y su técnica. Millor agrega otras cualidades a Moliere. Debemos pensar como Millor al hacer una adaptación.

Teatro

La gran ventaja de adaptar una obra de teatro proviene del hecho de que los diálogos principales ya están listos y que el material ya fue creado en base a la palabra viva, presuponiendo la relación cuerpo a cuerpo y la de público y actor.

Una dificultad para adaptar una obra teatral es que el escenario es limitante, mientras que la cámara cuenta con amplitud. Otra razón es que los diálogos relatan lo que está sucediendo fuera de escena en lugar de mostrar las escenas. Eso significa que la obra tiene que ser desdoblada y aumentada, quebrando el ritmo dramático ya existente. Todo lo que en una obra de teatro es hablado, en la versión cinematográfica debe ser mostrado con secuencias de planos.

Cuando una obra es de época y el guionista desea transportarla a otro tiempo y lugar, no se trata de una adaptación, sino de una recreación. Una adaptación presupone que la historia sea mantenida íntegramente, respetándose el número de personajes, lugares, épocas, etc. En el caso de una recreación, el guionista debe indicar que el guión es "Basado en la obra de ..." Siendo así, adaptar significa transportar de un medio o canal de comunicación a otro, un mensaje propio, adaptando el contenido de la obra original a otro soporte.

El Cuento

Dada la característica básica del cuento: la síntesis, la brevedad de un cuento puede contener material suficiente para toda una serie. Por lo tanto, en el trabajo de adaptación de un cuento, encontramos el material en su forma más condensada y a partir de ahí construiremos todo: el dialogo, la acción dramática, los personajes, "plots" paralelos, etc. En todo esto deberemos mantener el espíritu de la obra. Aunque el guionista tenga libertad para agregar o modificar algunos aspectos de la obra, las características básicas deben ser mantenidas. La obra tiene que ser reconocible. Ese cuidado es importante: podernos recrear, agregar pero nunca descaracterizar o desfigurar la obra original.

La Novela

En la novela, contrariamente a lo que ocurre en el cuento o en la obra teatral, el trabajo de adaptación se concentra en la condensación de la obra, eliminando los hechos que no son esenciales o viables a la financiación, enfatizando el núcleo dramático principal de la obra, la columna vertebral de la novela. Raramente una novela tiene diálogos: entonces el guionista deberá crear los diálogos, basándose en el perfil de los personajes, respetando al máximo las indicaciones del autor original del argumento utilizado para nuestro guión adaptado.

El material adaptable tiene distintas formas, pero la primera pregunta que deberemos hacernos es si la obra es realmente adaptable. Contrariamente a lo que dice Nyemeyer ("cualquier trazo en lápiz puede ser traducido en concreto") no todas las obras hechas para ser leídas pueden ser vistas. Buñuel intento 3 adaptaciones de la novela "Under the volcano". Malcolm Lorry: ninguna de ellas sirvió. Entonces, cuando un guionista desea adaptar una obra debe estar atento a los siguientes factores:
- Si la obra cs traducible a un lenguaje cinematográfico o televisivo.
- Debe seguir el mismo proceso de creación de un original, es decir hacer una "story-line", desarrollar un argumento. etc.
- Reducir el pretexto hasta obtener los elementos principales y comenzar a trabajar.
- Tener tiempo para la reflexión.
- Ser fiel al original, evitando sin embargo el simple transporte es esencial transformar sin transfigurar.
- Estar atento a las cuestiones de Derecho de Autoría.

Estos datos son básicamente los principales en cualquier trabajo de adaptación. El resto depende exclusivamente del talento del adaptador del guión.

Una narración adecuada

Al buscar una historia para adaptar al cine, piense siempre en su adecuación al nuevo medio.

Así, es fácil imaginar ideas como el remordimiento o la escasez de dinero mientras se leen, pero no es tan fácil pasarlas al cine. Los pensamientos y con conflictos interiores deben ilustrarse en la pantalla, pero hay que ser capaz de traducirlos con precisión al lenguaje de la imagen y el sonido. Por ello, un aficionado deberá buscar una narración con un argumento claro, pocos personajes, diálogo plausible y sin demasiada acción "psicológica".

Una vez eliges, hay que pensar en el giro que se quiera darle, que viene a ser un resumen de la visión que de la película tiene el guionista. Si se empleará para un animado o la película requerirá de efectos especiales, a partir de éste se traza el storyboard y con él el guión técnico. Una vez localizados los escenarios, se decide el plan de rodaje. Los escenarios deben elegirse con tanto cuidado como la historia, porque determinarán en gran medida el ambiente particular de la película; han de gozar de una luz adecuada, para poder rodar libres de mirones, sonidos indeseables de autos, mal tiempo, aviones y otras interrupciones indeseables.

La narración original

La narración de Henry James "Años de madurez" servirá bien como ejemplo de visualización cinematográfica de la vida interior. Cuenta la historia de un escritor enfermo, pero aun inspirado, convaleciente en Bournemouth, un balneario costero de Inglaterra. Aquí recibe un ejemplar de la última novela que escribirá en su vida. La escena de apertura transcurre como sigue.

"Era un día de abril apacible y luminoso, y el pobre Dencombe, feliz en la presunción de las fuerzas recuperadas, andaba por el jardín del hotel apreciando, con la morosidad de quien todavía esta convaleciente, los atractivos de un paseíto tranquilo. Le gustaba sentir el sur tal como lo siente alguien del norte, le gustaban los acantilados sombríos y los pinos agolpados, le gustaba incluso el mar descolorido. "Sanatorio de Bournemouth" le parecía ahora un simple anuncio, pero agradecía con toda su alma las comodidades más corrientes. El parlanchín cartero rural acababa de entrar al jardín para entregarle un pequeño paquete que se llevó consigo, dejando el hotel por la derecha y caminando penosamente hasta un banco que solía frecuentar, un seguro refugio junto al acantilado.

Miraba hacia el sur, hacia las escarpaduras tejidas de la isla, y la suave pendiente de la colina le protegía por detrás. Cuando llegó se encontraba realmente cansado y, por un momento, incluso defraudado; se sentía mejor, eso desde luego, pero mejor que qué? ¿Podría alguna vez volver a esta: -como lo estuviera en uno o dos momentos clave de su pasado- mejor que él mismo?
Dencombe miró hacia el mar, observó a un grupo de personas y abrió el paquete..."

Localice los exteriores teniendo en cuenta la narración. Anote las horas en que la luz es adecuada y solicite a los posibles propietarios de los terrenos el permiso necesario para la época en que vaya a rodar. Si quiere en la calle con un trípode, debe informarse antes al respecto.

ETAPAS DEL GUIÓN

Por lo general y antes de llegar al guión propiamente dicho, la preparación de un film contiene varias etapas. (Según introdujo Zavattini, 1953).

- El argumento.
- El tratamiento.
- El pre-guión
- El guión.

1. El argumento. Su texto tiene la apariencia de un cuento breve y también su forma es literaria. No hay en él ni indicaciones técnicas ni de ambientación.

2. El tratamiento. En este segundo texto se desarrolla y amplían los apuntes narrativos del argumento. La forma es aún literaria, pero ya ha adquirido unas características narrativas más definidas basadas en la descripción de las distintas escenas en las que se divide la trama, prestando una atención particular a la ambientación (incluso se precisan la ciudad y el lugar en los que transcurre la acción) y a la concreción de las situaciones.

3. El pre-guión. En esta fase, el proyecto viene presentado como una descripción de todas las escenas, con indicaciones sumarias de lo que

sucede en cada una de ellas.

4. El guión. Finalmente, las esquemáticas indicaciones del pre-guión se desarrollan por completo en el guión.

Los fragmentos reproducidos tienen ya la forma del guión literario, pero les faltan las indicaciones técnicas referidas a la subdivisión en planos, al tipo de encuadre, etc., indicaciones propias de lo que, en la jerga cinematográfica se denomina guión técnico. Esto es algo que se encargan de elaborar, en distinta medida, el director y sus colaboradores más estrechos.

Así se puede afirmar que el guión final permite, a veces, un cierto grado de improvisación tanto en el propio set como en la sala de montaje, cuando aún pueden introducirse variaciones en el material rodado.

Sinopsis

Todos los guionistas usan sinopsis para vender sus guiones. En América Latina las oportunidades de lograrlo se limitan a los concursos internacionales anunciados por la Internet y, para quienes deseen ir más allá, también lo es de los contactos conseguidos en foros de coproducción realizados en otros países.

Nosotros usamos sinopsis junto a cartas de intensión para impresionar a jurados y agentes que nosotros nunca hemos conocido. Así es como nos presentamos a competencias de proyectos para animar a jueces a leer nuestros guiones. Nos comunicamos ya registrados, para atraer productores que viven a miles de millas de nosotros. Tenemos un montón de sinopsis, y necesitamos la sinopsis que marque la diferencia.

El primer paso hacia la venta de un guión:

En algunas situaciones, las sinopsis trabajan mejor como herramienta de ventas a como un guión lo hace. Agentes y productores buscan la manera sencilla de negociar son guionistas no producidos. Las sinopsis proveen menos para ellos para decir no de lo que un detallado argumento o un guión terminado lo hacen. Esto puede ser una ventaja.

La sinopsis introduce la historia a ellos, ofreciendo un vistazo de la película sin forzarlos a devorar todo el guión. Así como ellos se familiarizan con la idea de nuestra película, ellos ejercitan su propia imaginación. Esto los llevará un paso adelante para pedir leer el guión.

CREANDO UNA SINOPSIS DINÁMICA

Las técnicas para crear una sinopsis corta varían entre los guionistas pero la mayoría estará de acuerdo con la advertencia que dice: "Si tu no puedes decirlo en tres oraciones, tu no estas seguro de qué se tratará tu guión".

Algunos guionistas simplemente resumen sus películas: presentación, conflicto y resolución. Otros escritores crean una oración al estilo de las guías de televisión enfatizando ambos lados del drama, tanto interno como externo. Un ejemplo puede ser la sinopsis de la película de E.T.:

"Un tímido, chico alienado se contacta con un joven extraterrestre que fue dejado en la Tierra; el chico convence a los adultos de ayudar al alienígena contactando a su nave nodriza para que el regrese a su planeta".

Una sugerencia acertada es no limitarse a sí mismo a establecer un argumento, enfatizar los únicos elementos de tu guión permiten a la audiencia conectarse con la situación y edificarse con el héroe. Piensa en tu sinopsis como un vívido trailer de tu película. Aquí te mostraremos lo que queremos decir para crear sinopsis de dos películas populares:

- Sinopsis para película de "Personaje": Rain Man

"Un joven hombre, centrado en sí mismo y aguerrido vuelve a casa para el funeral de su padre y se da cuenta que ha sido desheredado. La riqueza de la familia es dejada a un hermano mayor autista que él nunca supo que tenía".

Para crear "identificación" con el protagonista tenemos que mostrar momentos que enfatizan el contraste entre hermanos y dramatizar la frustración por este obstáculo inesperado en sus ambiciones.

Para crear "conexión" con la situación de los protagonistas tenemos que mostrar la Acciones que ellos toman para conseguir lo que quieren, la herencia familiar. Cómo ellos tratan de controlar la herencia. El secuestra a su hermano autista. Desde que su hermano autista teme tomar el vuelo, ellos manejan a través del país. Visitan las Vegas, centros comerciales donde el hermano ambicioso se siente bien pero el hermano autista hace gracias y produce lástima.

El clímax de la "Crisis potencial" del protagonista es encarar el momento en que la relación con su hermano ha aprendido lo ocurrido. Para hacer énfasis en el "riesgo" del hermano ambicioso, nosotros ponemos una amenaza y develamos el grandioso secreto del hermano.

Finalmente añadiendo estos puntos claves, obtendremos una sinopsis mayor a 5 líneas que nos permitirá ir ampliándolo para pasar al siguiente paso que es el tratamiento en 5 a 12 páginas.

SINOPSIS REVISADA DE "RAIN MAN"

"Un hombre ambicioso y centrado en sí mismo retorna a casa para el funeral de su padre y se entera de que su herencia ha sido dejada a un hermano autista que no conoció. El ambicioso rapta a su hermano autista y conduce a través del país esperando ganarse su confianza y así conseguir el control del dinero de la familia. El viaje le revela la inusual dimensión del autismo de su hermano y desentraña un secreto de infancia que cambiará todo".

Esta sinopsis podría convencer de leer el guión. Veamos ahora otro ejemplo.

- Sinopsis de película basada en su "Argumento": SOME LIKE IT HOT "Dos músicos son testigos de el día de la Masacre de San Valentín. Cuando los matones los persiguen, ellos tratan de eludirlos uniéndose a una banda de chicas en un yate de Miami".

Qué película querríamos usar para crear un trailer para esta comedia clásica? Lo que queremos enfatizar la aceleración de las complicaciones "cómicas" que son el resultado del cruce de los géneros comedia-acción. Pensemos ahora en los objetivos de cada uno:
  - » El saxofonista queda tan enamorado de una sexy chica de la banda que crea una nueva identidad para persuadirla.
  - » El bajista lucha por mantenerse jovial así como usa trucos para ocultar su edad, cercana a la que su compañero seductor personaliza.

- Si queremos revelar las implicaciones "peligrosas" que la muchedumbre masacrada promete afrontar. Debemos revelar que los matones se presentan al resort de Miami donde las chicas tienen su yate para complicar los amores y presionar a los héroes."

- "Dos músicos son testigos de el día de la Masacre de San Valentín. Cuando los matones los persiguen, ellos tratan de eludirlos uniéndose a una banda de chicas en un yate de Miami. El saxofonista queda tan enamorado de una sexy chica de la banda que crea una nueva identidad para persuadirla. El bajista lucha por mantenerse jovial así como usa trucos para ocultar su edad, cercana a la que su compañero seductor personaliza. El amor lo conquista todo hasta que los matones llegan durante una convención en el resort de Miami."

Querríamos leer este guión.

Contesta estas preguntas para revisar tu sinopsis:
- ¿Revela tu sinopsis la situación de tu protagonista?
- ¿Revela tu sinopsis las implicaciones más importantes?
- ¿Describe las acciones tomadas por tu protagonista?
- ¿Describe su crisis?
- ¿Muestra el clímax (el peligro y su culminación)?
- ¿Muestra el protagonista una transformación potencial?
- ¿Esta caliente: muestra sexo, avaricia, humor, peligro, suspenso y satisfacción?
- ¿Se identifica?
- ¿Se mantiene la sinopsis entre tres oraciones en tiempo presente?

¿Cómo podrás empacar tu idea dentro de tres oraciones?

Si tu crees que tu sinopsis parece el comercial de una película que haz visto en tu cabeza, así como haz estado escribiendo el guión, tu le infundirás vida a esas tres oraciones.

Construcción de Personajes

Esto no significa que todos los personajes deban ser simpáticos o agradables o admirables, Don Corleone en "El Padrino" y Sidney Falco en "El Dulce Olor del Éxito" no son ni admirables ni agradables sino antihéroes; sin embargo, se puede contar una historia emocionante acerca de ellos. Un personaje despreciable, pero con una ligera posibilidad de salvación, puede ser tan fácilmente un protagonista como un personaje divertido y admirable. De la misma manera, un personaje simpático debe tener su lado indeseable si se quiere crear tensión en la audiencia sobre si él o ella serán capaces de hacer lo que tienen que hacer para alcanzar su meta.

Debe observarse que nuestro interés en si el protagonista alcanza su meta es proporcional al interés de ese personaje por alcanzar su meta. Mientras mas intenso sea su deseo, mayor es nuestra preocupación. No preguntamos si lo que el protagonista busca es moral o inmoral, justo o injusto, generoso o egoísta; preguntamos cuan fuertemente el protagonista quiere ese algo y eso determina nuestra actitud emocional hacia él. Un protagonista que no sabe lo que quiere, o lo sabe pero no se preocupa gran cosa si lo obtiene o no, representa un material dramático pobre. Imaginen cuan preocupados estaríamos por un protagonista que decide que el Camino que esta recorriendo es muy peligroso y se esconde para dejar que las cosas se arreglen solas. O cuánto nos preocuparíamos por el pistolero arrepentido que cuelga sus revólveres y jura no volver a usarlos, pero a la primera señal de problemas, se pone las armas y vuelve a asumir su antiguo comportamiento.

Es la lucha del personaje, hombre o mujer, lleno virtudes y defectos, lo que atrapa a la audiencia y le hace preocuparse sobre el desarrollo de la historia.

En las películas, el protagonista tiene casi siempre el papel principal, el más interesante, y es el personaje que más esta en pantalla, por la sencilla razón de que es el destino de esa persona el que estamos siguiendo. Los guionistas muchas veces nombran sus películas con el nombre del protagonista: Erin Brockovich, Donnie Brasco, Michael Collins, Citizen Kane, Ninotchka, Tootsie -- la lista es interminable. De vez en cuando encontramos una historia donde dos personas quieren mas o menos la misma cosa y luchan por alcanzar casi la misma meta. Pero en estas historias, como "Bonnie y Clyde" y "Butch Cassidy y el Sundance

Kid", el protagonista es usualmente la persona que toma las decisiones que mega que la historia se desarrolle, cambie. En estos casos, Clyde y Butch, quienes no tienen mas tiempo en pantalla que sus compañeros, pero son los protagonistas porque sus acciones son imitadas por el compañero, sus decisiones hacen que la historia se desarrolle y sus deseos se imponen sobre los del compañero.

A. OBJETIVO DEL PERSONAJE:

Solo teniendo una visión clara de los objetivos del protagonista es que se puede planificar una historia de cine, porque la búsqueda de ese objetivo determina el curso de la acción, no importa cuan recto o desviado pueda ser el camino. Estos son los tres puntos principales sobre el protagonista y su objetivo:

1. Solamente puede haber un objetivo principal para que la película tenga unidad. En una historia con un protagonista que tiene más de una meta, se debe presentar la conclusión, ya sea éxito o fracaso, de cada lucha por alcanzar cada meta antes de pasar a la siguiente, y esto es muy difícil de estructurar en una historia y puede disipar el interés de la audiencia. Un libreto es como un puente colgante, con un extremo anclado en lo que el protagonista quiere, y el otro extremo anclado al desenlace si lo consigue o no dependerá del autor. Un puente que se bifurca en el medio hacia dos caminos distintos nunca podrá ser estructuralmente bueno.

2. El objetivo debe ser capaz de despertar la oposición necesaria para que se produzca conflicto. Ya sea que la oposición venga de otra persona (el "némesis") de la naturaleza de las circunstancias de la historia, o del mismo protagonista, la historia es mucho mas fuerte si la lucha por un objetivo encuentra una oposición activa, que si no encuentra oposición.

3. La naturaleza del objetivo es un factor principal en determinar la actitud de la audiencia hacia el protagonista y la oposición que éste se encuentra. Si el objetivo es heroico, probablemente admiraremos al protagonista. Si el objetivo es quijotesco, puede que nos divierta. Un objetivo detestable despertará nuestro odio o malestar hacia el personaje principal, y así sucesivamente. El protagonista y su objetivo están tan estrechamente identificados en nuestras mentes a tal punto que es imposible considerar uno sin el otro.

B. CONFLICTO

La palabra clave es siempre conflicto. ¿Cual es el conflicto de la historia? ¿Cuál es el conflicto que marcará la historia que se quiere contar? El conflicto es un elemento vital de cada obra dramática, ya sea en el escenario o en la película. Sin conflicto la historia no atrapará a la audiencia. Una historia muestra a un protagonista luchando para alcanzar una meta específica, una meta difícil de alcanzar, y cuyo logro encuentra una oposición activa. El conflicto es el elemento que impulsa a la historia hacia delante, es lo que proporciona la energía y el dinamismo de la historia. Sin conflicto, una historia fílmica no podría tener vida. La necesidad de conflicto no puede pasar por alto.

Existe una tendencia para el guionista principiante de pensar en el conflicto como algo que involucra gritos, armas, puños u otras formas de comportamiento extremo. Mientras que todas estas cosas pueden contener conflicto, no son las únicas formas de mostrarlo. Un personaje intentando, simplemente, comer su almuerzo puede escalar a un conflicto suficiente para darle peso a una escena. En una memorable escena de "Five Easy Pieces", Robert Dupea intenta ordenar tostadas para acompañar su comida. Lo que podría ser un momento aburrido se convierte en una fascinante escena cuando las tostadas se convierten en un choque de voluntades entre Dupea y una mesera que se aferra a las reglas del restaurante de no reemplazar las comidas del menú.

El conflicto no se crea por actuaciones exageradas o comportamientos excesivos, se crea cuando un personaje quiere algo que es difícil de obtener. Esto es igual en toda la historia o en una escena individual. Si ningún personaje quiere algo en una escena, no hay conflicto, y la misma escena es pobre, sin forma ni efecto. Si ningún personaje quiere algo en toda la historia, el guión cae dentro de la misma falla.

Querer algo puede ser positivo o negativo. Para el propósito, no querer hacer algo es tan fuerte como querer algo en forma activa. Intentar salir de una situación o retornar a una condición de vida más deseable es querer algo. Intentar hacer algo difícil crea conflicto. El deseo que crea el conflicto puede ser tan simple como intentar ponerse un par de botas, como en la escena inicial de "Danza con Lobos", o tan cataclísmico como salvar al mundo de la destrucción nuclear, como en "Dr.Strangelove" o en muchas películas de James Bond. No querer hacer algo puede ser un poderoso deseo, como Rick en "Casablana" que no corre riesgos por nadie. Querer regresar a casa es lo que mueve tanto el libro como a la película de "El mago de Oz".

C. OBSTACULOS

Cuando nuestros personajes están vivos, pronto comprendemos que estamos conduciendo, sino siguiendo, y entonces es cuando escribir y contar historias se convierte en magia.

Si el protagonista y su objetivo constituyen los dos primeros elementos clave en la construcción de una historia, los distintos obstáculos constituyen el tercero. Sin impedimentos para alcanzar los deseos del protagonista conflicto ni historia. El protagonista simplemente conseguiría su objetivo sin mucha dificultad. Esto es muy bueno en la vida real, pero es fatal para el drama, porque sin lucha por alcanzar un objetivo deseado no se puede mantener la atención de la audiencia.

Puede que solamente exista un obstáculo, y éste puede ser sencillo y fácilmente identificable. Una maquina humanoide asesina del futuro esta programada para asesinar a Sarah en "Terminator"; la gente de Vandamm ha confundido a Roger Thornhill por un espía ficticio llamado Roger Kaplan en "North by Northwest"; la Enfermera Ratched está determinada en quebrantar el espiritu de McMurphy en "Alguien Volo Sobre el Nido del Cuckoo". Cuando existe un personaje opositor bien definido, a él o ella se le conoce como "el antagonista" (o némesis y villano).

Por otro lado, puede que existan varios obstáculos, La lucha de Jake por descubrir los secretos detrás del asesinato en "Chinatown" es obstaculizada por Noah Cross, por la policía y hasta por su principal aliada, Evelyn Mulwray, quien se niega a ser honesta y decirle toda la verdad. La lucha de Jim de encontrarse a si mismo y su lugar en el mundo en "Rebelde Sin Causa" no solo encuentra resistencia en sus padres, sino también en la escuela, en la Comunidad, y en el mismo Jim, quien tiene muchas dudas y una gran inseguridad.

Pueden haber varios obstáculos, y éstos van apareciendo uno tras otro. Romeo y Juliet no pueden declarar su amor abiertamente por la enemistad de sus familias, pero además tienen que enfrentar una serie de complicaciones: Romeo es exiliado por asesinar a Thybald; los padres de Juliet, sin saber de su matrimonio con Romeo, insisten en que ella se case Paris: el mensaje del Padre Lawrence; a Romeo informando que Juliet ha tomado una poción no llega; al suponerla muerta, Romeo intenta llegar hasta donde Juliet en su tumba, pero antes debe pelear un duelo con Paris; Juliet, al despertar encuentra que Romeo se ha suicidado. Solamente cuando Juliet se mata pueden los dos amantes volver a encontrarse. A Richard Blaney, en "Frenzy", primero lo despiden de un empleo de poca monta; entonces hace amistad con un hombre que resulta ser un despiadado asesino en serie; el asesino mata a la exesposa de Blaney, con quien acaba de tener una pelea; y el asesino luego mata a la novia de Blaney, quien le ha ayudado a esconderse de la policía, que piensa que Blaney es el asesino.

Finalmente, los obstáculos pueden ser muy sutiles y complejos, como en "Sexo, mentiras and videotape" y "Thelma y Louise".

El protagonista y los obstáculos que encuentra deben estar hechos a su justa medida. Si el obstáculo es entonces el alcanzar el objetivo de la historia no tiene vida. Pero el obstáculo no puede ser tan sobrecogedor como para que el protagonista no tenga la oportunidad de vencerlo. En otras palabras, el objetivo debe ser posible pero muy difícil de lograr.
Este punto puede ser contradictorio en películas como "El Tercer Hombre" y "Muerte de un Vendedor", donde una acción pasada pone un peso sobrecogedor contra el logro del objetivo. Es importante saber que los protagonistas no reconocen que el fracaso es inevitable hasta el último momento.

Aun cuando tienen todas las probabilidades en contra, siguen luchando y creyendo que tienen oportunidad de triunfar; y esta creencia del personaje es lo que mantiene la historia con vida, y lo que nos da la dosis necesaria de esperanza de que el personaje podrá lograr su objetivo.
Hay que hacer una distinción entre conflicto y problemas. Llantas ponchadas, carteras perdidas, y maquinas contestadoras defectuosas son inconveniencias de la vida diaria que pueden parecer conflictos formidables. Pero en drama estas inconveniencias podrían ser conflictos o problemas. El factor determinante es si la inconveniencia es verdaderamente un obstáculo para cumplir un deseo, lograr un objetivo o alcanzar una meta. Un novio intentando llegar a tiempo a la iglesia tiene una llanta ponchada y es un obstáculo, crea un conflicto a través de una cadena de problemas. Existe algo en juego que la llanta ponchada pone en peligro. Pero si no hay ni deseo ni objetivo ni meta, si hay nada en juego para el personaje, entonces la llanta ponchada es simplemente una inconveniencia sin mayores consecuencias. Si no hay algo en juego para al menos un personaje, un evento determinado en la historia no tendrá impacto dramático, no importa cuan conflictivo parezca en la superficie.

Un último punto, muy importante: Aunque la unidad la unidad de la historia depende de que exista un sólo objetivo principal, no existe amenaza contra la unidad si se usan múltiples obstáculos contra el logro de ese objetivo.

D. PREMISA E INICIO

Si la película tiene mucha acción y emoción al inicio, en alguna parte de ese inicio tiene que haber alguna explicación o desarrollo del personaje, lo que producirá un hundimiento en la historia como 20 minutos después de haber iniciado con un principio espectacular. Es preferible un inicio suave. La audiencia te perdonara casi cualquier cosa al inicio de la película, pero casi nada al final. Si no están satisfechos con el final, nada que haya pasado antes de ese momento va a ayudar.

El inicio de la historia es un punto arbitrario cualquiera, que es seleccionado por el escritor en una historia más grande. Las circunstancias que han llevado hasta el conflicto que se presenta en el guión usualmente pueden atribuirse a cosas que ocurrieron mucho antes del FADE IN inicial. La mayor parte de "El Padrino II" es la historia de Don Corleone antes de los eventos cubiertos en "El Padrino". La primera trilogía de "Star Wars" son los capítulos cuatro, cinco y seis de una serie de nueve capítulos desarrollada por George Lucas.

La premisa es una palabra particularmente mal usada y mal interpretada en el contexto dramático. En lógica, la premisa es parte de un silogismo: Todos los humanos tienen sangre en sus venas (premisa mayor); yo soy humano (premisa menor); por consiguiente, yo tengo sangre en mis venas (conclusión). En drama," existen paralelos cercanos a la lógica. Una manera de mirar la historia es que un protagonista y su objetivo (premisa mayor) contra el antagonista y los obstáculos (premisa menor) conducen al drama y a la respuesta emocional de la audiencia (conclusión). Si una historia presenta un conflicto interno entonces protagonista y antagonista son dos partes de la personalidad del personaje central. En forma opuesta, si la historia presenta un conflicto externo, el protagonista y el antagonista son dos personajes separados. En algunos casos el antagonista es realmente la circunstancia, como en una historia del hombre contra la naturaleza.

La premisa, como usaremos el término en este curso, es simplemente la situación compleja que existe cuando al inicio de la historia el protagonista comienza a caminar hacia su objetivo. Esto incluye toda la información de referencia pertinente a la historia.

El protagonista, su deseo potencial por el objetivo, y los obstáculos potenciales (incluyendo el antagonista) para alcanzar el objetivo. Hay que conocer todos estos elementos, de tal manera que vaya apareciendo a medida que se desarrolla la historia.

El inicio, a diferencia de la premisa, es ese punto en la historia seleccionada por el escritor para iniciar la película.

A continuación las premisas e inicios de cuatro historias:

1. Rick posee un club nocturno de moda en Casablanca a inicios de la Segunda Guerra Mundial. Un hombre con pasado que antes peleaba por causas perdidas, ahora Rick se ha endurecido y no esta dispuesto a arriesgar el cuello por nadie. El guionista de "Casablanca" escoge iniciar la historia con capsulas rápidas de la situación mundial y una demostración de los peligros en el mundo. Luego rápidamente llegamos al punto donde Ilsa, la mujer en el pasado de Rick, entra en el bar de Rick.

2. Los Capuleto y Montesco han sido enemigos durante años. Romeo, un joven impulsivo y heredero de los Montesco, y Julieta, la sensitiva hija de los Capuleto, se enamoran profundamente. Shakespeare escoge iniciar su obra con una pelea callejera que dramatiza la enemistad de las dos familias, luego pasa rápido a un baile ofrecido por los Capuleto, donde Romeo llega de paracaidista y conoce a Julieta.

3. John Book es un duro y cínico detective de homicidios de Filadelfia a quien le asignan investigar el crimen de un policía encubierto ocurrido en una estación de tren. Su único testigo es un niño, Amish, que viaja con su joven madre viuda. Los guionistas de "Witness" escogieron para su inicio presentarnos el mundo Amish del niño y su madre, y entonces sutilmente demuestran los horrores de la vida de ciudad con el crimen.

4. El Jefe Brody es el comisario de una pequeña Comunidad isleña. Antes fue un policía de ciudad y, aunque le teme al mar, se ha mudado a un pueblo tranquilo rodeado por agua. Un gran tiburón blanco ataca y casi devora a una joven bañista, y parece permanecer cerca de la paradisíaca isla veraniega. Para el inicio, los guionistas de "Tiburón" escogieron una demostración del feroz y horripilante poder del tiburón, entonces pasaron rápidamente a tierra, firme, para establecer el mundo del personaje principal antes de que se conociera el primer ataque del tiburón.

Muchos guiones son concebidos en la mente del escritor alrededor de situaciones que son, en esencia, premisas. Una premisa satisfactoria siempre contiene el potencial de conflicto y alguna información pertinente y específica sobre el personaje principal. Una vez escogida la forma de iniciar la película, el comienzo de ese conflicto no debe demorar mucho tiempo.

E. TENSION PRINCIPAL, CULMINACION Y RESOLUCION

En el drama, lo esencial es el cambio del personaje. El personaje al final no es el mismo que al inicio. Ha cambiado sicológica y hasta físicamente.

Las audiencias no quieren que se juegue con ellas. Están tan interesados en ver verdaderos comportamientos humanos. Quieren ser sorprendidos, quieren ser entretenidos. Esto no necesariamente significa un final feliz, pero si algún tipo de cierre.

El guión promedio contiene varias culminaciones y resoluciones menores, escena tras escena y secuencia tras secuencia, pero en esta sección nos concentraremos solamente en la tensión principal del segundo acto, su culminación, y la resolución del principal conflicto de la historia. Los guionistas principiantes muchas veces confunden la culminación y la resolución y piensan que solamente existe un clímax en una historia fílmica. Pero de hecho, en la estructura tradicional de los tres actos, donde el segundo acto es aproximadamente la mitad de la historia, la tensión principal es solamente el conflicto del Segundo acto. Cuando se resuelven la culminación se crea una nueva tensión, la cual, en su forma mas simple, puede ser descrita como "Qué sucederá?", y esto conduce directamente (con giros y vuelcos) hacia la resolución de toda la historia.

Por ejemplo, en "Chinatown", la principal tensión no es si "Podrá Jake ayudar a Evelyn y su hija a escapar de las garras de Noah Cross?" Al momento en que se establece la tensión principal (al final del primer acto no sabemos lo suficiente sobre eso. En ese momento, la tensión principal es "Será Jake capaz de descubrir quien y qué hay detrás del engaño que lo puso en ridículo?" Esto es lo que Jake intenta descifrar durante el segundo acto. Los obstáculos a su esfuerzo por resolver ese misterio crean la mayor parte de la película. Cuando Jake ha resuelto el misterio y sabe todo sobre Evelyn, Noah, la hija, y quien asesino a Hollis Mulwray, entonces se crea una nueva tensión: "Podrá Jake ayudar a Evelyn y su hija a escapar de las garras de Noah?" Esa es la tensión del tercer acto y la resolución es que Jake no es capaz, Evelyn muere, y Noah se queda con su hija.

Tratamiento o argumento

La labor del guionista es reordenar la cronología de la narración para que los flashback, recuerdos y preocupaciones de los personajes resulten comprensibles a la audiencia. En ocasiones es necesario añadir algún tipo de acción para enlazar las escenas, pero debe evitarse el añadir diálogo. Ejemplo:

"Bournemouth a finales de la década de 1890. Un día de primavera, por la mañana. Vemos los acantilados arenosos que se desploman sobre el mar, y por los que se acerca a caballo un cartero, silbando. Ata el caballo a la entrada del hotel y entra al jardín con la saca. En este momento sale un hombre del hotel y se dirige apoyado en un bastón y con paso inseguro hacia los pinos. El cartero le llama y le dice que tiene un paquete. Dencombe, así se llama el hombre, coge el paquete y camina hacia la derecha del hotel, a un banco que mira sobre el mar. Está al final de los cincuenta, muy delgado y con una salud claramente precaria. El esfuerzo de llegar al banco le deja casi exhausto. Mira atentamente y con un atisbo de humor a un grupo de tres personas -una pareja de jóvenes y una mujer mayor- que están en la playa, y a continuación se dedica al paquete. Lee la dirección (Bournemouth) y el nombre. Lo abre y mira el título: Años de madurez, del propio Dencombe, que es también el título de la película. Hojea el libro y suspira, mientras, dice para si: "Ay, quién tuviera otra oportunidad, un poco más de suerte..." (El diálogo original.)

Es un tratamiento de la escena quizá un poco resumido, pero da una idea de la técnica a emplear. La cronología se ha invertido, y ahora el cartero es el primero en aparecer. El nombre, profesión y residencia del escritor se ven y se oyen, y sus debilidades se hacen evidentes.

ARGUMENTO O TRATAMIENTO

El argumento o tratamiento es la "sinopsis" desarrollada en un texto, o guión literario como también se le conoce. La palabra argumento proviene del latín *argumetum*, es el resumen de una historia. No se deben confundir estos términos. Entonces, el argumento es el resumen de la historia que pretendemos contar en el guión; puede tener entre 5 y 20 páginas y debe contener las siguientes informaciones:
1 - Temporalidad
2 - Localización
3 - Desarrollo de la Acción
4 - Perfil del Personaje (Protagonista)

¿Por qué se hace un argumento? Es en el argumento en donde se puede ver la viabilidad de un proyecto. Con un argumento listo ya pueden ser analizadas las visibilidades de producción del mercado de la industria cinematográfica, artísticas y autorales.

Lista de escenas

Una práctica muy útil antes de hacer la escritura del guión, habiendo ya completado el argumento; es la lista de escenas. La lista de escenas es una anotación tentativa pero no definitiva del orden en que las escenas serán escritas en el guión, sin definir aun el lugar o el tiempo, pero con la acción de los personajes ya establecida. Se puede dividir por la estructura de tres actos creada por Arquímedes.

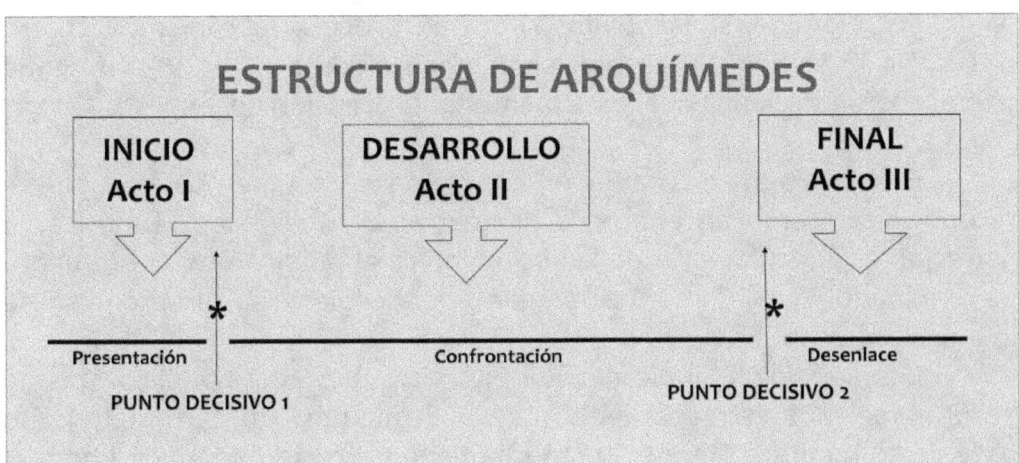

Antes de escribir el guión, deben diseñar cada programa como una experiencia visual y auditiva. Deben visualizar la imagen total de lo que quieren enseñar, y ordenar la presentación de esa información con tal ritmo y fluidez que logren mantener la atención del público.

Al principio hará falta un gancho que atrape naturalmente la atención del espectador. En otras palabras, necesitarán una introducción poderosa, novedosa, imaginativa, etc. para capturar la atención del público de principio a fin.

Luego necesitarán contar la historia con CONTINUIDAD, es decir, a través de una serie de escenas que lleven partes de la historia y se sucedan con lógica, MOVIENDO siempre la historia hacia adelante.

HACIA El DESENLACE. El programa debe terminar con un MENSAJE PODERSOSO: rápido, agudo y memorable, para que el mensaje del programa se mantenga en la mente del público.

Ahora hace falta darle emoción al programa. No sólo presentar información durante un periodo de tiempo. Esto aburrirá a la audiencia. Sino que se debe diseñar la presentación de la información para despertar o re~atrapar a la audiencia cada ciertos minutos.

Como se logra? Pues imprimiendo variedad, o ritmo interno al programa mediante segmentos variados.

Pasas de una secuencia rápida, a una lenta, de acción en vivo a gráficas, de lo sombrío a lo emocionante, de información Pesada a material ligero y así sucesivamente. El guionista cambia el ritmo del programa para sorprender a la audiencia. Con esto le esta indicando: "Pongan atención, aquí viene algo nuevo" o "Esto se acabó, aquí viene otra cosa nueva" ...

Por ejemplo, si escribimos sobre un proceso mecánico de cuatro pesos. No lo vamos a presentar simplemente como 1, 2; 3 y 4. Hay que alterar esa simplicidad lineal para mantener la atención del público.

Esto se logra diseñando el programa en segmentos - o actos ~ reconocibles, como en una obra de teatro. El fundido de la música, la narración o el sentimiento de la acción indica al público que el segmento ha terminado. Pero es importante mantener despierta su curiosidad sobre lo que viene después.

Los estudios indican que la atención del publico puede "capturarse" sin distracciones hasta por 8 minutos. Un cortometraje no pasa de 30 minutos. Un medio metraje tiene entre 30 minutos y 1 hora. Y un largometraje tiene más de 1 hora.

ACTO 1 o EL INICIO

La regla permanece igual -- una página de guión equivale a un minuto de tiempo en pantalla, que a su vez se divide en ocho octavas partes. El principio es el ACTO I, llamado la preparación, porque tienes en un guión de 120 paginas, aproximadamente 30 páginas para presentar tu historia.

Un espectador, por lo general, va al cine y decide si "le gusta" o "no le gusta" la película. La próxima ves que vayas al cine, fíjate cuánto tiempo te tomo decidir si la película te gustaba o no. Toma como diez minutos, es decir, diez páginas del guión.

Tienes que atrapar al espectador inmediatamente! Tienes unas diez páginas para enseñar al público quién es tu PERSONAJE principal, cuales son las PREMISAS, o PROPOSICIONES que sirven de base al argumento de la historia, y cual es la SITUACION.

Al final del primer acto hay un PUNTO DECISIVO: Un punto decisivo es un incidente o evento que ocurre en la historia y la hace cambiar hacia otra dirección. Este evento usualmente ocurre entre las páginas 25 y 27.

ACTO II o LA CONFRONTACION

El acto II contiene el grueso de la historia. Se desarrolla entre la página 30 y 90. Se denomina la parte de la confrontación en el guión porque la base de todo drama es el conflicto. Una vez que has definido la necesidad de tu personaje, es decir, descubrir que quiere lograr durante el guión, cuál es su meta, entonces puedes crear obstáculos para esa necesidad, para alcanzar esa meta. Esto genera conflicto.

El PUNTO DECISIVO: Al final del segundo acto usualmente ocurre entre las páginas 85 y 90. Por lo general esto conduce al desenlace de la historia.

Acto III: EL DESENLACE

Generalmente ocurre entre las páginas 90 y 120. Es el desenlace de la historia. Como termina? Que le ocurre al personaje principal? Sobrevive o muere? Triunfa o falla? Un final fuerte en el desenlace hace a la historia comprensible y completa.

Todos los guiones siguen esta estructura lineal básica. La estructura dramática puede definirse como: UN ARREGLO LINEAL DE INCIDENTES,

EPISODIOS o EVENTOS RELACIONADOS QUE CONDUCEN A UN DESENLACE DRAMATICO.

La forma como utilices estas componentes estructurales determina la forma de tu película.

Se puede establecer una formula sencilla para el guión: Es la descripción de una persona o personas, en un lugar o lugares, haciendo lo 'suyo'. Todos los guiones tienen un tema y el tema del guión se define como acción, lo que sucede al personaje, a quien le sucede.
En el guión, la historia se mueve hacia adelante, de la A a la Z, desde la preparación al desenlace. Un arreglo lineal de incidentes, episodios o eventos relacionados que conducen a un desenlace dramático.

Esto significa que la historia se mueve hacia adelante, de principio a fin. Tienen diez páginas para establecer tres puntos:
1) Quién es el personaje principal,
2) De qué se trata la historia, y
3) Cuales son las circunstancias dramáticas que rodean la historia. -

Así que, cual es la mejor manera de iniciar el guión?   CONOCE EL FINAL!

El final es lo primero que debes saber antes de empezar a escribir. Por qué? Es evidente. Tu historia siempre se mueve hacia adelante, sigue una dirección, un camino, una línea de desarrollo de principio a fin. No tienes que saber el final exacto, pero si lo que ocurre. Las buenas películas siempre tienen finales fuertes y bien presentados. Un desenlace definitivo. Cuando conoces tu final es fácil escribir el principio. Cuál es el inicio del guión? Como empieza? Qué escribes después de FADE IN:?

Si has determinado un final, puedes escoger un incidente o evento que conduzca hacia el final. Puedes presentar al personaje principal en el trabajo, jugando, solo o acompañado, ya sea en negocios o placer. Qué ocurre en la primera escena? Donde ocurre?
Hay varias maneras de iniciar un guión. Puedes ATRAPAR a la audiencia con una secuencia visualmente emocionante de acción, como en "Star Wars", o puedes crear una introducción interesante del personaje, como en "Shampoo": 'Una habitación a oscuras, gemidos y gritos de placer. Suena el teléfono, alto, insistente, rompiendo el humor. Es otra mujer que llama a Warren Beatty, quien está en la cama con Lee Grant. La escena nuestra todo lo que necesitamos saber sobre el personaje.

Un inicio puede ser visualmente activo y excitante, atrapando la atención del espectador de inmediato. Otro es más expositivo, de ritmo más lento al establecer personaje y situación. La secuencia de los créditos es lo último que se hace, y es una decisión del editor y el director. Ya sea un montaje dinámico de créditos o simplemente letras blancas superimpuestas sobre un fondo negro, no es decisión del guionista.
Las primeras diez paginas son decisivas. Tienes diez páginas para atrapar al público y treinta para presentar la historia.

- Determinar el final del guión, y diseñar el principio. la regla principal para el inicio: funcionara? En realidad pone la historia en movimiento? establece el personaje principal?
- Establece el argumento (de que se trata la historia)?
- Establece un" problema que el personaje debe confrontar y vencer? plantea las necesidades del personaje?

Continuidad dialogada

Al momento de añadir encabezados de escena y acciones se avanzas los primeros pasos hacia el guión preliminar. Con fines de utilizar los diálogos para storyboard o realizar una lectura dramatizada se acostumbran eliminar tanto encabezados como descripciones de la acción para dejar solamente los diálogos de manera continuada.

TERMINOS USADOS EN EL GUIÓN

DIRECCIÓN ESCENICA	Cualquier información que describa escena o locación, situación, personaje, instrucciones técnicas, direcciones personales muy largas, y otra similar.
PERSONAJE	El nombre, titulo o descripción de quien dice el diálogo.
ACOTACIÓN	Instrucciones personales especificas y usualmente cortas destinadas a un personaje en particular, que aparecen en paréntesis justo bajo el nombre del personaje. Ejemplos: (asiente), (se sienta), (temblando de miedo).
DIÁLOGO	Palabras habladas por cualquier personaje. Incluye lo que se dice cuando esté "pensando en voz alta", hablando por el teléfono, o hablando desde otro cuarto.
APUNTE DE SONIDO	Un sonido que requiere los servicios técnicos de reproducción de un sonidista. Los apuntes de sonido suelen aparecer en la dirección escénica y deben mostrarse en MAYUSCULA CERRADA.
APUNTE DE CÁMARA	Una instrucción especifica dada a la cámara. Los apuntes de cámara aparecen en la dirección escénica y también deben mostrarse en MAYUSCULA.
VOIVE OVER	La transmisión mecánica de una voz fuera (V.O.) de la pantalla, tal como una voz en el teléfono o una voz en el altoparlante o una voz en la grabadora. Se indica en VOICE OVER en la dirección escénica y (V.o.) al lado del personaje.
OFF SCREEN	Una voz o sonido escuchado que proviene off screen; fuera de pantalla, de otra habitación, mientras que la cámara enfoca a otro sujeto. La persona hablando fuera de cámara (off screen) está accesible para salir en cámara. Siempre abreviado.

EL GUIÓN

El guión debe representarse con mucha claridad, es muy importante porque en la producción de un programa audiovisual es común que se trabaje en equipo, lo que conlleva que el tiempo de producción resulte costoso y los errores de una persona pueda retrasar el trabajo de todos, es entonces conveniente prever desde un inicio que no haya errores debido solo al descuido en la redacción o en el modo de presentar el guión.

GUIÓN LITERARIO

Es una narración ordenada del tema del programa o de la historia donde se incluye una acción y diálogo pero exenta de cualquier indicación técnica, el guión literario debe utilizarse con un lenguaje televisivo a través de "imagen" y no meramente literario.

Algunas características que posee el guión literario en la redacción son:
- El guionista tiene que ver siempre la narración a través de imágenes, se debe recurrir a la palabra cuando se desea explicar algo que no se puede explicar con una acción.
- No debe explicar con palabras los pensamientos de los personajes.
- No es válido hacer referencia a una acción que no va a suceder.

Todo lo que se escribe en el guión debe ser justificado en la totalidad de la narración. Mas allá de las aparentes diferencias que imponen el recurso de las distintas expresiones (la combinación de la imagen, la palabra y el sonido en la televisión; la palabra en la literatura), la dependencia tanto funcional como estructural que los primitivos productos televisivos tenían de lo literario, resultaba evidente. Este hecho fue posteriormente reforzado por un argumento de carácter teórico: tanto la obra literaria como los productos audiovisuales poseen una misma naturaleza textual y, por tanto, podían y debían ser estudiados desde las perspectivas que introducen las distintas disciplinas que se han declarado competentes en ese objeto tan interdisciplinar que es el texto. La existencia de una larga tradición literaria en la reflexión en torno al problema justificaba una relación que, por lo demás, podría juzgarse a priori como fructífera.

En la actualidad, la primera de estas razones ha dejado de ser operativa pues, como tendremos oportunidad de ver mas adelante, los productos televisivos han adquirido funciones y disposiciones estructurales que les son propias. En cuanto a la Segunda, esta sometida a una corrección derivada de una apreciación bastante evidente: lo textual no se identifica con lo literario. No puede resultar exacto por tanto que la reflexión en torno al problema de los géneros de los textos televisivos haya prescindido en gran parte de las categorías literarias.

Todo ello no es obstáculo, sin embargo, para que debamos considerar útiles algunas reflexiones que han surgido en un contexto como el de la teoría literaria que tiene tras de si el peso de una larga tradición que no puede ser menospreciada.

Esa tradición ha encontrado notables dificultades a la hora de establecer clasificaciones genéricas lo suficientemente definidas. Si se tiene en cuenta este hecho, podría pensarse que cualquier intento de extrapolación de las categorías utilizables en el ámbito de lo literario al contexto de la programación televisiva importara también la problemática que acabamos de exponer. Sin embargo, si alguien llegara a creer que la forma de evitar tales problemas es renunciar a establecer cualquier tipo de relación entre ambos contextos, se equivocaría. La crítica literaria actual puede estar condicionada por una tradición mas bien confusa, pero su problemática tiene que ver más con las dificultades que plantea la categorización de un universo de objetos esencialmente móviles y cambiantes que con lo literario en sentido estricto. De ahí que nos encontremos en situaciones muy parecidas cuando intentamos una clasificación genérica de los productos de la programación televisiva. En consecuencia, deberíamos tener en cuenta alguna de las conclusiones a las que han llegado las investigaciones modernas del problema. De forma mas concreta habría que considerar como afirmaciones pertinentes las siguientes:

a) A pesar de la preeminencia epistemológica y del reconocido carácter ejemplar del género con respecto al texto, éste rara vez puede ser considerado como realización perfecta de aquél. En otros términos, los textos no suelen reproducir en su totalidad los rasgos definitorios del género, lo que pone de manifiesto que el género es en muchas ocasiones más una categoría teórica, abstracta, que una clase definida por inducción a partir del examen de los casos.

GUION TECNICO

Es la traducción en imágenes y sonidos del guión literario con todos los datos técnicos necesarios para la realización del programa, es lo que denominamos guión técnico. Este debe ser un documento coordinador que permita ver la interrelación simultánea y cronológica entre dialogo, acción y mecánica de la realización.

El guión técnico contiene todas las descripciones técnicas necesarias para el director, operador de audio, camarógrafos, escenográfos, operador de cámaras, editor, floor manager e iluminador.
El guión técnico describe piano a plano toda la realización del programa. Algunas características del guión técnico son que la columna de audio va siempre a la derecha de la pagina, con todos los detalles correspondientes diálogos o comentarios, ruidos ambientales, música, silencios, etc.

EL GUIÓN DE TELEVISIÓN

Escribir un guión para televisión requiere de una técnica especial, como es conocer a fondo como se elabora el llamado "teleplay", es importante tener en cuenta que para la elaboración de estos guiones es necesario que el productor audiovisual comprenda el estándar de cómo se debe escribir.

Formato del guión

Un guión esta conformado por 7 elementos. Cada uno de estos se escribe de una manera particular, y su forma encierra información relevante para los varios miembros del equipo de producción. Si un texto no corresponde a uno de estos elementos, no debe estar en guión.

- **Encabezado de escena**
Los encabezados de escena describen como será el lugar donde transcurrirá la escena que se rodará.
Los encabezados están compuestos de tres partes que:
1. Dictan si la escena transcurrirá en un interior o un exterior.
2. Indican el lugar donde la escena transcurrirá.
3. Muestran la Hora del día en que la acción será filmada.

El primer elemento en el encabezado es la abreviación "EXT.", de exterior, o "INT.", de interior, la cual indica si la acción se realizara al aire libre o en un lugar cerrado.

Algunas veces se emplea "EXT./INT." o "I/E." para indicar un lugar que es tanto un interior, como un exterior. Por ejemplo, un automóvil o la puerta de una casa en la cual la acción contempla un personaje fuera y uno otro dentro.

El segundo elemento del encabezado es el lugar donde transcurrirá la escena. Esta información puede ser general o especifica, según las necesidades particulares del guión.

El último elemento es la hora del día. Por lo general se especifica si es "DÍA" o "NOCHE" ya que el uso principal de esta información es definir si la escena se rodará de día o de noche. Sin embargo, cuando la historia lo pide, se pueden utilizar horas más específicas como: "MAÑANA", "3 AM.", etc.

Cuando la escena anterior y la presentan una acción continua, la hora del día se presenta con el texto "CONTINUO". Esto indica que mantiene la misma Hora del día que la escena anterior.

INT. CASA - DIA

EXT. HOTEL EMPERADOR - HABITACIÓN 507 - NOCHE

EXT./INT. AUTOMOVIL DE JORGE - CONTINUO

Un encabezado de escena siempre debe ser seguido por una Descripción, nunca por otro elemento del guió. Tampoco debe ser el último elemento de una página; cuando esto sucede, debe enviarse a la página siguiente.

- **Descripción**

La Descripción, también llamada acción, o Dirección, consiste en párrafos que describen lo que ve (y escucha) la cámara. Consecuentemente no se deben introducir oraciones que no se puedan filmar, como sentimientos, intenciones, etc.

La descripción se describe siempre en tiempo presente, ya que esta describiendo lo que esta sucediendo, omite referencias redundantes como "vemos" o "se ve" (ya que se entiende que si esta escrito como Descripción, es porque la cámara lo ve).

INT. HABITACIÓN - NOCHE

María entra a la habitación. Mira a su alrededor. Sus ojos aguados. Sobre la cama un vestido viejo. Lo toma y lo acaricia. Pasa saliva.

Nicolás se asoma por la puerta. María se sobresalta. Deja el vestido sobre la cama. Se sonroja.

Los párrafos de las Descripciones acostumbran ser cortos, para facilitar la lectura.

El texto se escribe en minúsculas, salvo cuando se presenta información particular, que se escribe en mayúsculas como:

1. Cuando aparece un personaje por primera vez (las veces subsecuentes que aparece ese personaje, se escribe en minúsculas). Esto es con el fin de facilitar el desglose.

2. Cuando se describe un sonido o un efecto sonoro.

3. Cuando se describe una dirección de cámara, como: PANORÁMICA, CÁMARA BAJA, ÁNGULO, etc.

4. Cuando se describe el texto de un mensaje que el público leerá en pantalla.

FELIPE, un joven alto de 34 años observa como un avión despega.
El avión pasa SOBRE LA CAMARA. Se pierde entre las nubes.
Repentinamente, el motor derecho EXPLOTA.
Felipe mira su celular. Un mensaje de texto dice: "ES TU CULPA".
Felipe llora.

Cuando escribimos una secuencia por ejemplo un carro en persecución, o nuestro protagonista a lo largo de la avenida, o cuando un guión está bloqueado, y se agrega una escena nueva, se le asigna un número nuevo que la identifique se le añade una letra, por ejemplo escena 1, secuencia 1A, 1B y 1C. Este identificador se forma por el número de la escena anterior, seguido por la letra.

Cuando se edita una secuencia se añade una letra al comienzo así A1A. El patrón indica que la escena A1 precede a la escena 1, y luego de la escena 1, sigue la 1ª. Después de la 1A sigue la 1B, 1C, etc.

En la etapa de rodaje para el control de continuidad y pre edición para la post producción, se numeran las escenas e incluso los diálogos. El número de página en un guión se coloca a 18.2 cm del borde izquierdo de la página, ya a 1.3 cm del borde superior. El número de página va seguido inmediatamente de un punto.

- **Personaje**

Antes de cada bloque de Diálogo, se debe especificar qué personaje lo interpretará. El nombre del Personaje debe escribirse en mayúsculas, alineando (No centrado) a 10 cm del borde de la hoja. El nombre del personaje debe ser constante a lo largo del guión, así sea un personaje que cambia de nombre durante la historia, o que diversos personajes lo conocen por diferentes nombres. La razón es que este elemento del guión está dirigido al actor que debe memorizar las líneas, más que al personaje. A la derecha del nombre del Personaje, algunas veces se colocan marcas particulares entre paréntesis, que dan información de actuación, y se escribe en el renglón siguiente, esto es la acotación de diálogo.

- **Diálogo**

El bloque de Diálogo indica las palabras que los actores interpretarán, Se escribe en minúsculas, alineado (no centrado), con un margen izquierdo de 6.8 cm desde el borde izquierdo de la hoja, y uno derecho de 6.1 cm desde el borde derecho de la hoja. Un diálogo nunca debe aparecer sin indicar qué personaje lo interpretará. Cuando es muy extenso, y pasa a la página siguiente, la marca "MÁS" indicando que este diálogo continúa en la siguiente página y "CONT'D" al inicio de la siguiente página. Puesto que el Diálogo representa los patrones lingüísticos de una gran variedad de personas, es correcto escribirlos con errores gramaticales y coloquialismos. Para facilitar la lectura, los números acostumbran escribirse en palabras. Cada diálogo es un párrafo por largo que este sea. Cuando un diálogo es interrumpido se utiliza el símbolo "--" para indicar que en ese punto del diálogo se hace una pausa. Para indicar énfasis en la pronunciación de una palabra, esta suele subrayarse.

- **Acotación**

La acotación o Paréntesis, es un elemento del formato de guión, destinado a dar información adicional ala forma de un Diálogo debe ser dicho. La instrucción se coloca entre paréntesis, alineado a 8.6 cm del borde de la hoja. Se escribe totalmente en minúsculas; es decir, no se capitaliza la primera letra, y se debe colocar entre el personaje y el diálogo, o entre párrafos de un mismo diálogo.
Las acotaciones se deben usar esporádicamente, y sólo cuando sean necesarias.

- **Transición**

Las transiciones indican varios métodos para pasar de una escena a otra, como varios tipos de cortes y disolvencias. Estas se escriben en mayúsculas, alineadas a 15.2 cm del borde izquierdo de la página. La excepción es el "FADE IN:", que se acostumbra colocar para indicar el inicio de un guión. Esta transición se tabula a 4.3 cm. Las transiciones terminan en dos puntos ":" cuando indican una relación con la escena siguiente, y en punto "." cuando no la tengan. Antiguamente, cuando se terminaba una escena se marcaba la transición "CORTE A:" antes de iniciar la siguiente. Sin embargo, el Encabezado de escena que no es precedido de una transición tiene un "CORTE A:" implícito, por lo cual hoy en día no se utiliza mucho sino que para marcar un cambio de lugar y tiempo importante. Sin embargo, todavía se ve en algunas escenas, cuando un escritor quiere darle cierta puntuación al final de una secuencia de escenas. Una transición nunca debe iniciar una página. Cuando esto sucede, una porción de la descripción o del Diálogo que la antecede, debe trasladarse a la nueva página.

- **Plano**

El plano es el elemento que indica una instrucción de dirección. Se utiliza para resaltar que un plano cinematográfico particular es fundamental para la historia. Puesto que la elección de los planos es función del director y no del guionista, este elemento debe usarse con moderación. El plano se escribe en dos partes: Se separa el sujeto del plano de la acción en dos líneas diferentes. La línea que describe al sujeto va en mayúscula, y la línea que describe la acción va en minúsculas. Pero a pesar de estar dividida en dos renglones, a nivel de puntuación, se trata como si fuera una sola oración.

Software para guiones

Hasta el año 2012 se utilizaron medidas precisas para el formato de guión, hoy día basta con descargar un editor de guiones desde la Internet. Un programa o paquete de formato para guiones, como Celtx y otros como Dramatica, toma toda la tarea difícil y ofrecen una gama de opciones para administrar tu guión y su storyboard de la manera más fácil, estos están generalmente reconocidos por valer su peso en oro.

Se podría tener impedimento por sus precios y formas de pago, pero la mayoría de la gente gasta más en pasatiempos, juegos y dvd. Si se esta dispuesto a probarlos se podría llegar a aspirar a presentarlo a algún ejecutivo a partir de un precio de $15,000.00 y más.

El guión preliminar

Hasta aquí haz podido aterrizar tu idea lo suficiente para decidirte a al menos tomar papel y bolígrafo para anotar tus primeras ideas, hacia un guión real y tangible. Es importante mantener el entusiasmo arriba en esta etapa, y establecer metas realistas, como por ejemplo una página de guión diaria. Esto no suena a muchas, pero como en la fábula de la liebre y la tortuga, tú terminarás y no te quedarás atrás en el camino. Un típico guionista frecuentemente se lamenta se que después de iniciar unas pocas primeras páginas por una semana, después caen en una laguna y dejan el hábito por unos días y luego lo olvidan por completo. Se regular, constante, deja a la escritura ser tu guía.

Primer bosquejo de guión

Ahora que tienes el primer borrador escrito, toma un descanso y queremos decir un verdadero descanso lejos de casa. Ve al cine, juega, lee revistas, sal con tus amigos y haz lo que quieras, pero piensa en tu guión. Un par de días después, recoge tu guión y haz una primera lectura de principio a fin. Pregúntate, ¿hubo algún problema en los saltos que te dejaron perdido? ¿Encontraste algún bache inconcluso dentro de tu historia? No hay problema, haz una secunda lectura sobre tu copia impresa y haz notas en los puntos donde creas que hay fallas, no sólo de gramática sino también de formato.

Re- escribe tu borrador y busca opiniones

Siéntate otro día y reincorpora esas mejoras o cambios que estuviste pensando. Si tienes algunos amigos lectores en cuya opinión tú confías, son inteligentes y cinéfilos y pueden ser imparciales al comentar tu obra, entonces es tiempo de que se los muestres para que lo lean y perfecciones tu obra maestra. Dales un tiempo razonable para que te dejen saber sus pensamientos, no seas ansioso preguntándoles todos los días si lo han leído ya. Una vez ellos te han dado su opinión, recuerda que no es obligatorio incorporar todo lo que te dicen, cada persona tiene su punto de vista, sólo escúchalos y asume añadir lo que tengan de acuerdo contigo.

Consigue ayuda profesional

No nos referimos a un siquiatra, el cual puede venir después de que te cueste superar la idea de que el reporte de recaudación es menor de lo que esperabas. Queremos decir un profesional que lea tu guión, alguien quien lee todos los días y sabe que funciona y qué no lo hace, por qué y más importante que todo, cómo ajustarlo. Nosotros hacemos ese trabajo en nuestra ciudad para vivir y por eso nos atrevemos a sugerir estos consejos. No solamente para nosotros sino también para la industria cinematográfica local. Muchos correctores de estilo ofrecen una regular comisión y pasan un reporte de su análisis con todas las sugerencias e ideas para ajustar la versión final de tu guión. Desde luego que ellos tratarán de hacer cambios necesarios, pero los agentes en la industria no son tontos y si los contactas para una segunda oportunidad ellos recordarán que ya te rechazaron tu guión. Busca otras opciones, hay un montón de guionistas que juntos forman una notable red. El truco aquí es cambiar el título inicial por uno que destaque esos cambios, y recuerda los profesionales de la industria no son unos tontos.

Última re-escritura de tu guión

Reúne todas las notas y consejos que haz recibido de amigos, correctores profesionales y demás y haz una pequeña reescritura del inicio de tu guión. Esta versión final de tu guión debe estar más rellena, mucho más interesante y con mejor ritmo que antes como resultado. Léelo de nuevo y verás que éste se lee como un autentico guión, como una película real! No hagas cambios sólo por capricho, solamente incorpora aquellos que hagan la historia ir hacia adelante.

Mándalo fuera

Este es el paso final que puede llevarte a conseguir la representación de un agente de venta, probablemente por el tipo de acuerdo optativo o porcentual. Un agente no viene fácil, al menos los mejores de ellos. Verifica las opciones en tu localidad para conseguir un agente en un foro internacional, una oficina estatal encargada o en escuelas de cine independientes. Esta no será una tarea sencilla, si lo fuera todo el mundo sería escritor, pero es posible si confías en que haz escrito algo muy bueno; te será mucho más fácil.

Un agente tiene contactos dentro de la industria que pueden convertir tu guión en una película, él conoce ejecutivos de estudios y compañías productoras así como independientes. Ellos actuarán como tu enlace y si alguien se interesa en firmar contigo te avisarán, a cambio ellos deberán obtener un porcentaje de comisión sobre la venta de al menos el 10%.

Otra manera son los concursos, si te mantienes alerta para enterarte de la convocatorias, llenas los requerimientos y tu envías tu guión, de televisión o cine, puedes apostar que los agentes no estarán lejos de considerarlo. Esto parece más difícil de lo que es, pero tu puedes mandar tu guión a todos los que desees, hay reglas de inscripción por lo que fuera de ellas tu envío puede ser devuelto. No lo intentes fuera de tiempo ya que seguramente la copia de tu obra puede terminar en el basurero, ya que no están dispuestos a perder el tiempo.

Este sistema funciona gracias a que la industria audiovisual no se detiene, y pudieran en cualquier momento retomar una búsqueda que cierra en pocos meses sin una máxima publicidad, ellos están dentro y están afuera.

Aquí esta el secreto, la industria internacional esta muy conciente del papel cambiante de la Internet para adquirir guiones, ellos no esperan por proyectos que vengan a ellos, ellos los pueden encontrar cuando quieren. Ellos ya no los reciben así, porque sus oficinas se las pasarían llenos de sobres y paquetes conteniendo guiones que ellos nunca podrán leer. Eso es una pesadilla legal.

Algunas veces Internet facilita este proceso mediante la recepción por correo electrónico hacia sus servidores, sin necesidad de imprimir por lo que es conoce de los formatos abiertos de textos o pdf.

Las 6 preguntas

Por meses, o quizás años, tu haz enfocado tu pasión y energía en la culminación de tu guión. Haz puesto tu corazón y tu alma en tus personajes y sus conflictos. Tu haz leído y revisado la gramática. Se lo haz entregado a amigos o colegas que opinaron al respecto. Y ellos lo amaron. Pero, ¿está listo tu guión?

Míralo una última vez y pregúntate esta cuestión vital: ¿Huele mi guión a una película?

Créeme, productores, agentes, directores, estrellas y ejecutivos conocen una película una vez la han leído. Ellos lo pueden sospechar. Ellos pueden no ser capaces de describirte por qué un guión esta listo para ser película, eso sólo sucede.

Hay una lista simple de seis puntos que te ayudará a desarrollar tu propio sentido del olfato. Aquí está:

1. ¿Quién?
2. ¿Quiere qué?
3. ¿Dónde?
4. ¿Cuándo?
5. ¿Por qué?
6. ¿Cómo?

Si tu guión responde las siguientes preguntas, entonces probablemente esta listo para el mercado.

1. LA CUESTIÓN DEL QUIÉN – ACERCA DE QUIÉN ES LA PELÍCULA?
Ésta es la primera pregunta que un productor se hace. Hay solamente una respuesta correcta; la película tiene que ser acerca del protagonista estelar. Las películas usualmente se enfocan en el protagonista – un héroe que debe superar dificultades, algunas veces imposibles obstáculos, para perseguir lo que desea. La audiencia debe sentirse envuelta por esta héroe y su reto. Si tu no estás seguro de cuál de tus personajes es la estrella de tu película; entonces tu guión no está listo para la industria cinematográfica. ¿Cuál es tu audiencia o target de tu película? Esa es la segunda pregunta que un socio financiero te hará después de leer tu guión. Conoce a tu público. Muchas películas cruzan dos géneros de audiencias a la vez, pero tu guión debe ser capaz de atraer al menos un mercado definido.

2. LA CUESTIÓN DEL QUÉ: CUÁL GENERO?

¿Cuáles son los mercados de películas? Tú puedes inventar tu historia para tu mercado favorito, sólo asegúrate de tener uno de estos en tu guión. Escribir películas es contar historias. Las películas son promovidas como comedias, dramas, acción y así. Conoce el género de tu película. Las de mayor audiencia son: Comedia Drama, Animación y Familia, Romance, Urbano, Acción, Aventura, Fantasía, Ciencia ficción, Thriller, Guerra y Terror. Tu película puede combinar dos géneros, pero si tu guión mezcla más tres, debes repensar tu película. Encuentra qué es lo que han hecho las películas en tu género, las exitosas y las que fracasaron. Esta manera de pensar te ayudará a destacar en tu género. Imagina un póster para tu película o imagina el trailer que anunciará tu película, si no puedes hacerlo pregúntate: ¿Por qué no?

3. LA CUESTIÓN DEL DÓNDE: TU ÚNICO MUNDO

Un guión de película exitoso debe darle al lector un sentido único de lugar, es el cosmos de la película. Directores de Arte, escenógrafos, directores, y fotografía contribuyen inmensamente a la apariencia de la película. Pero un guión bien escrito pone a sus personajes en un único espacio creado por los guionistas con palabras. Recomendamos leer los guiones de películas como: El señor de los anillos, The Cat in the hat, El soldado Ryan, Anaconda y observes fijamente las descripciones de lugar y sonidos para así observar diferencias para escoger el ambiente de tu guión.

4. LA CUESTIÓN DEL CUÁNDO: ESTABLECE EL TIEMPO

Estará desarrollada tu película en un punto del pasado, como la segunda guerra mundial en "El Laberinto del Fauno" de Guillermo del Toro o "Titanic" de James Cameron, o en un punto del presente como el documental de más reciente éxito, o en el futuro como la última secuela de "Stars Wars" o "Avatar". El peplum es el género cinematográfico que encierra la historia y la Ciencia Ficción el futurismo. El periodo en que se ubica tu película se enfatiza a lo largo del guión? Si aparece una computadora en tu escena de la revolución rusa podría ser un error o anacronismo imperdonable, mezclas de mito griego y drama juvenil como en "Percy Jackson" deben tener ciertas reglas dramáticas.

5. LA CUESTIÓN DEL CÓMO: TÉCNICA Y RITMO

Las películas construyen su propio ritmo narrativo a través de la descripción de la acción, técnicas de cámara, uso de efectos visuales y de sonido, los diálogos inolvidables y la yuxtaposición de escenas. Existe un mapa subliminal de emociones que nos excitan, nos deprimen, nos indignan, nos sorprenden y en fin nos apasionan. Cuando los productores, guionistas y jurados de fondos leen tu guión y descubren las emociones de tu personaje, habrán al menos descubierto tu habilidad para infundir ritmo a tu película. ¿Las acciones de tu personaje iluminan las decisiones de tu personaje? Haz utilizado gestos, los movimientos de cámara y demás herramientas para acercarnos a tu héroe?

6. LA CUESTIÓN DEL POR QUÉ: HACERLA Y VERLA

¿Por qué un director o guionista de cine o televisión invertiría un año de su vida preparando y haciendo esta película? ¿Por qué es tu personaje atrayente? ¿Por qué un estudio, el gobierno local o un empresario invertirían dinero en tu guión? ¿Por qué pagarían la entrada a la sala de cine los espectadores? En la venta de un guión las seis preguntas son quizás lo más importante a considerar, aunque también las más efímeras. Por qué alguien compraría tu guión? Cuando logras responder estas preguntas sabrás que tu guión está listo para la industria.

Gestión legal del desarrollo

Si tu idea es original, no hay problema, sólo escríbela, las ideas que se originan en ti traen derechos propios. Si tu idea es como los recursos 2 ó 3, tu tendrás que asegurarte de los debidos permisos de uso de derechos. Como regla general, todos los trabajos escritos antes de 1923 están en dominio público, lo cual significa que tu no tienes que pedir permiso al poseedor de los derechos de autor. Obras publicadas después de 1923, ero antes de 1978 están protegidos por 95 años desde la fecha de publicación. Obras publicadas después de 1978, están protegidas de por vida más 70 años después de la muerte del autor. Por lo que para asegurarte de que la obra esta libre se sugiere llamar a la oficina de Registro de Derecho de Autor de tu localidad solicitar. Para los artículos puedes contactar directamente a los periodistas de la prensa. En algunos países como Panamá, el plazo de derechos después de la muerte del autor es de 50 años.

Cuando la idea viene de una figura pública o figura histórica reciente esta es una persona privada, entonces hay que contactar a sus herederos, si ya no esta vivo este personaje, y firmar un acuerdo con ellos para los derechos de su biografía autorizada. Aunque esto no siempre requerido, este será un gesto que sus herederos apreciarán antes de ver la historia en la gran pantalla. Esto también nos pondrá al tanto si estos derechos ya han sido cedidos a otros productores, sino podrás rodar una versión propia de los hechos en la vida de la celebridad. Para asegurar la protección legal, se debe contactar a un abogado que medie entre las partes cuando alguien muestra interés de producir el guión.

Cuando se trata de una figura pública se debe tener cuidado de no escribir algún evento difamatorio o revelar alguna intimidad de su vida que pueda ser considerado invasión de la privacidad. Si tu personaje es muy histórico, tu estás de suerte porque los hechos históricos no pueden registrarse, sólo hay que asegurarse de escribir una historia muy personal como una versión o interpretación que no se parezca a las de otros autores.

Esta fue la regla general de raíz, pero no esta de más buscar consejo legal adicional. Así que toma tu idea y hazla correr, así es como el proceso de escritura comienza.

Tipos de acuerdos de cesión de obras

El cine es una empresa de riesgo, por lo tanto la planificación es esencial. La Legislación de fomento del audiovisual son tomadas según cada país. En Panamá es la Ley 16 del año 2010 que es el marco legal para dirigir nuestra estrategia de producción. Registro de Autor Debe ser revisado y negociado entre los representantes del proyecto.

CONTRATACIONES:

En contratos de coproducción hay que tener una empresa y no tomar el contrato como definitivo, esto es por la cantidad de apartados. Se recomienda un proceso sin formalismos, evitando a las personas que no quieran firmar. Todo debe hacerse sin apuros ni presión.

Respecto a las subvenciones gubernamentales los montos entran a la cuenta de la empresa, y no a la cuenta personal del productor. Los patrimonios de cada uno deben estar separados.

Hay dos tipos de acuerdo de cesión de ideas, argumentos, guiones, etc. en la industria audiovisual:

1. Acuerdo opcional: significa que tu, el escritor, darás una autorización exclusiva a una compañía productora o productor para tratar de establecer el financiamiento y convertir tu guión en una película. El acuerdo opcional especificará el precio final de venta de tu guión o un porcentaje de la futura recaudación, con el periodo de tiempo que tendrá el productor para reunir los fondos o de lo contrario vencerá su licencia que puede ir de seis meses hasta los 2 años. La suma de dinero u oferta cambia, pudiendo ser hasta de $1 a $5,000 o más, pero la idea es mantener los ojos en cuanto realmente venderá tu guión.

2. Acuerdo por lanzamiento: implica solamente la lectura del guión y una firma liberando de responsabilidad a los productores de demandas si una idea similar es estrenada.

El patrón estándar del formato de guión es fácil de aprender y es lo que los ejecutivos esperan de ti para conseguirlo y no te considerarán si no puedes. Después de todo, si no logras este formato básico correctamente, qué impresión dará de ti el resto del guión?
Algunos aspectos de formatear son reglas y otras son guías para ser el primero y permanecer más tarde y proseguir con la combinación triunfal. Conoce la diferencia entre una participación y un rodaje. Muchos de los guiones que serán leídos por los productores son de rodaje y llevan direcciones de cámara, números de escena, etc. Tu guión no debe llevarlas, ya que deberá pasar a las manos de un director y tu no debes decirle cómo hacer su trabajo.

PORTADA DEL GUIÓN: Esta la primera página de tu guión y debe identificar tu información de contacto o la de tu agente. Es todo lo que necesitas.
- El título de tu película.
- Tu nombre.
- Tu dirección
- Tu número de teléfono y correo electrónico
- Numero de registro de derecho de Autor.

PRECIO ESTIMADO:
Un famoso guionista hizo famoso éste concepto de negociar e incluirlo, si tu decides hacerlo parecerás un principiante que se las verá

bastante difícil. Este guionista de Hollywood es Shane Black y tiene el récord de haber vendido todos sus guiones por encima del $millón por guion, y de hecho su obra maestra "A long Kiss Goodnight" costó 4 millones.

EXTENSIÓN DEL GUION:

Empieza escribiendo un corto de no más de 30 páginas, con su introducción de personajes, conflicto y resolución. Este debe ser tu primer reto como aspirante a guionista o profesional audiovisual ya que te ayudará a entender como funcionará un rodaje efectivo. Si tu inspiración es fluida, ensaya adaptando a cuentos, obras de teatro o novelas cortas, no oses enfrentarte a adaptar extensas obras de más de 300 páginas, no es para que un principiante siga animado. Una vez haz practicado un poco, dale rienda suelta a tu idea de largometraje que deberá ser de 120 páginas, y a las 100 si es comedia. Debe de existir equilibrio entre diálogos y descripciones, ni tampoco extender escenas de más de tres páginas de diálogos repetitivos, absurdos o fuera del tema.

Es importante recordar que la industria es ambigua, si un ejecutivo lee tu guion y le parece bueno no quiere decir que será pronta la recaudación de financiación, si otro ejecutivo dice que es malo, no quiere decir que a otro no le parezca darte una oportunidad. Muchos de los mejores guiones fueron rechazados por diversas razones, y luego llegaron a ser grandes películas gracias a la intervención de personal talentoso. Permite que este sea un proceso colaborativo.

Tipos de Contratos

Como escritor, te encontrarás a lo largo de tu carrera con muchos tipos de contratos. Es valioso tener un conocimiento previo de tales contratos, para así estar preparado y actuar informado. La industria cinematográfica es una fábrica de sueños y la ignorancia no se recompensa aquí.

Un buen inicio es comenzar por el registro de autor en tu oficina local, con esta certificación la mayoría de los contratos y cláusulas básicas van a ser establecidas. La idea es negociar algo mejor y usar esto como el camino hacia el contrato de tus sueños. Identifica tus prioridades y así tu sabrás qué puntos son negociables y cuáles no.

Aquí están los cuatro tipos de contratos básicos que encontrarás:

Acuerdo de Opción: Una opción de compra le dará al productor, dentro de un periodo de tiempo limitado, el derecho de comprar tu guión a través de otras partes interesada, por lo cual ellos pagarán una cantidad fijada, que va de $1 a unos pocos dólares. Por ejemplo, tú podrás firmar un acuerdo opcional por 12 meses por $1,000. Al transcurrir los doce meses, si el productor no ha podido rodar la película y tu no deseas extender el acuerdo por más tiempo, tu te quedas con los $1,000. El acuerdo detallará no solo los términos, sino también el precio de compra final o porcentual, así que se debe leer cuidadosamente antes de firmar para estar a feliz término en lo venidero. Un acuerdo de opción es necesario para el productor, para así no desperdiciar tiempo planificando tu proyecto con Estudio A, sólo para enterarse que el guión ha sido vendido a Estudio B. Es importante respetar el periodo de opción de quien lo mantiene y confiar en que tendrá la habilidad y los contactos para sacar tu película, porque este estará bloqueado para cualquier otro hasta que la licencia expire.

Contrato de compra: Esto es realmente la venta del guión y el comprador adquirirá todos los derechos económicos y de representación, el único derecho moral que se mantendrá es mencionar la autoría original. Adicionalmente se podrá recibir un porcentaje del grueso de recaudación si es producido. Si un contrato de compra surge de pronto, se debe buscar consejo legal de inmediato y revisar la documentación de la propuesta cuidadosamente.

Contrato Oral: Un acuerdo oral, permite a un productor negociar un trato alrededor de tu guión. Distinto a un acuerdo opcional, nada es firmado y no hay dinero de por medio, de cualquier manera no quiere decir que no haya nada escrito en papel. Es buena idea seguir reuniones por teléfono, a través del cual los términos se discuten, con cartas, faxes o e-mails hasta el momento en que tengas un papel coherente y que ambas partes sepan qué es aceptable y qué no para el futuro desarrollo del guión. Los contratos orales pueden no llevar a ninguna parte, pero te permitirán establecer relaciones y abrir posibilidades para futuros proyectos.

Asignación de escritura: Puede ser el camarón del escritor. El truco es que tu necesitarás tener al menos un guión producido bajo tu bolsillo, para ser considerado para tal trabajo. Esto habla menos que el talento real y más que una fácil venta a un inversor. Esta no es una regla rápida o dura, y muchos agentes usarán una copia de un guión por allí para conseguir una asignación basada en sus fortalezas. Estas asignaciones de escritura cubre trabajos como reescribir y formatear el trabajo que alguien más escribió. Un memo de asignación bosquejará los detalles específicos de lo que se debe escribir, para cuando deba estar listo y por qué compensación. Hay un abono o pago parcial, con el recorderis de completar la entrega. Aunque no se requiere de una larga negociación, siempre es valioso poner los ojos en los detalles, pero mantenlo agradable para que el trabajo se complete.

El guionista y el Productor

En el caso del Guionista-Productor: Se debe arreglar muy bien esta relación. En casos donde hayan dos guionistas sin contrato, se demanda y si se gana; se paga un costo.

Entre el Guionista y el Productor se tiene en cuenta lo siguiente:
- El tipo de contrato verbal debe ser dejado a un lado.
- Deben saber que pueden montar una empresa.
- Deben de haber autorizaciones firmadas de cada parte.
- Hay que respetar el crédito original de los autores y no obviarlo.
- Hay plagio cuando las características del texto o imagen son obvias. Ejemplo "Caso Claus" por uso ilegítimo de imágenes.

Respecto al "dominio público" de algunas obras clásicas se debe verificar el estatus de la obra ya que los herederos del autor buscan mecanismos de que estos derechos de autor no venzan al cumplirse el periodo después de la muerte. Ejemplo: Mickey Mouse, El Principito.

Los acuerdos entre coautores son por porcentaje de participación o número de páginas del guión original o adaptado.

IDEAS CLAVES DE ESTE CAPÍTULO

▶ El guión es el pilar fundamental de todo proyecto audiovisual, sea una simple estructura por bloques y pausas comerciales, o sea este literario con descripciones y diálogos precisos.

▶ El guión técnico y el storyboard son herramientas esenciales para el personal al rodar una película, sea éste un cortometraje, medio metraje o largometraje, animado o con Efectos. Nunca debemos evitarlos por el hecho de sentirnos ya expertos en la materia, o por carecer de tiempo previo suficiente. Cuando somos principiantes debemos planear, comparar y mejorar en lo posible los documentos antes de iniciar el rodaje.

▶ Una idea pasa por varias etapas. No es difícil iniciar de inmediato con un programa editor de guiones y obtener posteriormente un plan de rodaje automático, pero iniciar con una simple sinopsis, su tratamiento, y una lista de escenas nos facilita la labor creativa durante el desarrollo o pre producción.

ACTIVIDADES SUGERIDAS

Realice el desarrollo de su proyecto:
1. Escoja un formato de teleplay o guión de cine.
2. Escriba una sinopsis, su tratamiento y una lista de escenas, en un periodo máximo de un mes.
3. Diseñe el perfil de personajes: protagonistas, secundarios e incidentales.
4. Propóngase escribir entre 1 y 5 páginas diarias de guión de cine o serie de Televisión como un plan a largo plazo.

CAPÍTULO 6

PRE PRODUCCIÓN

- Organización de Preproducción
- Gestión legal en Preproducción
- Dirección Artística
- Page To page
- Storyboarding
- Teaser
- Financiamiento y Coproducción
- El Picht
- Scouting de locación
- Plan de Rodaje
- Castings
- Acting Coach

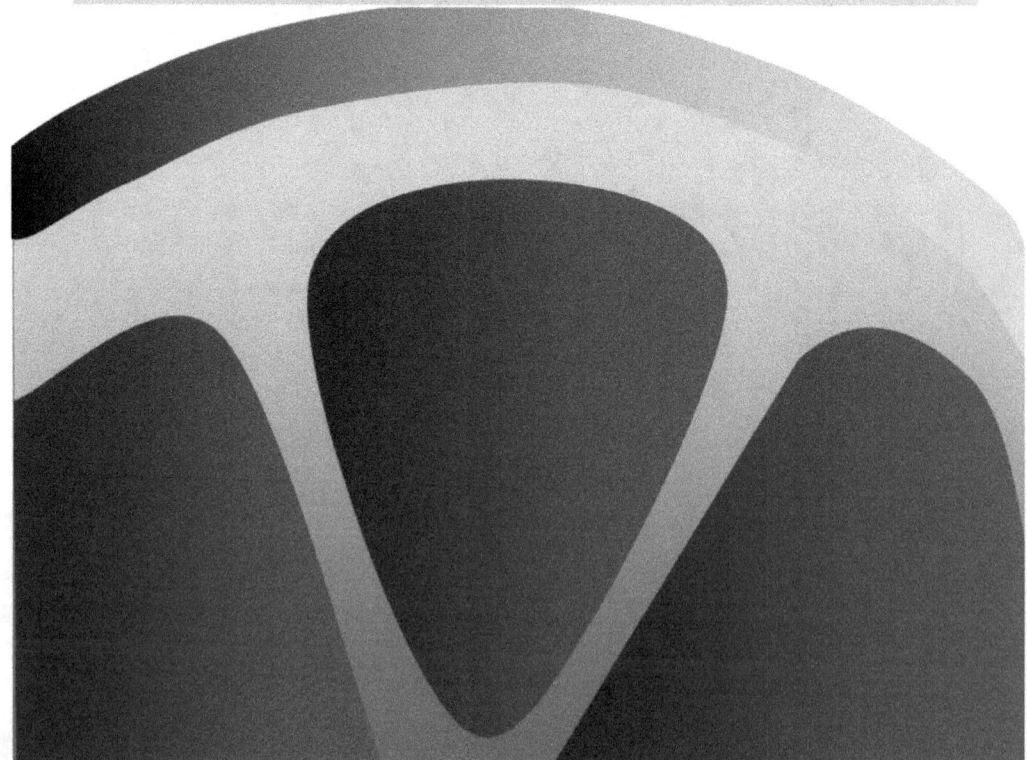

Pre Producción

¿Qué viene después del guión? Llevar la idea de un guionista a la realidad es un proyecto arduo, que exige la planeación y ejecución de actividades y tareas de corto a muy largo plazo. La pre producción es una etapa de suma importancia antes de comenzar un rodaje audiovisual, ya que es cuando se escogen socios financieros, personal artístico y directivo, locaciones, vestuarios y demás elementos que crearán el ambiente único que queremos darle a nuestra película. Todo debe estar listo para cumplir con un Plan de Rodaje estricto que se basará en un presupuesto exacto.

En la ejecución del plan de Pre producción habrá que identificar los problemas que puedan tanto adelantar como atrasar el proyecto, y tratar de solucionarlos. Se analizarán los requerimientos de recursos técnicos y artísticos que genere el proyecto, para asegurar así que nadie esté sobrecargado para realizar su tarea.

Organización de Preproducción

La Pre Producción es todo el proceso previo a la grabación o filmación, en este caso, de su proyecto audiovisual. A través de este curso usted estará en capacidad de convertirse en un productor de televisión en el género que usted desea.

A. Etapas en la Pre Producción

La Pre Producción consta de varias etapas que se enumeran a continuación:

1. La búsqueda de ideas: Se considera que esta sub etapa de la pre producción es de suma importancia pues es la base de todo el proceso de producción.

2. La investigación: Esta etapa es de igual importancia que la idea básica pues es en esta etapa que dicha idea puede ser cambiada por otra, si notamos que su viabilidad de producción no procede. La investigación es importante pues es la base de la producción que usted desarrollará y es la que determinará la veracidad de la información que usted destinará a su público o target.

3. El Presupuesto: El presupuesto es un estimado, en dinero de cuánto le costará transcribir su guión en audio y video. No podrá adelantar su proyecto sin estructurar un presupuesto, de él dependerán las siguientes sub etapas del proceso de pre producción y de la producción y post producción. En este momento, tal vez usted deba evaluar su idea y hacerla mas simple y por lo tanto accesible con un bajo presupuesto. Este concepto abarca cantidades desde 100 dólares hasta medio millón.

4. Asesroría legal:

Se refiere a las actividades previas al rodaje, como la elaboración de un presupuesto, planificación y otros preparativos. El periodo de preproducción puede llegar a durar un mes en el caso de una película, o sólo una semana si se trata de un episodio para una comedia de televisión.

Las producciones más complejas, como telemaratones o ceremonias de entrega de premios en directo, pueden exigir meses de preproducción. Las tres personas claves en este proceso son el jefe de producción, el director y el director de casting o reparto. El jefe de producción debe, en primer lugar, hacer un presupuesto provisional, contratar un manager de localizaciones y jefes para los distintos departamentos. Las primeras decisiones esenciales para la producción son la localización para el rodaje y la fecha de comienzo de éste. El director revisa el guión y hace los cambios que considera necesarios, empieza el proceso de selección de actores o casting y elige a sus asistentes y operadores de cámara. Desde este momento todas las decisiones relacionadas con el reparto, personal creativo, localizaciones, horarios o componentes visuales debe contar con la aprobación del director.

El proceso de preproducción continua con una reunión principal o "page to page" a la que asisten todos los componentes del equipo, los productores, el director y a menudo también el guionista. El equipo de preproducción, conducido por el director, revisa detalladamente cada escena del guión. Se analiza cada elemento de la producción y se responden las preguntas que puedan surgir. La duración de la reunión puede variar, según la complejidad de la producción, de dos horas a un día entero.

Gestión legal en Preproducción

Para la diligencia legal de recopilar los documentos que se exigen para acreditar la originalidad de la versión del guión original y la historia, se dispondrá de los servicios de un abogado. Éste se encargará de verificar públicamente los acuerdos de relación de la organización entre el Guionista-director y el Productor.

SOCIEDAD LIMITADA Y DERECHOS JURÍDICOS.
La organización del largometraje se formará como una Sociedad de Responsabilidad Limitada SRL.
- Sociedad de responsabilidad limitada, es un tipo de sociedad mercantil en la que el capital, que está dividido en participaciones sociales, se integra por las aportaciones de todos los socios, quienes no responden de modo personal de las deudas sociales. En la denominación debe figurar la indicación 'Sociedad Limitada" o las 'abreviaturas SRL o SL. Tendrá un capital social mínimo —inferior al exigido para la constitución de las sociedades anónimas— que está dividido en participaciones sociales indivisibles y acumulables, que no tienen el carácter de valores, ni pueden estar representadas por medio de títulos o de anotaciones en cuenta, ni denominarse acciones. La SL no puede acordar ni garantizar la emisión de obligaciones. La constitución de las sociedades se hará mediante escritura pública inscrita en el Registro Mercantil, con lo cual adquiere su

personalidad jurídica. En la escritura de constitución se expresa la identidad de los socios, las aportaciones realizadas y las participaciones asignadas en pago, los estatutos, el modo en que se organiza la administración y quienes sean los administradores. En los estatutos se hará constar al menos la denominación de la sociedad, el objeto, domicilio y capital social, la fecha de cierre del ejercicio social y el modo de organizar la administración de la sociedad. Pueden ser objeto de aportación o derechos, pero no así el trabajo ni los servicios; las aportaciones pueden ser dinerarias y no dinerarias. Cabe pactar prestaciones accesorias así como la transmisión de las participaciones sociales, que se hará constar en el libro de registro de socios, transmisión que puede ser inter vivos y mortis causa.

- **ÓRGANOS DE LA SOCIEDAD.**

Hay normas especiales relativas a la forma y contenido de la convocatoria, lugar de celebración, asistencia y representación, mesa de la junta general, derecho de información, conflicto de interés y juego del principio mayoritario, y la constancia en acta de los acuerdos sociales.

Habrá un Acta notarial de la junta general y posibilidad de impugnación de los acuerdos sociales. La administración de la sociedad se puede confiar a un administrador único, a varios administradores que actúen de forma solidaria o en conjunto, o a un consejo de administración. En este último caso, los estatutos o en su defecto la junta general fijarán el número mínimo y máximo de sus componentes y el régimen de organización y funcionamiento, sistema que debe comprender en todo caso las reglas de convocatoria y constitución de este órgano, así como el modo de deliberar y adoptar acuerdos. Hay normas especiales respecto de las siguientes cuestiones: nombramiento de administradores, administradores suplentes, duración y ejercicio del cargo, representación de la sociedad y ámbito de la misma, separación y responsabilidad de los administradores.

Derechos de Productor del Proyecto

El socio que acoge representar el proyecto de producir el largometraje adaptado, se responsabiliza de cumplir con las asignaciones que competan y de administrar los recursos financieros obtenidos de manera fidedigna.

- Es el responsable de convertir una idea en una película.

- Se encarga de buscar la financiación para el proyecto, reuniendo a la gente capaz de hacer la película, y, finalmente, conseguir los acuerdos para la distribución y exhibición del producto acabado.

- Por pre-condición legal, ya comparte con el guionista/director los derechos de distribución que contratarán luego de la realización. Ambos decidirán los actores para el reparto junto al director de reparto.

- Una vez conseguida la financiación a través de socios o inversores privados se constituye una sociedad limitada.

- El productor es normalmente el principal responsable de ella, o el socio que la controla. De estimarse oportuno, la productora subalternará ciertas funciones contratando a un representante, denominado productor ejecutivo, que estará al tanto de la producción y controlando todo su proceso.

- Por último, la persona o personas que contribuyen financieramente a la realización de una película reciben la denominación de productores asociados u otra similar.

Contratos de coproducción

Los coproductores ejecutivos (Internacionales) En los proyectos deben establecer un vínculo profesional y fraternal con productores de empresas líderes en el campo de filmaciones. Las pautas generalmente son una preventa por un costo razonable a cambio de la taquilla de un país donde el productor asociado opera. En la firme de este contrato de coproducción debe mediar un abogado licenciado en el área de derechos civiles y mercantiles.

Esto es para cumplir también así con las pautas de los contratos de subvención financiera de los Organismos patrocinadores de países regionales y europeos con que se espera contar para su realización.

Derechos Sociales de empleados

En contratos de coproducción hay que tener una empresa y no tomar el contrato como definitivo, esto es por la cantidad de apartados. Se recomienda un proceso sin formalismos, evitando a las personas que no quieran firmar. Todo debe hacerse sin apuros ni presión.

Los socios de la organización reconocerán los derechos sociales que tienen las personas contratadas según el tiempo y lugar en que participen dentro del proyecto de largometraje.

- Seguro de asistencia médica a Escritor-Director.
- Seguro de asistencia médica a Productor.
- Seguro de asistencia médica a Personal directivo/artístico y asistentes de producción.

Derechos de Musicalización o Banda sonora

En este proyecto se contratará a un músico que se encargará de componer las piezas musicales que se usarán en la edición final de las escenas del largometraje, firmando su autorización. Normalmente, subraya el título principal y los créditos de una película, mientras que la música incidental se usa a lo largo del filme con propósitos dramáticos. Las bandas sonoras también contienen música en directo, justificada en la imagen por la presencia de aparatos de radio, tocadiscos o músicos en vivo. Se suele componer después de haber hecho el montaje final de la película con la finalidad de lograr una sincronización perfecta entre la acción y la música.

El compositor visiona la cinta ya montada en compañía del director, con quien discute la ubicación y estilo de cada fragmento musical. Después se le proporciona una cinta de vídeo de este montaje, con el código de tiempos incorporado u hojas con los tiempos marcados, a partir de las cuales trabajar. El resultado final se graba en un estudio pasando al mismo tiempo la película; se obtienen de este modo grabaciones que son luego montadas, mezcladas y transferidas a soporte magnético, u óptico hoy en desuso, debido a los dispositivos de medición y grabación de audio digital.

Dirección artística

La compañía productora que nos representará se encargará de disponer una persona a lo interno de su empresa que realice todas las funciones de asistencia de oficina y de comunicación con los socios de esta organización artística y comercial.

DIRECTOR DE FOTOGRAFÍA. Se contactará a un profesional con experiencia en manejo de fotografía de cámara de cine, formatos y demás equipo necesario para verificar los costos de realización.

DIRECTORES ARTÍSTICOS. Se contactarán dos profesionales con experiencia en manejo artístico para el diseño de interiores, de los personajes y en el caso de animación que estén acordes a la visión del filme.

Los diseñadores son capaces de crear escenarios convincentes utilizando fachadas falsas con apariencias de sólidos edificios de ladrillo. El segundo enfatizará que se cumpla con el perfil de cada personaje y sus movimientos como de la técnica necesaria para lograrla.

El director artístico de una producción o animador es la persona responsable del diseño de los decorados y del aspecto global de la película. En películas donde el vestuario es una parte esencial a la historia, como en las películas de época, el diseñador del vestuario (figurinista) se convierte en otro miembro clave del equipo de producción. Otros diseñadores esenciales son los que se ocupan del el diseño gráfico de efectos especiales y demás aspectos visuales de la producción. Así como a un director de reparto para la selección del elenco de actores para la grabación de las voces y movimientos claves en estudio de interior.

Page to page

El página a página o "page to page" es una lectura y revisión del guión previa al rodaje que se hace en una mesa redonda junto a todos los directores de un proyecto de cine o televisión. En éste proceso de pre producción el Productor hará la primera lectura del guión definitivo del largometraje y junto a la asistente de producción marcarán con su respectivo color o signo para la repartición los elementos de la producción. Con ello cada director técnico y artístico podrá comenzar a hacer la programación de acuerdo a los requerimientos de cada escena.

Este Guión de desglose estructural lo usarán:
1. El director: articulará su puesta en escena ya que se trata de una realización argumental;
2. Los intérpretes, lo tendrán para analizar el carácter de los personajes que les corresponden y conocer los diálogos;
El jefe de producción, lo tendrán para elaborar un plan de trabajo coherente;

4. El director de fotografía, para imaginar los climas cromáticos y establecer los medios técnicos que serán necesarios para lograrlos;
Para cualquier otra pregunta o confusión acerca de la descripción de cómo una secuencia ocurre.

5. El director artístico, es el encargado en seleccionar los ambientes o construir los decorados requeridos;

6. El sastre o diseñador de vestuario, es requerido para confeccionar o adaptar la ropa indispensable;

7. El jefe de sonido, tendrá el guión para definir el carácter de la banda sonora y su equipamiento;

8. El montador o editor, tendrá el guión para guiar el ordenamiento de las tomas a medida que éstas son realizadas y procesadas;

9. El administrador, para organizar el flujo de los gastos. Sobre una escala de tiempo se programa cómo el dinero del presupuesto se va a gastar: Actores, Extras, Efectos Especiales, Equipamiento Especial, Atrezzo, Vehículos y animales y Efectos de Sonido.

Se divide en dos fases:

a) La reunión de "Tormenta de ideas" en la cual con la presencia y opinión de los Directores y Jefes de Producción se analiza de principio a fin cada una de las escenas y sus secuencias para que sean analizadas y reducidos sus elementos en varias listas de guías.

b) Listados: Estas listas quedarán redactadas por los respectivos directores o jefes de cada área artística para guiar a sus asistentes. Son programadas para establecer el presupuesto de producción exacto y balanceado, evitando sobre-costos. El director artístico diseña los patrones artísticos para los jefes de iluminación, vestuario, maquillaje y efectos especiales; en base al tema, giros dramáticos y conflictos entre los personajes del guión.

Storyboarding

Con el aislamiento de cada escena del Guión definitivo, es decir, eliminando o corrigiendo los detalles finales del proyecto, se enumeran cada una de las escenas para establecer el plan de rodaje. Las ilustraciones dibujadas en cuadros de secuencias se hacen con el propósito de previsualizar cada encuadre de la secuencia. Su fin es ordenar la sucesión de unidades de montaje que son los planos y fijar su duración.

Se utiliza para determinar en qué partes se suscitan requerimientos especiales del presupuesto según se realicen en estudios o exteriores. Como opciones para este proceso de storyboarding puede hacerse sólo con escenas maestras, desarrollar el filme completo o no hacerse en el caso de haber un obstáculo o contratiempo.

Una hoja de storyboarding se divide en tres cuadros y se dibujan los personajes, encuadre, duración en segundos, guía de diálogo y cualquier anotación adicional que se considere de importancia. Regularmente en blanco y negro, pero puede añadirse color en caso de animados 2D o 3D. Se puede abstener de realizarse solo cuando se considere que la complejidad del guión no representa mayores indicaciones de cámara o de efectos especiales ni mecánicos.

Teaser

En la búsqueda de financiamiento oportuno, algunos de los productores de una película, y debido a la necesidad de vender su idea a posibles socios financieros, y profesionales de la industria cinematográfica, han propuesto como requisito la presentación de un teaser adjunto a la carpeta de todo proyecto.

Un video "teaser" significa probar tentativamente cómo se vería el proyecto si llegase a ser producido, cual sería su ambiente, al mostrar una locación en breves instantes, de no más de un minuto. No es necesario mostrar actores pero si dejar plasmado algo de texto o locución que describa la sinopsis o la esencia de su argumento.

Scouting de locación

En base a la lista de los encabezados de escena descritos en la versión final del guión realizamos una búsqueda de las locaciones que más se asemejan a las descripciones y ambiente propio de nuestra película. La

Internet puede ser una herramienta útil a la hora de consultar lugares en alquiler donde ocurran la mayoría de las escenas. Sin embargo para reducir costos de producción se acostumbra solicitar fincas pertenecientes a amigos que forman parte del equipo, aquí el asistente de dirección tiene una labor muy importante ya que es posible que se tenga que rodar en dos locaciones al mismo tiempo.

Entre las recomendaciones que se hacen durante el scouting están:

- Lleve una cámara fotográfica o de video y registre los espacios precisos donde se podría rodar cada escena.
- Se debe tomar en cuenta las fuentes de electricidad, ya que también suele proveerse de una planta eléctrica propia para evitar posibles retrasos.
- El sonido también es considerado en caso de lluvia que tipos de techos cubren la estructura, si hay animales cercanos, si hay viento o si será necesario aislar las puertas de sonidos.
- En ocasiones no se cuenta con baños sanitarios y es necesario preveer cualquier situación para las necesidades del personal cuando esté rodando.
- Si la producción requiere de maquillaje especial es imprescindible separar un área de camerinos para los actores arreglarse antes cada escena.
- Los permisos de uso solicitados a las autoridades locales para el rodaje en parques o áreas públicas deben ser solicitados con anterioridad suficiente para las fechas de rodaje, ya que tardan en salir las autorizaciones.
- Imprima sus imágenes de locación seleccionadas y colóquelas en un mural de su oficina para posterior referencia de su equipo de trabajo.
- Sugiera, de ser necesario, cambios de color de paredes y mobiliario que el jefe de decorados halla solicitado a la producción.

El Picht

El picht es un concepto utilizado en la etapa de búsqueda de finamiento de todo proyecto, se tenga nada o parte del presupuesto. En este se toman en cuenta los siguientes aspectos:

- Quién soy?
- Qué productora represento?
- Cuál es proyecto? Mencionar su sinopsis y géneros.
- Elementos de producción: actores, quién hace qué, de dónde se obtendrán los fondos?

Debemos estar convencidos de nuestra disposición y capacidad, no incluir movimientos de cámara y usar música que vaya de acuerdo al tema de nuestra película en el teaser.

Financiamiento y coproducción

El enfoque del presupuesto debe siempre ir confrontado a la técnica a ser usada durante el rodaje. Cuando se establece una relación entre socios con el presupuesto se dan casos en que para el presupuesto de post producción no se incluye el lanzamiento porque va por cuenta propia del productor. La principal tarea en coproducción es establece los porcentajes entre mayor parte y menores en cuanto a la recaudación bruta cuando se llegue a estrenar la película.

Debemos mirarlo en una de estas dos vías: O haces el presupuesto para la película o la película para el presupuesto.

Todo indica que debemos salir a buscar las cotizaciones de cada detalle del presupuesto para saber cuánto cobran en cada servicio en que se gastará. Lo principal es adaptarse a la categoría de presupuesto de cada proyecto de cine. Tomamos en cuenta si es una microempresa, pequeña o mediana empresa, ó clase B.

Se dice que "*En la viabilidad de producción el costo es el primer factor en ser considerado.*"
Para tener una idea de costos de producción, una película latinoamericana de bajo presupuesto puede optar por fondos estatales o regionales que rondan el cuarto de millón de dólares como mayor fuente financiera. Mientras que una serie de televisión compuesta por 20 capítulos, sale aproximadamente US$ 300,000.00 sea US$ 15,000 por capítulo. Entonces podemos imaginar la severidad que habrá en la elección de un proyecto

para filmar, teniendo en cuenta que cualquier película es una inversión hecha por un productor, cuyo fin es la ganancia comercial.

Sin embargo, por lo general, el productor tiende a exagerar el costo de una producción en la medida que, por ejemplo, para filmar una batalla, él solo consigue pensar en reproducir una batalla tal como ella seria en la realidad en lugar de pensar en crear la ilusión de la batalla.

Entonces, en la reproducción los costos son enormes. Y denotan la incapacidad de imaginar una solución creativa y a menor costo.

En su película Gaijim, Tisuka, la brillante cineasta brasileña, creó una escena de batalla, usando solamente una nube de arena, un japonés en una carroza y una bandera destrozada. Sin embargo, la batalla estaba allí. Como vemos, los costos pueden variar de acuerdo a la creatividad del director.

En la viabilidad de mercado hay que analizar si existe público para el espectáculo y qué representa ese publico en términos económicos. Una película de alto costo pero con pequeño público por lo general encontrara mayores dificultades para ser producida. Si segmentamos el mercado norteamericano, el asiático y el latinoamericano por separado hallamos muchas diferencias de costos de producción y probabilidades de recaudación.

Claro que para toda regla existen las excepciones y, a veces un productor apuesta a un film sin grandes expectativas comerciales y la película termina siendo un éxito de taquilla, casos como estos son "Paranormal Activity", "La Virgen de los sicarios" y "The Blair Wicht Proyect".

Del mismo modo que se puede producir una película con todas las posibilidades de ser un éxito y resulta un fiasco como "Modzila". Son gajes del oficio, los riesgos de un productor. Personalmente, creo que existe público para cualquier espectáculo. Se dice que de una historia bien contada nadie escapa.

En la viabilidad artística, habrá que investigar si tenemos personal técnico disponible y actores capaces de desempeñar satisfactoriamente determinados papeles por la oferta económica que estamos capacitados de brindarles, es lo que actualmente se torna el dilema de la creciente y poco lucrativa industria audiovisual.

Como se sabe, en América Latina existió una gran dificultad en encontrar actores completos, pero ahora resulta más competitivo, además de representar, sepan bailar, cantar, etc. Un reclamo constante de los directores es la carencia de personal técnico tales como camarógrafos, maquilladores o directores de fotografía.

Sabemos, no obstante, que esas carencias están determinadas por la misma carencia de curso de cine, o coach de actuación que se propongan formar actores y técnicos, tanto para televisión como para cine y teatro. Pero esa carencia se enfatiza con la ausencia de proyectos creativos y la intermitente capacidad de los gobiernos y la empresa privada de apoyar y financiar estas propuestas. Comienza en un sistema que le da a la población algunas condiciones básicas de desarrollo, pero que aún no se integra colaborativamente para garantizar su supervivencia.

Por un lado se observa el interés marcado de los gobiernos por aprovechar las facilidades ofrecidas a productoras internacionales que ven en los destinos turísticos las locaciones ideales para rodar sus películas con argumentos ambiciosamente comerciales. Y por otro lado, vemos a los documentalistas movidos por proyectar a través de sus lentes las injusticias, tragedias e idiosincrasia de quienes les falta vivienda, alimentación, educación; en fin, todas aquellas cosas de las que se carece entre cada generación e individuo para que desarrolle plenamente su potencialidad.

Un caso típico es la casi inexistencia de actores negros en Latinoamérica. La Clase media esta básicamente compuesta por blancos, si es que podemos hablar de color de piel en un país mestizo como el nuestro. De cualquier manera, sabemos que la clase media esta compuesta en su mayoría por descendientes de colonizadores e inmigrantes europeos, por lo tanto blancos, donde los ingresos son lo suficientemente altos como para permitir el acceso a la educación, a la buena alimentación, etc.

Finalmente, tenemos la viabilidad autoral. Para la industria de series y novelas televisivas, tenemos que considerar tres factores.
1. Si el argumento sirve para una mega producción que puede ser desarrollado en, digamos 100 capítulos, o por el contrario es un argumento que tiene presupuesto y contenido solo para 20 capítulos.
2. Si el autor tiene capacidad física y mental para desarrollar un argumento. Una cosa es escribir el resumen de una historia y otra es escribir una telenovela.

3. La elección del medio de comunicación adecuado. No siempre un argumento puede ser desarrollado para dos lenguajes diferentes manteniendo la misma calidad. A veces, se presta mas para una serie de televisión que para una película o viceversa.

En resumen, cuando escribimos un argumento, debemos tener en cuenta todos estos factores ya que a partir de ellos el proyecto será realizado o no.

LA INDUSTRIA AUDIOVISUAL:

El productor debe ser sensible a aquellas cosas que afecten o influyan a la audiencia, de esa sensibilidad y de su conocimiento de la audiencia dependerá en gran medida su éxito o fracaso. Las preferencias o los "ratings" pueden variar de un momento a otro pero están determinados por los gustos de la audiencia y por el cambio constante de la historia. También se debe determinar en qué mercados se colocara la producción o en qué horarios (si es un programa de televisión) y en que pantalla (canal de televisión). Se debe hacer un análisis frío de cuales son los costos y beneficios de uno u otro horario y de una u otra pantalla.

El siguiente aspecto, estrechamente ligado al comercio es el manejo de los presupuestos, las horas de trabajo y del personal que se destinan a un proyecto. Antes de comenzar cualquier proyecto, por pequeño que este sea, se debe preparar un presupuesto en base al guión técnico de producción. Una vez finalizado el presupuesto este debe mostrar claramente los costos de cada renglón; equipo técnico, personal, transporte, alimentación, hospedajes, maquillaje, guionistas, asistentes, director de fotografía, técnicos de audio, luminotécnicos, efectos especiales del rodaje, equipo especializado para filmación como grúas, rieles, lentes especiales, steady cam, telas para chroma key, se debe definir cuantos días de la filmación serán en estudio, en la Ciudad, en el interior del país o en el exterior, si hay tomas aéreas, desde lancha, o submarinas, cuantos extras o modelos participarán en la filmación, cuántas horas de pre edición y post producción de video y audio requiere el proyecto, y cuantas horas dedicadas a animaciones y efectos especiales. Cuando el presupuesto haya sido completado se le debe agregar entre el 15 y 20 % para gastos imprevistos.

Un presupuesto que se desglosa tiene la ventaja de que, si es necesario cortarlo por falta de fondos antes de iniciar el proyecto, se puede definir con claridad que rubro debe eliminarse y como se suplantara sin que se afecte la calidad de la producción.

FINANCIAMIENTO POR PUBLICIDAD

El "Product Placement" es un técnica de financiamiento y mercadotecnia que permite a los productores de una película solucionar algunas de las necesidades del personal de producción a través de canjes, o algunas veces por dinero en efectivo. Se debe rodar primero y demostrar la escena donde se sugiere el producto o servicio del patrocinador y firmar un documento en que se comprometen a incluirla en la versión final de la película a ser estrenada en salas, o del programa de televisión. El product placement no se autoriza hasta que se haya rodado la escena en cuestión. Puede durar pocos segundos pero los logos se mantienen visibles y además suelen incluir líneas cortas de diálogo según sea el aporte obtenido.

Castings

Cuando el departamento de producción ya esta definido, y ha adelantado varias de las tareas de pre producción es cuando ya esta listo para los llamados de castings, que pueden ser en varias fechas y lugares estratégicos, dependiendo de las necesidades del proyecto.

Anteriormente se exigía un perfil de actriz o actor muy estricto para todos los papeles, hoy en día no es así para los papeles secundarios, incidentales o extras.

- Se debe llenar una hoja con información de cada talento que se presente al casting,
- se puede grabar en video cámara la sesión,
- se pueden hacer pruebas de vestuario para habitualizar al talento a lo que se busca,
- se debe leer fragmentos del guión
- y si son largas jornadas se debe ofrecer horas de comida al personal.
- El Acting coach o director de reparto interviene en la decisión final.

En la amplia industria del entretenimiento también se exige un alto estándar de proyección artística y personal que conjuga muchas o casi todos los entramados de la estética y la expresión de conceptos artísticos. Para muchos este ideal de realización profesional conlleva muchos años de perfeccionamiento en academias de diversas expresiones artísticas como es el modelaje, el canto, la actuación, la locución, la dirección artística de teatro, radio, cine y televisión, e incluso en el manejo de las relaciones públicas y concursos de belleza. Cada artista tiene su propio estilo, y por eso siempre vemos en medio de la sociedad movimientos o expresiones artísticas diversas que buscan destacar ideas, valores, conceptos y metáforas abstractas que pueden ser interpretadas para ser admiradas o rechazadas por una sociedad exigente y capitalista; de la que nuestra opinión también forma parte.

Tomar la decisión de convertirse en un artista significa iniciar un proceso de aprendizaje de las técnicas adecuadas para ir así moldeando el o los talentos requeridos para ser considerados por los ansiados "busca talentos", jurados de concurso o socios inversores. El grado de decepción es alto entre las grandes mayorías de soñadores que pululan en la sociedad global, con los que podemos competir al lanzarnos o a simplemente "probar suerte", mientras que quizás no suponemos tampoco el gran compromiso de trabajo, privación de la sociedad y riesgo que supone firmar los diversos contratos que obligan a cumplir con una agenda de promoción.

Por otra parte, las cualidades son inherentes y heredadas. En el pasado se consideraba que todo hijo de artista debía ser artista también, o aquel hijo de panadero debía aprender a hacer pan, el hijo de herrero debía crecer soldando el hierro y así sucesivamente. Se considera que la inteligencia de un niño o niña, es la capacidad que tiene de aprender y comprender y hace hincapié en las habilidades y aptitudes para manejar situaciones concretas, beneficiándose a través de la experiencia sensorial. Crear condiciones experimentales ponen al descubierto el potencial que puede ser medido en términos cuantitativos que le otorgan un nivel de calificación por encima de sus contemporáneos, haciendo que se le destaque por demostrar sus capacidades sin mucho esfuerzo y con naturalidad en medio de sus acciones en la vida diaria.

No podemos asegurar que los cursos, estudios independientes, u horas de clases nos garanticen obtener el éxito en nuestra carrera artística si no seguimos meticulosamente los pasos para alcanzarlo. Las posibilidades artísticas siempre se ven influenciadas por limitaciones físicas, que es lo que se le llama el rango social de los artistas. El rango social de los artistas ha ido cambiando en Occidente a lo largo de los siglos. En la época clásica y en la edad media los poetas y escritores, al utilizar para sus obras sólo la capacidad intelectual, estaban considerados creadores de rango superior a los actores, bailarines, músicos, pintores y escultores, que utilizaban la habilidad manual o física. Pero en la actualidad ocurre lo contrario, donde los cantantes, actores y bailarines resultan atraer un público de consumidores más amplio que los poetas, escritores y pintores como en otras décadas.

Para su mejor comprensión, los abordamos a continuación por separado con el propósito de enlistar algunas recomendaciones además de definir sus funciones sociales.

- **La voz:** En la industria musical, medios de comunicación y la farándula internacional destacan el manejo de la voz a través de la locución, el canto, la declamación poética y el doblaje de voces. Hace referencia al manejo de la voz como melodía cantada sin acompañamiento, con ritmos y contornos melódicos estrechamente relacionados con los ritmos del habla con las pertinentes inflexiones del texto. La locución esta más relacionada al campo de la radiodifusión, tanto abierta como digital, la televisión y el campo periodístico ya conlleva mantener un tono de voz medio, con la ayuda de la amplificación sonora de los micrófonos, un dominio del lenguaje fluido y correcto sin el uso de balbuceos y modismos populares. En años recientes los recitales poéticos se han abierto paso en las ciudades, restaurantes, parques y demás eventos culturales con una presencia renovada de poetas que representan las más variadas tendencias literarias. Finalmente, en relación al uso de la voz, podemos citar que entre los géneros musicales que han impactado el devenir de las expresiones culturales actuales siguen siendo las más populares el hip hop afroamericano, la electrónica, el pop, las clásicas baladas románticas, el reggae y el folklore nacional.

- **El movimiento:** Las artes escénicas como el teatro y la danza en la sociedad contemporánea, los bailes proporcionan a los jóvenes ocasiones importantes para reunirse, expresar figuras conceptuales de la vida cotidiana y sobre todo los ritmos o géneros que surgen en las áreas urbanas y suburbanas, para dar a entender algo sin utilizar palabras pero con estilo de vestir propios. También es factible trabajar conceptos experimentales ayudados por la danza. Los movimientos rítmicos son capaces de lograr que el trabajo sea más rápido y eficiente, como en las danzas japonesas que se realizan en las plantaciones de arroz. En algunas culturas, como la latina, la danza es una forma de arte, y en el siglo XX algunas danzas que originalmente eran ritos religiosos o entretenimientos de la corte se han adaptado al teatro. Así, según los modelos clasicistas, se diferencia de la de sus contemporáneos en un mayor cuidado formal en las tramas y los versos. En sus obras los vicios son siempre condenados, a la manera de un final feliz y ejemplificador, contra la pauta de las comedias nuevas de los españoles Lope de Vega, Tirso de Molina, Guillén de Castro, Francisco Rojas Zorrilla, entre otros, que solían sacar consecuencias modélicas de situaciones donde los valores cristianos bordeaban lo ambiguo e incluso peligrosos límites.   No es hasta mediados del siglo XX cuando el teatro latinoamericano ha adquirido cierta personalidad, al tratar temas propios tomando como punto de partida la realidad del espectador a quien va destinado.

Acting Coaching

Un director de reparto o Acting Coach es alguien que conoce bien el guión. De éste documento debe además obtener el nivel subjetivo de los personajes, tal como aparece descrito por el guionista en base a las relaciones entre estos y su personalidad.

PENSAMIENTO + INTENCIÓN = EMOCIÓN

El trabajo del Acting Coach comienza con el diseño del casting, donde se debe escoger una escena con su objetivo, haciéndose posteriormente la selección correcta del elenco protagónico y co-protagónico.

El actor debe manejar 3 aspectos importantes de su personaje:

- Memoria
- Desplazamiento o movimiento escénico.
- Propio actor.

Este asesoramiento comienza en la preproducción y es anterior al rodaje. Los actores deben entender el punto de vista del narrador, aunque el actor se expresa a través de los personajes ya sea esta preparación para cine, televisión o teatro. En estos existen conflictos menores llamados "núcleos" y de estos se supone una continuidad emotiva que busca evitar la sobreactuación en la que algunos actores podrían caer añadiendo texto innecesariamente.

En la escritura existen dos figuras o dos tipos de autores: el dramaturgo o el guionista.

En producción audiovisual o cinematográfica para la interpretación de un argumento se definen dos puntos de vista (p.v.):

- El P.V. del guionista
- El P.V. del director.

En esta relación se deben especificar siempre cualquier cambio, sustitución de texto de personajes, y reportar las improvisaciones autorizadas. Cada género de película tiene un tono, ningún actor o actriz debe parecer más subido o más bajo, donde el elenco deben vivir y tener en mente la misma película.

La labor del Coach es ayudar a descubrir cosas del personaje que ayudan a interpretarlo mejor, su historia detrás de los conflictos, tanto en las tramas como en las subtramas de la película. Debe procurar que se marquen debidamente las pausas, giros y transiciones de escena. Incluso los veteranos en esta área de actuación recomiendan que el director tenga conocimientos de sicología.

PLAN DE POST – CASTING

Es esta etapa el director de reparto hace una reunión con todos los actores del elenco de la película ante todo para realizar dinámicas grupales que ayuden a integrar al grupo, probar la química entre los actores formando parejas mixtas. Las más comunes son los ejercicios bucales con corchos, sabores y repeticiones de un mismo dialogo con diversos estados de ánimo como enojado, neutral y triste.

Se prosigue con una lectura grupal del guión, luego de la cual se opina sobre qué a entendido del personaje de cada uno. El coach querrá reconocer con qué tipo de actores trabaja? Cuántas semanas de ensayo previo al rodaje habrán? Regularmente se trabaja más con los protagonistas ya que los secundarios tendrán pocas escenas.

EL PRE-RODAJE:

Si se cuenta con cámara, es provechoso hacer que se vean a sí mismos y así discutir con ellos correcciones de interpretación en escena. Nunca se debe imponer un razonamiento, se deben respetar en cierta medida las mañas, versatilidad y técnicas de cada actor y actriz. Trabajen en función de la improvisación ya que la acción se puede cambiar.

La interpretación escénica debe mantener un nivel de intimidad para construir un mundo interior.

En cuanto al uso de planos cerrados, no se debe abusar de ellos para crear intimidad, sino utilizarlo al momento apropiado, como por ejemplo guiño.

DURANTE EL RODAJE:

Finalmente se recomienda mantener sincronía todo el personal: director, actores, asistentes en una misma dirección.

Los props o elementos con los cuales debe interactuar el actor deben ser conocidos de antemano al rodaje. Es labor del director indicar el movimiento escénico, evaluando y ubicando el valor expresivo en el lugar, ejemplo cuando los actores se miran.

Plan de rodaje

RESUMEN DE PLAN DE RODAJE.

Este es el documento que preparará el director de producción, con el fin de eliminar algunas figuras que encarezcan el presupuesto de producción. El resumen omite información de los actores que se mencionarán en las hojas de llamados.

En este documento se tendrá en cuenta preveer todo lo siguiente:
- Primera página - Se deben dar los detalles de la producción. Titulo, n° de teléfono de todas las personas del equipo, así como de todos aquellos que técnicamente están conectados con la película.

- Lista de protagonistas - Lista de actores con el nombre de los personajes que representan en la ficción y n° de teléfono.

- El viaje - De ser necesario, se dará información de los viajes, lugares de salida y la lista de la gente que realizará el viaje. Información y horario de medios de transporte si alguna persona debe ir por sus propios medios al lugar de rodaje. Mapas de carretera para los que vayan en carro propio.

- Alojamientos - De ser necesario, Nombres, direcciones y teléfonos de los hoteles donde se alojarán las personas del equipo.

- Exteriores y contactos - Lista de todas las localizaciones, sus direcciones, teléfonos y personas de contacto.

- Lugar de encuentro - Las instrucciones para la hora y lugar de encuentro deben ser claras.

- Orden de rodaje - El orden a seguir en el rodaje se construye sobre la base de la velocidad requerida y disponibilidad de los actores y localizaciones, aprovechando lo mejor posible el tiempo disponible.

En el caso de los actores de Casting se usarán letras que serán anotadas en los cuadros de nombres y días para cada faena específica: T indica día de trabajo, V indica día de viaje o traslado, E indica día de ensayo. Todos estos tres son pagados. Para indicar el inicio del primer y último día de trabajo se usa CE que indica Comienzo de Ensayos, y TF indica día de Trabajo Final. Finalmente los periodos de desocupación entre días de trabajo se marcan como D que puede indicar pagado o no pagado según califique.

Para el sitio de acción se contratara con un Productor de campo o Road Manager, que contratará los servicios necesarios para alimentación, baño y demás. Para ello se les entregará a los directores el plan de rodaje con la información de las funciones a cumplir día a día para la unidad de rodaje de grabaciones con actores. Según las escenas que se programen para cada día de grabación.

PLAN DE RODAJE.

Este es un completo compendio de todos los detalles de cada día de rodaje y lo creará y tendrá el director y su asistente de dirección.

El Plan de Rodaje del largometraje se realizará teniendo en cuenta un conjunto de cuestiones:

- Número de días de filmación. El patrón regular son 30 – 40 días como máximo.
- Situación de las localizaciones. Es mejor filmar todo lo que corresponda a una localización antes de trasladarse a otra, por cuestiones de tiempo y organización.
- Disponibilidad de grabaciones. Si una localización sólo resulta disponible en una determinada fecha, el resto deben ajustarse a esta situación.
- Disponibilidad de actores.

IDEAS CLAVES DE ESTE CAPÍTULO

▶ La oficina de Administración es el centro fundamental de todo proyecto audiovisual, a pesar de ser de carácter temporal, desde allí el director, el productor, los asistentes y demás directores técnicos y artísticos tomarán las decisiones de cómo se usará el presupuesto total de la película.

▶ En la preproducción aparecen documentos vitales para el éxito del rodaje. Las listas de departamento, se traducen en costos de compras de enseres que la oficina del proyecto deberá descartar o asumir de la manera que mejor les convenga para el vestuario, props y suministros del periodo de rodaje.

▶ Es durante la pre producción que debemos contratar personal, establecer horarios a artistas y técnicos, crear documentación y reportes necesarios para una administración impecable del proyecto que de dejar pasar comprometen transparencia.

ACTIVIDADES SUGERIDAS

1. **TALLER DE ACTUACIÓN:** Tomen diálogos y con los ojos tapados añadan sabores al paladar del actor. Seleccionen actores y representen una escena en diversos estados de ánimo.

TALLER DE DIRECCIÓN: Realice la documentación de su proyecto:
1. Escoja un formato de hoja de castings para actores.
2. Realice las listas de cada departamento con los enseres necesarios para cada escena en el page to page.
3. Realice el Plan de Rodaje.
4. Realice y entregue las hojas de llamado para los días de rodaje según actores en escena por día.

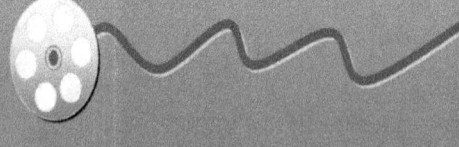

CAPÍTULO 7

PRODUCCIÓN Y RODAJE
- Field Producer
- Dirección de Arte
- Iluminación
- Fotografía
- Audio y sonido
- Pre Edición y Data Managing
- Electricidad
- El Director
- Primer Asistente
- Segundo asistente
- Continuidad
- Teoría de Dirección

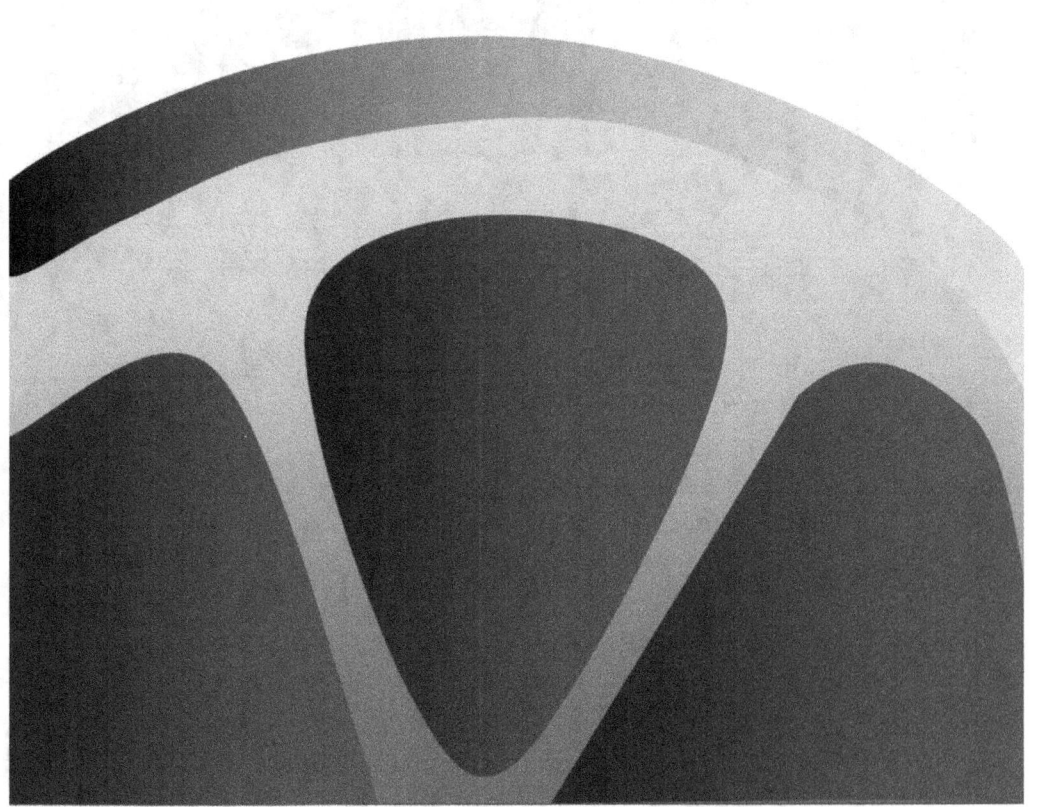

Producción y Rodaje

El primer día de rodaje de una película es una experiencia única y enriquecedora. Un gran número de personas trabajan al unísono por lograr la magia de crear un tiempo y espacio que surgió de la imaginación de los guionistas. Este lapso de tiempo el cual puede ser de minutos u horas es capaz de entretener, divertir y emocionar a millones de espectadores a través de las pantallas. La industria del entretenimiento sigue adelante, sufriendo pérdidas, hallando éxitos repentinos y mejorando en calidad como nunca antes se vio. Aquí conoceremos quienes están detrás.

Producción cinematográfica, comprende el conjunto de especialistas que intervienen en la realización de una película. El cine es un arte y una industria. Es también un medio de comunicación de gran influencia en la sociedad. La descripción que se detalla a continuación se refiere a las áreas que se realizan en las películas de largometraje de ficción y documental con personas comunes y actores profesionales.

La meta principal del rodaje es obtener las tomas sin errores de cada escena de nuestro guión. Anteriormente se utilizaba el revelado de 35 mm pero desde la aparición de la cámara panorámica, del cine digital y los discos duros de grandes tera bytes de capacidad, el modelo anterior cambio para dejar paso a la era de la alta definición y resolución de imagen.

El director es el responsable absoluto del aspecto creativo, y el productor, del financiero desde el desarrollo. Otros papeles de responsabilidad los desempeñan el continuista, el data manager, el jefe de producción, el ayudante de dirección, el director de fotografía, los montadores de imagen y de sonido, el compositor musical y los diseñadores del vestuario (figurinista) y de la escenografía o director artístico.

Field Producer

El productor de campo es una figura importante durante el inicio del rodaje ya que en la locación es el encargado de representar la productora en el sitio de acción. Es quien coordina y exige que todas las necesidades técnicas sean cubiertas, tales como: Comida o servicio de catering, alojamiento a actores extranjeros, seguridad de equipos y autos, y transportes requeridos.

Este productor de campo debe tener a sus manos documentos tan importantes como copia de:
 - Permisos de uso de locación por las autoridades públicas.
 - Personal de apoyo como ambulancia, bomberos y policía si la escena se rueda en áreas que involucren ciertos riesgos como zonas rojas, playas, uso de fuego, etc.
 - Se acostumbra utilizar servicio de renta de autos, aerolíneas, botellas de agua que incluso pueden ser canjeados por *Product Placement* previa negociación con las empresas.

Se debe considerar que las personas que compartan habitación sean compatibles ya que en ocasiones se dan diferencias o enemistades y se deben señalar por escrito las comodidades a las que tendrá derecho el huésped o talento para evitar sobre cargos.

Dirección de Arte en Rodaje

La Dirección de arte es un término que nace de la puesta en escena, que en el teatro significa montar un espectáculo sobre el escenario. Y su objetivo principal es describir la forma y composición de los elementos que aparecen en el encuadre de cámara. Comprende el diseño, creación y arreglo de todos los elementos visibles en la película como por ejemplo libros, vasos, bebidas regadas y su por qué. El director de arte es un escenógrafo, un vestuarista, un maquillista, un supervisor de reparto y un decorador de interiores; todo eso a la misma vez.

El diseño de producción que realiza un director de arte toma en cuenta los siguientes factores:

- Hay directores que saben qué es lo que quieren para el decorado de su película y otros piden una propuesta de arte. Por lo regular no se le contrata en planilla, sino que se ofrece por servicios profesionales.
- Se debe tener en cuenta para toda propuesta de arte el espacio, los colores, los objetos y las formas.
- Tener en cuenta que los elementos a presupuestar tendrán una funcionalidad real, no pueden ser innecesarios.
- Debe conocer de antemano la locación. Hay cosas que se retiran del lugar original para hacer espacio a ideas nuevas.
- Debe conocer de modas actuales, pasadas y de época antigua.
- Si es un sólo cambio de vestuario para el talento, se debe tener dobles vestuarios.

Además de los aspectos compartidos con el espectáculo teatral, la puesta en escena fílmica incluye:
- aspectos propios de la cinematografía.
- movimientos de cámara
- escala
- tamaños de los planos
- iluminación
- decorados
- vestuario
- maquillaje

- reparto
- dirección y movimiento de los actores

A su vez estos componentes representan los siguientes factores de la escena que la puesta en escena engloba:
- Elementos se diseño global de producción
- Decorados construidos o naturales
- Elementos de componente humano
- Dirección y distribución de los actores en el encuadre
- Constitución de un tiempo y un espacio determinados.
- El plan del decorado tiene que seguir fielmente el plan de la acción.
- Su decorado no sólo debe ser iluminable, rodable, fotografiable, sino que tiene también que ser verdadero.
- Que posea carácter, ese carácter que hace que una calle de Bilbao no se parezca a una calle de la frontera italiana.

LA ARMONÍA DEL COLOR

La percepción del color es considerada un fenómeno físico de la luz o de la visión, asociado con las diferentes longitudes de onda en la zona visible del espectro electromagnético. Como sensación experimentada por los seres humanos y determinados animales, la percepción del color es un proceso neurofisiológico muy complejo. Los métodos utilizados actualmente para la especificación del color se encuadran en la especialidad llamada colorimetría, y consisten en medidas científicas precisas basadas en las longitudes de onda de tres colores primarios.

Un director de arte debe conocer la clasificación de los colores:
- Los colores análogos
- Los colores monocromáticos
- Los complementarios

Otra herramienta es la paleta de colores, con la cual se escoge junto al director del programa o película o con el director de fotografía para definir la visión artística de la historia y cooperar con su narrativa. Ejemplos clásicos de asociación de color con el personaje son "El Mago de Oz", "El Padrino" que introdujo el leitmotive o sonido singular cuando
La escenografía o decorado cumple una función expresiva y significativa en el cine, como las siguientes:

- Simulacro de la realidad. Ejemplo: un pueblecito del Oeste en el siglo pasado.
- Debe ser funcional, no estático.
- Simbólico de ciertas líneas de anotación psicológica como en el expresionismo alemán o en el cine negro.

El escenario puede ser natural o artificial, y que proyecte a la audiencia:
- Verosimilitud extrema, efecto de realidad.
- Fingirla mediante transparencias
- Asumirlas como tales decorados explícitos.

Cada una de las maneras cumplen un papel dramático o narrativo. Pueden por sí solos ser portadores de una específica función semántica. Por ejemplo: Cactus que sustituye a la rosa que nunca ha visto la protagonista en "El hombre que mato a Liberty Valance" John Ford, 1962.
Debe estar iluminado. El objetivo que ve el decorado no es el ojo que ve la vida. Una habitación en la que se vive no es una habitación en la que se rueda. La decoración está en función del guión, no es un fin en sí mismo.

EL ARTE EN ETAPA DE PRE PRODUCCIÓN

El página a pagina se reduce a un checklist. A partir de la primera lectura del guión puede ser que el diseño de producción sea intuitivo, sin anotaciones. Esto se logra buscando un contacto sensorial con la historia y sus referencias visuales. Si hay algo que no se entiende en la interpretación, se debe mantener comunicación con el director.

Otra recomendación valiosa es seguir la regla de las preguntas: ¿quien?, ¿qué?, ¿cuando?, ¿dónde? y ¿por qué? El personaje pertenece a una época, o ambiente que nos denota cuál es el tema de la historia. En una segunda lectura del guión se recolectan las referencias visuales del guión.

En el presupuesto se proponen los colores originales, que comprende decoración, ambiente y concepto. Se trabaja por listas de cada elemento como por ejemplo: todos los props, todos los vestuarios, todos los peinados, etc. Eviten las malas combinaciones de texturas con texturas, colores vivos con opacos o oscuros, etc.

MOOD BOARDS

Son semejantes a los conocidos "collage". Un collage es una técnica pictórica que consiste en pegar diversos materiales como lienzo, madera, papel o cartón sobre una superficie plana. La diferencia decisiva y característica entre la técnica del collage (del francés coller, pegar) y la pintura es que en lugar de crear una imagen con color y línea, se construye el dibujo con materiales aparentemente tan incompatibles como periódicos, fotografías, ilustraciones, tejidos, madera, plumas y alambre, en realidad con cualquier cosa que se pueda sujetar a una superficie. Los objetos aplicados pueden ser combinados con fragmentos pintados.

En la creación de Mood Boards no es necesario ser tan detallistas, si es útil hacerlos para expresar a los directivos del proyecto cómo te hace sentir el argumento.

Sketching y escala: Se hacen también por personaje. Ejemplo: Black Swan.

Finalmente en las siguientes reuniones con el director se debe:
- Unificar puntos de vista.
- Se deben llevar preparadas las referencias visuales: fotos, collages, mood boards, etc.
- Se debe evitar imponer el gusto personal, por ejemplo escuchar la música que no te gusta.
- El traslado de los muebles u objetos debe arreglarse con el asistente de producción, se deben preveer los tiempos u horarios, y tener la aprobación del director, respecto al presupuesto y facturación ya cuadrados.

Iluminación

Todo rodaje ya sea en vídeo o cine digital requiere de iluminación para obtener la mejor calidad de imagen, sin sombras sobre el objetivo o rostro, sin pérdida de datos, y sin efectos finales no deseados en la pantalla. El foco, también llamado lámpara o bombilla, es una estructura de vidrio hecho al vacío que lleva en su interior un filamento fabricado con un material de punto de fusión muy elevado, el cual se pone incandescente al paso de la corriente eléctrica, produciendo así la luz.

El material con el que se fabrica el filamento debe tener un punto de fusión muy elevado porque se necesita aumentar mucho la temperatura para que la proporción entre la energía luminosa y la energía térmica generadas por el filamento sea rentable. Las primeras bombillas utilizaban filamentos de carbono, pero en la actualidad se fabrican con hilos extremadamente finos de volframio o tungsteno, cuya temperatura de fusión es de 3.410 °C. El hilo es tan fino que el desplazamiento de las cargas eléctricas por él lo hace alcanzar temperaturas por encima de los 2.500 °C.

Según sus características, el foco puede ser halógeno, de tungsteno o fluorescente.

- **Halógeno**: La mayoría de las lámparas modernas son de este tipo. Son luces amarillas que generan gran temperatura, es decir que son más rojas. Su nombre se debe a que este tipo de focos son llenados al vacío con una pequeña cantidad de gases halógenos como el nitrógeno y el criptón.
- **Tungsteno**: Son focos cuyo filamento interior a la estructura de vidrio, es fabricado de un metal de color gris, muy duro y difícil de fundir con otros elementos. Son menos usuales en el campo audiovisual que los demás tipos. Su desventaja es que genera mucho calor por lo que requiere aire acondicionado y el foco de este tipo es de corta vida.
- **Fluorescente**: La lámpara fluorescente es otro tipo de dispositivo de descarga eléctrica con aplicaciones generales en iluminación. Se trata de una lámpara de vapor de mercurio de baja presión contenida en un tubo de vidrio, revestido en su interior con un material fluorescente como el fósforo.

En ciencia, la escala más empleada es la escala absoluta o Kelvin, inventada por el matemático y físico británico William Thomson , lord Kelvin. En esta escala, el cero absoluto, que está situado en -273,15 °C, corresponde a K, y una diferencia de un kelvin equivale a una diferencia de un grado en la escala centígrada. En producción audiovisual es una medida ficticia para conocer la cantidad de luminosidad del color real en el ambiente. Es un concepto abstracto que expresa el color de la luz y relaciona la temperatura con la luz. Se mide en grados Kelvin. Cuando mayor sea la temperatura en grados K, más azul será la luz con la que estamos trabajando, y en cuanto tenga menos temperatura será más roja.

ILUMINACIÓN

EXTERIOR
5,600 ° k.
(Luz del día)

INTERIOR
3,200 ° k.
(Luz artificial)

La luz artificial arroja una temperatura de luz de aproximadamente unos 3,200 °K, y la luz del día arroja una temperatura de luz de aproximadamente unos 5,600 °K.

Adicionalmente existen algunos aditivos que se añaden a las luces, y otros que se usan en exteriores como los filtros y los rebotes.

Filtros:

Los filtros son filminas reforzadas de plásticos que van de varios colores, pero los tres principales son: rojo, amarillo y azul. El uso de filtros forman parte importante en la propuesta estética de toda película, tanto en interiores como exteriores. Películas de gran éxito en que se hace referencia a los sentimientos de tristeza, odio o desamparo usan azul o frialdad. Los cálidos como el filtro amarillo o naranja representan acción, calor y dinamismo. Los filtros oscuros como el negro impulsan temor, lo cual no se trata de decirlo textualmente sino de representarlo figurativamente.

El ingeniero mecánico escocés es quien incorpora el principio de retroalimentación de un servomecanismo, al articular el circuito de salida con el de entrada, que es el concepto básico de la automatización. La unidad eléctrica vatio (watt) recibió el nombre en su honor. Fue también un afamado ingeniero civil, que hizo varios estudios sobre vías de canales.

CONVERSIÓN APROXIMADA DE TEMPERATURA DE LA LUZ

KELVIN	WATT
2700	1 lámpara de 60
3,500	1 lámpara de 13
5,500	2 lámparas fluorescentes de 13

Rebotadores:

Las estructuras de color blanco puro son llamados reboteadores o suavizadores se usan en exteriores en dirección a la luz del sol como un recurso natural durante el rodaje. Las diferentes fuentes de luz quitan las sombras y nivelan las intensidades desde diferentes posiciones.

El encargado de hacer la iluminación en una locación debe conocer qué rellenos y luces principales utilizará para crear la atmósfera visual que solicite el director de la producción que se vaya a rodar en cualquier hora del día. Toda la iluminación que se sitúe delante de la cámara tiene que cumplir con un objetivo preciso. En general la iluminación depende tanto de las condiciones previas de luminosidad como de oscuridad, como también de las condiciones atmosféricas sobre todo cuando se trata de exteriores y de la iluminación artificial que se disponga en el lugar.

CARACTERÍSTICAS DE LA LUZ

1. Intensidad: Es el brillo de la luz que afecta la exposición.
2. Calidad: Si es suave la sombra, se debe matizar o incluso anularse. Y si es la oscuridad es más densa producirá sombras duras, que también tienen una utilidad dramática.
3. Contraste: Es la relación o ratio que hay entre el brillo de las zonas más iluminadas y más oscuras.

4. Temperatura de los colores: intensidad que afecta la calidad de lo composición artística.

LA INTENSIDAD DE LA LUZ

Los fotógrafos profesionales y los aficionados exigentes utilizan fotómetros y exposímetros para medir la intensidad de la luz en una situación dada y determinar así la combinación adecuada de la velocidad y de la abertura del diafragma. Se utilizan básicamente cuatro tipos de fotómetros: el de luz incidente, el de luz reflejada, el de spot y el de flash, aunque, hablando con propiedad, los fotómetros de spot son un tipo de los de luz reflejada y los de flash pueden serlo tanto de incidente como de reflejada.

Tres reglas básicas de iluminación natural son las siguientes:
1. No habrá suficiente intrusión de luz en la cámara si la luz o la sombra sobre el objetivo es demasiada pobre.
2. Si la abertura del iris o diafragma esta demasiada cerrada.
3. Si se utiliza un filtro muy denso respecto a los tonos o brillos del encuadre.

Además producen contraste y crean volumen en el sujeto. Toda superficie blanca introducida dentro del panorama donde predominan los colores tiende a alterar la medición de la luz.

ELEMENTOS DE LA ILUMINACIÓN EXTERIOR O DURA

Debido a que el sol se encuentra muy lejos de nosotros, se le considera una fuente de luz puntual. Sus rayos nos iluminan en línea recta y producen sombras duras.

Las ventajas de la luz dura son:
- Direccionalidad que restringe y perfila.
- La sombra producida que a su vez muestra con claridad las texturas.

Las desventajas de este tipo de luz son:
- La generación de ciertas sombras inevitables.
- El resultado puede parecer áspero, contrastado y sin atractivo.

- La dispersión limitada que exige el uso de muchos bombillos de luz dirigida con la aparición consecuente de múltiples sombras fuertes.

ELEMENTOS DE LA ILUMINACIÓN INTERIOR O SUAVE

Dentro de un estudio con pocas o ninguna ventana de luz natural, se debe utilizar varias fuentes de luz artificial, es decir lámparas de luz difusa, la cual se dispersa en todas direcciones.

Una de las formas de la luz difusa es la que emite el sol cuando se oculta tras una nube que refleja su luz sobre superficies rugosas y claras.

Las sombras tienden a difuminarse y se presentan ligeras variaciones en los brillos de las superficies de modo que estas y su entorno quedan muy imprecisos en la imagen.

Hay diversas formas de proporcionar luz suave:

1. La primera se basa en los materiales de difusión como láminas de cristal, esmerilado o papel vegetal que se coloca sobre la fuente de luz para reducir su intensidad y suavizar su calidad.
2. Otra forma son las maniobras de incidencia de rebote de la luz sobre un reflector parabólico logrando la aparición de luces sobre la sombras del objeto.

La ventaja de utilizar luz suave son:

- Que puede surtir sombras sutiles o delicadas.
- No crea sombras indeseadas.
- Puede iluminar sombras producidas por una iluminación dura de manera que se vean los detalles sin producir más sombras.
- La fuente de luz suave puede cubrir gran parte de la escena.

Sus desventajas son las siguientes:

- Ilumina toda clase de texturas y formas de la superficie.
- Se dispersa completamente que llena de luz toda la imagen y hace muy difícil restringirla a una zona determinada.
- La intensidad que decrece rápidamente con la distancia y obliga a acercar las lámparas a la escena.

CARACTERÍSTICAS DE LA LUZ ARTIFICIAL

El Contraste: Consiste en la diferencia de luz que hay entre las zonas más claras y las más oscuras de la imagen. Depende de los tonos o tez propios de los sujetos, de las variaciones de la intensidad luminosa y de las sombras proyectadas.

Dirección de la luz: Puede influenciar considerablemente la impresión que produzca cualquier objeto utilizado. El director de iluminación o "lighting director" puede demostrarlo situándose frente a un espejo en una habitación oscura y disponga o encienda un foco y podrá comprobar cómo varían loos efectos producidos según cambie la posición del punto de luz.

Triangulo fotográfico: Este sistema de iluminación esta diseñado para la realización de una imagen en claro oscuro o estilo Rembrant. Se emplea en tres direcciones básicas donde se obtienen los siguientes resultados:

- King light o luz principal que se debe ubicar ligeramente por encima y a un lado de la cámara. Usualmente es una luz fuerte en kelvin o watt, que delinea las formas y superficies propias de los sujetos.

- Filling light o luz de relleno: Esta lámpara se ubica en el lado contrario de la cámara para iluminar las sombras y disminuir los contrastes. A medida que la luz principal esté más ladeada, más importante será la luz de relleno. Tiene dos partes el spoot que dirige, y el floot que rellena.

- Back light o luz de cabello: la cual se coloca atrás, área de kicker que apunta hacia abajo sobre el sujeto y proporcionará solidez al fondo. El kicker llamado también luz de efecto o de separación por su posición respecto a cámara debe ser apenas perceptible para el ojo.

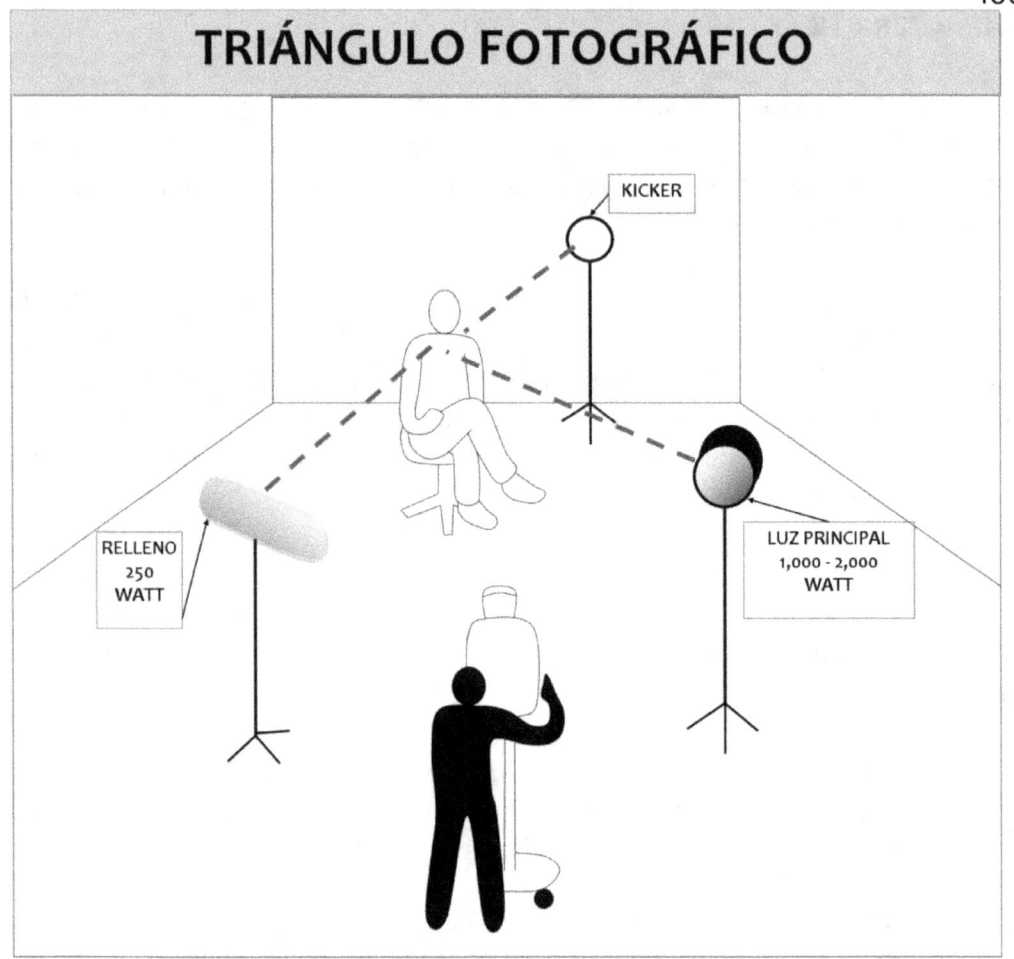

Fotografía y Cámara

El director de fotografía, también conocido como el operador, o primer operador (frente al cámara, que sería el segundo), trabaja estrechamente junto al director e interpreta en términos de iluminación las necesidades del director en cuanto al ambiente y la atmósfera de cada toma. Otros operadores pueden intervenir en la producción para filmar efectos especiales o trucos de cámara que ayudan a dar dimensión y sentido del espectáculo a una película.

La noción de punto de vista se reconduce aquí a la relación que se mantiene entre el lugar que ocupa el personaje y el que ocupa la cámara.

- **Ocularización**: Relación existente entre lo que muestra la cámara y lo que se supone que el personaje ve.
- **Ocularización cero**: casos en los que el lugar ocupado por la cámara no se identifique con el ocupado por ninguna instancia diegética.
- **Ocularización interna secundaria**: cuando la subjetividad de una imagen se construye a través del montaje, los raccords o cualquier otro procedimiento de contextualización.
- **Ocularización interna primaria**: en los casos en que alguna marca en la imagen permita identificarla como lugar de un personaje ausente de ella («los movidos,» que caracterizan tal o cual plano como «subjetivo»).

La situación que el sonido fílmico no se encuentre lateralizado (con la excepción de la estereofonía), ni localizado a priori en una fuente visual, e incluso pueda provenir de fuera del mundo de la diégesis, hacen bastante complejo el análisis de la auricularización.

FUNCIONAMIENTO DE LA CAMARA DE VIDEO

El efecto fotoquímico de la luz es el principio utilizado para la formación de la imagen en la cámara de video.

La cámara de video consta de varios elementos que intervienen en la formación, procesamiento y envío de la imagen, estos elementos son:
a)   El lente recoge la imagen del objeto y la envía al prisma.
b)   El prisma descompone la luz reflejada por los objetos o personas en tres colores: rojo, azul y verde y los envía a su vez a los cañones electrónicos o "tubos analizadores de la imagen"
c)   Los cañones electrónicos (llamados también tubos analizadores de la imagen o iconoscopios) estos cañones recogen los haces electrónicos de los tres colores básicos (azul, verde y rojo) cada canon explora el color básico que le corresponde y lo envía a una pantalla denominada "Mosaico Fotoemisor o Placa Fotoconductiva" que es explorada por un haz de electrones los cuales inciden sobre el mosaico a través de un Campo magnético, barriendo la pantalla de forma determinada comenzando por los números impares; 1, 3, 5, 7, 9... hasta llegar a la parte inferior de la pantalla y concluir el recorrido de serie impares, posteriormente salta hacia los números pares; 2, 4, 6, 8... hasta completar 525 líneas por

fotograma (frame). Un fotograma es la fase de un movimiento captado por la cámara de televisión en 1/30 de segundo en el sistema NTSC (National Television System Comitee) El recorrido horizontal se realiza 15,750 veces, cada vez que se completa un ciclo ya sea impar o par se forma un campo. Dos Campos completan un fotograma _ Cada vez que se completa un ciclo ya sea impar o par se forma un Campo.
d) Pre-amplificadores recogen la señal de los cañones electrónicos, la procesan y la amplifican enviándola a los amplificadores.
e) Los amplificadores amplían la señal y la envían los procesadores.
f) Procesadores insertan el sincronismo para que la señal dé más pulsos y sea sincrónica en el monitor.

Las nuevas técnicas han ido desplazando a los tubos de imagen (iconoscopios) en las cámaras convencionales de video y hoy son los sensores de la imagen de estado sólido los que realizan la función del antiguo tubo de imagen. Estos sensores de imagen de estado sólido son mucho mas baratos, mas livianos, consumen menos energía y captan la imagen con mayor resolución en condiciones extremas de poca iluminación, además de que pueden captar la luz directa de cualquier fuente luminosa (incluida el sol) sin perjuicio alguno para el funcionamiento de la cámara.

TÉCNICAS BÁSICAS DE FOTOGRAFÍA MULTIMEDIA

El éxito de la Producción de Campo depende, la mayoría de las veces, de la organización de la filmación. El proceso de pre producción que incluye la búsqueda de locaciones, talento, utilería, construcción de escenografías, organización y fluidez de la filmación es crucial para el desarrollo eficiente de la producción. Un buen productor es ante todo un organizador en todos los aspectos relacionados con la producción, tanto en el tiempo como en recursos humanos y presupuesto financiado.

El producir videos, películas, documentales o ficción esta estrechamente ligado a tres aspectos que el Productor / Director debe manejar: la televisión y el cine son una industria que une el comercio, la técnica y el arte. El manejo adecuado de estos tres aspectos exige del director conocimientos en las tres ramas.

OCHO PRINCIPIOS BASICOS DE EDICION CONFORTABLE

GENERALIDADES

La edición es el proceso mediante el cual se unen los cuadros de un film dándole lógica y continuidad. Es un proceso de composición donde cada cuadro debe ir ligado a otro hasta conformar un "todo". Esta unión de cuadros es también una suma de tiempos que crea la UNIDAD.

La imagen cinematográfica y de video se compone de cinco factores básicos:

1. Luz, 2. Color, 3. Plano, 4. Composición, 5. Angulo de filmación.

Estos factores son esenciales para unir los cuadros.

Entendernos por edición confortable la "yuxtaposición" de los diferentes cuadros que componen el film o video, de modo que sea agradable al proceso de recepción visual, lógica y coherente y no fuerce la conciencia del público. Las acciones que transcurren en la pantalla deben tener la misma lógica de como ocurren en la realidad.

Como nos remitiremos ahora a la yuxtaposición de los cuadros, es convenienteseñalar las definiciones de cuadro y sus características:

- CUADRO: Se denomina cuadro al proceso de filmación y fijación en la película de cine, cinta de video o disco óptico de determinado objeto o sujeto, grupo de cosas o de personas; desde el encendido hasta el apagado de la cámara.
- CUADRO COMPOSICION: Es la denominación que se da a las partes que componen la imagen y que tienen como característica esencial el dinamismo, su interacción, la relación con el fondo y el contenido dramatúrgico.
- CUADRO FOTOGRAMA: Es la fase de un movimiento captado por la cámara. En cine de 35mm corresponde a 1/24 de Segundo, en video del sistema NTSC 1/30 de segundo.

El formato mas utilizado del cine profesional que es el de 35mm por cada Segundo hay 24 fotogramas. En el sistema de video NTSC en cada segundo hay 30 fotogramas.

I PRINCIPIO - EDICIÓN POR ACERCAMIENTO

La edición es un proceso que se debe preveer a la hora de escribir un guión técnico y dibujar el story board, pero para ello se requiere un determinado entrenamiento de la imaginación para sentir el efecto del cambio de los cuadros en la pantalla. Este entrenamiento comienza con la ubicación de la cámara en relación al sujeto; que porción del sujeto será fijada por la cámara y como esa porción se vera en la pantalla.

El cambio de un acercamiento a otro debe ser lo suficientemente advertible pero no brusco, para que el público no pierda la orientación y la sensación de las acciones que transcurren. No se debe obligar al público a forzar su conciencia para que comprenda lo que ocurre frente a sus ojos.

La práctica ha demostrado que se acepta con facilidad la unión de dos cuadros cuando la diferencia entre ellos es suficiente pero no advertible. La transición de un plano cercano a otro plano cercano mas abierto es aceptada por la recepción visual con fluidez.

No se debe editar un plano cercano con uno general sin tener entre ellos un plano medio del sujeto.
El orden y los pasos de una edición que cumpla con el principio de acercamiento es el siguiente:

Plano muy general ↔ Plano general ↔ Plano medio americano ↔ Plano medio abierto ↔ Plano medio cerrado ↔ Plano cercano abierto ↔ Plano cercano cerrado ↔ Plano detalle.

Ese orden responde a la condición confortable de edición por acercamiento. Si se filma un cohete, un elefante, una hormiga o un edificio, para todos estos casos el principio será el mismo.
Este principio pierde su fuerza cuando se desee hacer un acento en cualquier parte del desarrollo de la acción o cuando se hace un cambio de un cuadro hacia otro sujeto que según la trama se encuentre a gran distancia.

II. PRINCIPIO - EDICION SEGUN LA ORIENTACIÓN EN EL ESPACIO

Este principio es aplicado en muchos casos cuando se desea establecer una relación entre sujetos que han sido filmados por separado y deben verse uno a otro. La tarea principal es como ubicar la cámara para que produzca la impresión visual de que los acontecimientos transcurren como si se vieran en la vida real. Esta filmación exige la organización del espacio y la cámara se deberá colocar en uno de los lados de la línea de la mirada de los personajes, esta construcción del espacio en la pantalla aclara la acción que se desarrolla entre los personajes.

Esta regla tiene igual validez para la correlación de diferentes objetos; un pintor y su tela, un tanque y un cañón que le dispara. Si se decide al momento de la filmación atravesar la línea de correlación entre los sujetos y cambiar su orientación en el espacio, ello debe ocurrir ante los ojos del público a través de un panorama o un dolly panorama (travelling) o con un cambio del ángulo de filmación a través de un punto frontal de uno de los sujetos.

Cuando en una conversación participan más de dos personas, se hace mas complicado mantener la orientación espacial durante el proceso de filmación. La filmación debe comenzar tomando como referencia un plano general de las tres personas y luego conservar la zona de filmación de uno de los lados de las miradas.

La filmación se puede realizar desde cualquier zona excepto las que aparecen rayadas en el diagrama. El dominio de este aspecto de la edición es esencial para la crónica, ya que no hay tiempo para probar la seguridad de la edición. Si se trata de un congreso y en la tribuna hay un orador y la Sala esta completamente llena de personas la orientación debemos realizarla tomando como base la dirección de la mirada de los miembros de la mesa principal y escogiendo uno de los lados de la dirección de sus miradas.

En el diagrama de los miembros de la mesa principal Ven de derecha a izquierda y el público de izquierda a derecha. (punto de cámara 3) Si se trata de una reunión se debe conservar uno de los lados de las miradas.

III. PRINCIPIO - EDICIÓN SEGUN LA DIRECCION DE UN OBJETO EN MOVIMIENTO EN EL CUADRO

Este principio se relaciona con todos los objetos que se mueven en la pantalla. Cualquier cambio de trayectoria del objeto o sujeto es mejor demostrarlo en uno de los cuadros, el final y el principio de los cuadros debe corresponder. Si por ejemplo una caballería se mueve de izquierda a derecha y en el siguiente cuadro se mueve de derecha a izquierda, la recepción visual tendrá la impresión de que se están devolviendo y el publico puede pensar que se asustaron y huyen, pero si en cambio se muestra el porque de ese cambio de dirección, una curva en el camino, un cerro, una vuelta en la calle, el cambio de dirección será claro.

Si por ejemplo, un vehículo se mueve de la cámara hacia el fondo un poco a la izquierda y en el siguiente cuadro el mismo vehículo se mueve desde la cámara hacia el fondo, un poco a la derecha; éstos cuadros no podrán editarse.

Cualquier cambio brusco de dirección de un objeto en movimiento es mejor demostrarlo en la pantalla, para ello es necesario filmar un cuadro de transición en donde se muestre el cambio de dirección.

Para profundizar mejor la esencia de éste principio utilizaremos imágenes condicionales. El movimiento del vehiculo en la pantalla se puede fijar en el story board con vectores. El movimiento se puede llevar a cabo en cuatro direcciones y los vectores van a partir del centro.

Esta es la expresión esquemática de la imagen en cuatro cuadros de un vehículo en movimiento para una recepción visual confortable de un cambio de dirección que se expresa de modo grafico y no debe rebasar el ángulo de los 90 grados.

IV PRINCIPIO - EDICIÓN SEGUN LA FASE DE LOS OBJETOS QUE SE MUEVEN EN EL CUADRO

Este principio tiene relación con los objetos que realizan movimientos por fases, ejemplo: una rueda marina o un carrusel.

Supongamos que vamos a filmar una barcaza y que la caja en la que va nuestro personaje es de color azul, iniciarnos la filmación con un plano muy general de la rueda marina cuando ésta comienza a moverse lentamente y la caja de nuestro personaje comienza a ascender ubicándose primero en la parte inferior izquierda del cuadro y luego en la parte superior hasta alcanzar el punto de altura máxima y luego comienza a descender. El descenso queremos filmarlo con un plano general de la caja donde va nuestro personaje. Para que este cuadro responda a una condición confortable por "fase" debemos iniciar la filmación antes de que la caja entre al cuadro, proseguirla cuando esta en el cuadro y concluir cuando ha salido del cuadro.

Las personas también cumplen fases en sus movimientos, por ejemplo: si tenemos un personaje que se levanta de una silla en un plano general y queremos pasar a un plano medio lateral del mismo personaje levantándose de la silla, el intérprete deberá realizar la fase completa y con todos los detalles tanto en el plano general como en el plano medio lateral para que en ambos cuadros se cumpla la fase y se puedan unir.

Si filmamos los pasos de una persona que carnina de izquierda a derecha de la pantalla, en plano medio lateral y luego queremos filmar en plano general frontal debemos tomar en cuenta todos los detalles del caminar y el pie con el cual dio "ese último paso para hacer el cambio" de plano y comenzar a filmar a partir de la repetición de "ese último paso" y el pie con que se efectúo.

V PRINCIPIO - EDICIÓN SEGUN EL TEMPO DE LOS OBJETOS EN MOVIMIENTO

La unión de dos cuadros que reflejen el movimiento de un objeto o sujeto debe corresponder a un adecuado tempo de cuadro a cuadro. El cambio de tempo brusco de un cuadro a otro puede "significar y solo significar" un cambio en el curso de los acontecimientos en la pantalla.
En los casos en que el tempo deba acelerar de un cuadro a otro se debe hacer a través de un progreso de desarrollo de la acción interna del plano. Si una joven corre por las calles de una ciudad a una misma velocidad; la significación matemática de la frecuencia de sus pasos, donde cada segundo debe ser de la misma duración y con la misma frecuencia cambiar los pasos.

Si queremos hacer un cambio en el tempo de los pasos de un actor que corre moviéndose de derecha a izquierda de la pantalla y en el cuadro 1 se mueve 4 pasos/segundos, en el cuadro 2 se mueve 4 pasos/segundos y en el cuadro 3 se mueve a 2 pasos/Segundo; dará la impresión de que el sujeto se va a detener.

1=5 Pasos/seg 2=5 Pasos/seg 3=4 Pasos/seg 4=4 Pasos/seg 5=3 Pasos/seg

Cuando el objeto que se mueve en el cuadro, no realiza movimientos cíclicos, ejemplo un automóvil o un barco, la expresión del tempo será la velocidad con que se realiza el movimiento en relación al fondo y al marco del cuadro.

Existen dos variantes en las cuales se puede revelar la diferencia en el tempo del movimiento del objeto.

a) Cuando los dos cuadros se filman estéticamente y la velocidad del objeto en movimiento se revela en relación al marco del cuadro.
b) Cuando los dos cuadros se filman con el aparato en movimiento desde un punto fijo, un panorama siguiendo al objeto que se mueve.

En el Segundo caso el sistema de coordenadas para la medición de la velocidad será el fondo sobre el cual se monta el objeto en el cuadro.

El tiempo que toma el automóvil en atravesar el cuadro será aproximadamente de tres segundos, en tanto que el tiempo que se tomara el automóvil para atravesar el cuadro N°2 será solamente de 1 segundo. Para el publico la distancia entre el marco izquierdo del cuadro y el marco derecho es igual, pero el tiempo para la ejecución de ese tiempo, condicionalmente igual en su distancia se reducirá tres veces y el publico tendrá la sensación de que el automóvil en el Segundo cuadro se mueve tres veces mas rápido y eso no ocurre así en la vida real. Para elevar la velocidad de un automóvil es necesario un tiempo de aceleración. Si unimos los cuadros 1 y 2 del diagrama como resultado de esa unión obtendremos una situación irreal.

Para llevar a cabo dos condiciones de edición confortable por acercamiento y por tempo, es necesario que la distancia recorrida por el automóvil sea igual en ambos cuadros y a una misma velocidad.

El cambio del cuadro "a" al cuadro "b" será fluido.
Cuando dos cuadros se filman a través de un panorama, para el público una posible violación de la unidad del tempo del movimiento puede ocurrir si el sujeto de atención se encuentra a una distancia mucho menor de la cámara con relación al anterior y el fondo Sigue siendo el mismo.

Para unir dos panoramas se debe tratar de considerar tres puntos básicos:
1. El Plano
2. Velocidad del objeto en movimiento

3. Distancia entre el objeto y el fondo

Si vamos a unir un cuadro "a" con un cuadro "b" y el cuadro "a" fue filmado con un panorama en plano medio abierto de un Velero en movimiento, el plano "b" debemos filmarlo con otro panorama "a" a la misma velocidad del cuadro "a" y con un plano medio mas abierto o cerrado. Esta misma regla rige para objetos estáticos.

VI PRINCIPIO - EDICIÓN POR COMPOSICION SEGUN EL CENTRO DE ATENCION EN EL CUADRO

El centro de atención de la pantalla se ubica en un 80% a la izquierda o derecha de la pantalla. Ese punto de atención debe conservarse de modo que las personas u objetos no salten de un lado a otro al momento de unir los cuadros.

Las figuras que vemos en el diagrama 6 se pueden editar por acercamiento, por orientación en el espacio, mas no por composición pues en el primer cuadro el sujeto aparece a la izquierda y en el segundo cuadro aparece a la derecha. La visión ha fijado con toda su agudeza la posición del personaje en la parte izquierda de la pantalla, pero en el cuadro consecuente el personaje ha desaparecido y se le exige al publico un esfuerzo para encontrarlo, mientras el publico busca al personaje una parte de la acción se habrá perdido, el proceso de recepción se habla violado y el mensaje del cuadro habrá desaparecido.

Lo mismo ocurre en dos personas que hablan y uno esta de espalda y el otro frente a la cámara, si el movimiento de los personajes de uno a otro lado del cuadro no es registrado por la cámara, se debe conservar la posición de los sujetos u objetos del cuadro

VII PRINCIPIO - EDICIÓN POR ILUMINACION

El principio de edición por iluminación incluye el calculo del cambio de iluminación, el carácter del fondo y el carácter lumínico de un cuadro a otro.

En el diagrama 7a el personaje esta sobre un fondo oscuro en el diagrama 7b el personaje esta sobre un fondo iluminado por el haz de luz que penetra de la Ventana. Para hacer un cambio de un fondo con poca iluminación a un fondo iluminado conservando la fluidez de los cuadros es necesario en los cuadros ligar un detalle del fondo; un cuadro, un florero, una Ventana, un detalle de la pared, etc.

En la práctica ocurre con cierta frecuencia que en un plano general el personaje tenia la parte derecha de su cuerpo iluminada, y en un plano medio la parte izquierda. Probablemente algo pudo molestar en el proceso de filmación con el consecuente resultado de que esos cuadros "no podrán unirse".

Para tales situaciones de "avería" que se presenten en el proceso de edición hay que recordar que el cambio de iluminación del fondo no debe superar 1/3 de la superficie del cuadro. La sombra de la nariz de los actores puede ser un poco mas larga o mas corta pero no debe saltar de derecha a izquierda o de izquierda a derecha. Cuando iluminamos en la naturaleza debemos tomar en cuenta que la dirección de los rayos del sol cambia de posición a medida que transcurre el día, no se debe iniciar una iluminación de una locación con sol y terminar con un día oscuro.

VIII PRINCIPIO - EDICIÓN SEGUN LA UBICACION DEL EJE DE FILMACIÓN

A la línea imaginaria que se forma entre un sujeto y la cámara que esta frente a él se le denomina "eje" (Diagrama 8a). Si se desea hacer un cambio de plano general a uno medio y luego a uno cercano conservando el mismo eje y la misma dirección tendremos la sensación de que el sujeto "salta" hacia la cámara, para evitar ese salto en el cambio de planos se debe mover la cámara hacia el personaje y dos pasos hacia la izquierda o la derecha del eje anterior, este proceso traerá como resultado un ligero cambio en la composición del cuadro que el publico aceptara con facilidad. Ese cambio de composición facilitará una medida de contraste necesaria entre dos cuadros vecinos para una recepción confortable.

EL CUADRO DE RELLENO

El cuadro de "relleno" es el cuadro de uno o más detalles de las locaciones, personajes, objetos y acontecimientos paralelos que nos pueden servir de " auxilio para el relleno entre dos cuadros que no se puedan editar por violación de alguno de los principios," No debemos perder la vista que el cuadro de relleno debe ir de acuerdo con el carácter del film y traer asociaciones referentes al tema que presentamos, no debe ser una entidad muerta situada fuera de contexto, ésta es la esencia del cuadro de relleno, un valor de edición y un valor de contenido dramático.

PLANOS ESTÁNDAR EN FOTOGRAFÍA

Tanto en cinematografía como en la industria televisiva, un plano o toma es el elemento más pequeño del material grabado o filmado. Un conjunto de planos relacionados conforman una escena, y la escena es una unidad que contiene acción dramática continúa, en una sucesión de tomas por tiempo, espacio, evento, tema, concepto, motivación o carácter. Una escena es una serie de tomas relacionadas, aunque también una sola escena puede ser una sola toma.

La secuencia es un segmento más largo, hecho de una serie de escenas estrechamente relacionadas. En las secuencias los eventos ocurren en forma continua asociados uno de otros, además pueden ocurrir en momentos y lugares distintos, pero que se relacionan con la historia principal y que dan coherencia y seguimiento a la misma.
Cuando el objetivo de la cámara es una persona o un grupo se utilizan los siguientes planos:

- **Plano Cerrado**: Conocido en sus siglas en inglés como Close Up, es la toma de los hombros a la parte superior de la cabeza. Esta es muy utilizada en novelas, entrevistas, programas de belleza, etc.
- **Big Close up**: Toma cerrada a la cara del modelo o talento.
- **Plano Cerrado extremo**: Toma completamente cerrada a un detalle de la cara. También se le conoce Extreme Close Up (ECU).
- **Plano Cerrado Mediano**: Toma de la mitad del tórax a la parte superior de la cabeza.
- **Plano Medio**: Conocida en idioma inglés como Medium shot (MS) es una toma que se hace desde la cintura hasta la parte superior de la cabeza. Usada principalmente en noticieros.
- **Medium Two shot**: Conocida como (MTS), es la toma que se hace a dos talentos desde la cintura hasta la parte superior de la cabeza.

- **Plano referente o Two Shot**: (TS) Toma de cuerpo entero a dos talentos. Si hubiese tres talentos, la toma recibe el nombre de Three Shot, sin embargo no existe ninguna toma llamada Four shot o similar. Dentro de un grupo de tres o más talentos o actores se utiliza el plano referente que incluye a dos personas que conversan dentro del grupo, evitando mostrar a las demás.
- **Medium long shot**: Toma desde las rodillas a la parte superior de la cabeza. También se le conoce como plano americano.
- **Plano largo**: Conocida también como Long Shot, Full Shot o Body shot, es una toma de todo el cuerpo entero del talento, donde lo importante es el cuerpo del modelo y no la escenografía.

Cuando el objetivo de la cámara es una locación exterior o una escenografía se utilizan los siguientes planos:

- **Plano Abierto**: Es una toma donde el paisaje y el talento son importantes, pero la cámara no se mueve como sucede en la panorámica.
- **Panorámica o Wide Shot**: En esta toma no importa la figura del talento, sino la escenografía o paisaje a su alrededor. Al ofrecer todos los elementos en la escena, provee una orientación al espectador. Se divide en Panorámica horizontal o paninng el cual es un movimiento de lado a lado o derecha a izquierda o viceversa. Y el movimiento de grúa donde el camarógrafo se mueve desde posición agachada a de pie, sugiere sensualidad, superioridad y sorpresa.
- **Product shot**: Es una toma cerrada a un producto, la cual se hace generalmente por publicitarlo mediante previa firma de una pauta a través de una televisora o compañía productora.
- **Tight Shot**: Toma cerrada a un detalle de un producto u objeto.
- **Plano de Acción complementaria**: Toma de apoyo que en edición está asociada a la acción dentro de la locación previamente mostrada, pero no idéntica. Se usa principalmente para mostrar una persona que se acerca al talento principal. Se le conoce también como Cut-away.

- **Plano aberrante:** Toma de movimiento en dirección oblicua al encuadre, nunca es vertical ni completamente horizontal, ya que se realiza con la ayuda de grúa o rieles.
- **Planos Subjetivos:** Son un conjunto de tres sub categorías subjetivas: el plano a nivel de la vista; muestra al actor o talento mirando hacia la cámara, dando la impresión de que conversa con nosotros. En actuación los planos subjetivos son aquellos donde se manipula la realidad y se realiza como una secuencia, por ejemplo cuando vemos una niña que toma un libro y lo lee es el plano objetivo; aquí la secuencia subjetiva es un plano detalle del contenido del libro, desde un ángulo de hombro de la niña.

MOVIMIENTOS Y ÁNGULOS DE CÁMARA

- **Panorámica o Panning**: Es un movimiento horizontal de derecha a izquierda o viceversa, sobre el eje de la cámara. Imita el movimiento de nuestra cabeza cuando observamos el horizonte. El panning es esencial para cubrir secuencias de acción. También puede usarse para mostrar objetos muy largos que se necesita que sean vistos en una sola toma sin cortes. El panning se hace con trípode o con la cámara sobre el hombro. Con el trípode se asegura un movimiento más suave a la toma. Como regla debe panearse despacio, y dejar aproximadamente 5 segundos a cualquier objeto para pasar de un lado del cuadro a otro; lo que dará al espectador suficiente tiempo para absorber los detalles. Por otro lado, no debe hacerse panning de reversa ni tampoco para grabar a la mitad.
- **Picado o Tilt Up:** Es un movimiento de cámara que podría traducirse como cabeceo. Imita el movimiento de la cabeza cuando miramos de abajo hacia arriba o viceversa. Básicamente es un panning vertical y se usa para seguir un objeto que se mueve en esta dirección. Igual que la panorámica horizontal, debe iniciarse con una toma estática y al final para darle al espectador suficiente tiempo para registrar el sujeto. Cuando es de abajo hacia arriba se le llama Picado o Tilt Up, que se compone de escenas desde ángulos bajos acostándose sobre el suelo o arrodillándose,

comunica grandeza o aptitud. Y cuando es de arriba hacia abajo se le llama Contrapicado o Tilt Down se compone desde ángulos altos, se puede grabar trepado desde una silla o escalera sosteniendo la cámara sobre el hombro comunica profundidad y suele usarse para introducir cambios de locación en exteriores.
- **Grúa o Dolly**: Este movimiento puede realizarse sobre rieles colocados sobre el suelo y también por grúa aérea. Su movimiento en oblicuo regularmente por lo que se caracteriza por el plano aberrante.

Cuando el movimiento se realiza siguiendo a un host o presentador se le llama travelling. Cuando el movimiento es hacia un escenario o paisaje se le llama Dolly In cuando la cámara se desplaza hacia adelante. Cuando la cámara sobre un trípode o rieles se de desplaza hacia atrás se le llama Dolly Back.

- **Acercamientos de lente**: También conocidos como Zoom In y Zoom Out, son los movimientos del mismo lente de la cámara que abren o cierran el diafragma de la cámara. Zoom In es el movimiento de lente desde un plano medio hacia un detalle más pequeño del objeto. Zoom out es el movimiento de lente contrario, o sea comienza desde un detalle pequeño de un objetivo para luego ampliarse y mostrar completo.

LENGUAJE NARRATIVO

Aunque a la secuencia de Planos: Plano Largo o Long Shot (LS), al plano medio (PM) y al Plano cerrado se les considera un introducción fundamental, no debe seguirse rígidamente y además no hay una regla para usar esas tres tomas básicas. El efecto visual determinará la secuencia.

Por ejemplo, en lenguaje cinematográfico se trabaja desde el rodaje la edición donde mensajes directos se perciben a través de las secuencias. La secuencia PL-PM-PC es satisfactoria. Para incrementar el interés de forma gradual la secuencia PL-PM-PC-PCE es más apropiada. Para imprimir suspenso a una escena es una técnica de Hitchcock la famosa e imitada secuencia PC-PC-PC-PA donde el rostro desesperado expresa duda de su contorno.

LA REGLA DE TERCIOS EN FOTOGRAFÍA

Durante el rodaje el director o camarógrafo deberá manejar sus tomas de acuerdo al encuadre de la Regla de Tercios.

Esta regla es muy simple. Divide con cuatro líneas imaginarias todo encuadre en tres secciones verticales y tres secciones horizontales, donde los puntos de convergencia sirven de guía para enfocar un grupo de dos o más personas que conversan, dejando suficiente aire lateral respecto a su posición y de aquella a quien le habla.

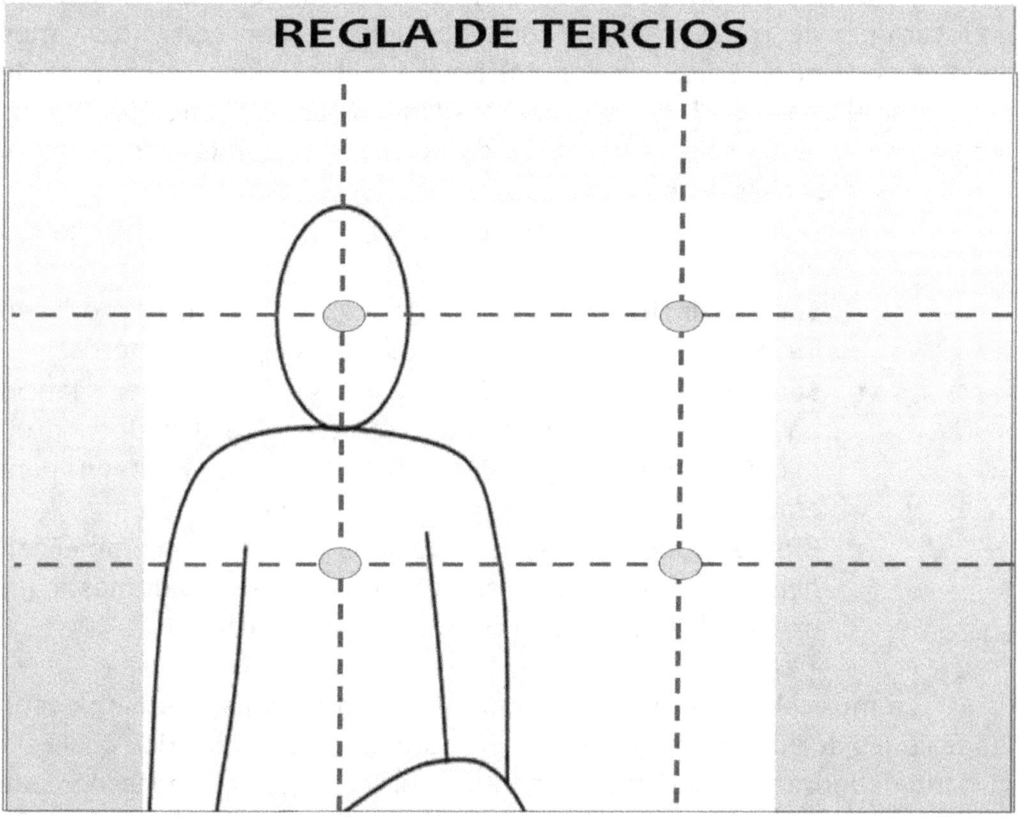

REGLA DE TERCIOS

En esta gráfica observamos cómo los puntos de convergencia sirven de guía para centrar el acercamiento del sujeto dentro de un grupo de dos o más personas que conversan, dejando suficiente aire lateral respecto a su propia posición y de la de aquel otro sujeto a quien le habla.

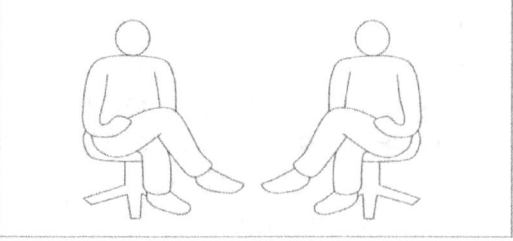

Se debe recordar cuando se hacen tomas estáticas de personas, encuadre la toma de manera que deje suficiente espacio en la dirección que la persona está mirando. El resultado será lógico y confortable para el espectador, reforzando la dirección en que mira el sujeto.

Audio y sonido

Durante la Producción el director de audio o Ingeniero de Audio, en las locaciones del rodaje y en el estudio de sonido trabaja con uno o varios ayudantes como el Editor de sonido (Sound editor) quien se encarga de pre editar el sonido. El Bumper que sostiene la caña del micrófono a los actores durante la acción es otro ayudante del departamento de sonido. Estos toman los clips de audio de:

- **Diálogos:** Los parlamentos interpretados directamente del guión.
- **Sonidos incidentales (Wild Tracks):** Son los que producen los propios actores al interactuar con los props sonoros.
- **Sonidos de Ambientes (Room tunes):** Debe haber silencio en la locación, sin bullicio de terceros. De duración de un minutos que incluye el cambio de horas y sirven para emparejar baches sonoros de cada locación.
- **Efectos sonoros (FX):** Son sonidos que por su complejidad deben ser producidos con instrumentos de uso doméstico, y otros, además de ser modulados y amplificados.

La musicalización queda a cargo de un Editor musical quien desde las sesiones de "page to page" o reunido con el director; deciden cual será la banda sonora o sound track de la película y las necesidades de cada escena, además de la música de fondo de los créditos iniciales y finales. En algunos casos el director puede no querer añadir música a su película o dejarla una sola pieza musical para el final dependiendo de su presupuesto. La música en dominio público puede ser a 50 años de la muerte del autor. En esta intervienen:

- compositor,
- cantante,
- arreglista

- y sello disquero o compañía musical.

El género musical debe ser apropiado al diseño de arte del argumento, como por ejemplo una película de tema social lleva música de género urbano, un ambiente cultural incluye instrumentales clásicos, un romance se musicaliza con baladas, música folklórica o étnica encaja con dramas y documentales, etc.

Existe relaciones entre informaciones sonoras y personajes que en teoría se reconocen como la auricularización:

1. Auricularización cero para los casos en que la banda sonora se someta a la distancia aparente del personaje a la cámara,

2. auricularización interna secundaria cuando la banda sonora aparezca como filtrada a través de un personaje,

3. subjetividad sonora se construya gracias al montaje o el campo visual, de tal manera que pueda remitirse el sonido a una instancia profílmica,

4. la auricularización interna primaria se dará cuando aparezcan determinadas deformaciones que separen la banda sonora del realismo y remitan a la subjetividad de una escucha.

LA LOCACIÓN Y EL REGISTRO DEL SONIDO

Es durante el scouting de locación que deberán prever todas las posibles complicaciones a la hora de la grabación y el rodaje. Algunos problemas que se reportan durante el rodaje es la reverberación, que es la persistencia del sonido tras la extinción de la fuente sonora debido a las múltiples ondas reflejadas que continúan llegando al oído. Ejemplo de estos ruidos contaminantes que deben evitarse son:

- El aire acondicionado en interiores, neveras, abanicos,
- los sonidos de animales,
- techos de zinc cuando llueve,
- alarmas de todo tipo,
- aviones en vuelo en zonas de aeropuerto,
- bullicio de áreas públicas,
- tipos de piso y calzados utilizados por los actores.

Los paneles dobles de madera, cauchos, cintas adhesivas y alfombras son las mejores técnicas aislantes utilizadas durante los ensayos y grabaciones.

Por ello los ambientes realmente se construyen. Se llama tiempo de reverberación al intervalo que transcurre entre el instante en que deja de emitirse un sonido y aquel en que su intensidad física se ha hecho un millón de veces mayor (esto es, su sonoridad ha disminuido en 60 decibelios). Las principales causas que determinan la mala acústica de una sala son la concentración de las ondas sonoras en determinados puntos y la reverberación. El tiempo de reverberación de una sala depende de la absorción de sus paredes; cuando éstas son muy absorbentes, el tiempo es pequeño y se dice que la sala es sorda.

ONDAS SONORAS Y SUS CARACTERÍSTICAS

Las crestas y los valles son aquellos lugares en los que el movimiento transversal es máximo. Una onda de sonido, sin embargo, está compuesta por movimientos longitudinales de las moléculas de aire —movimientos hacia adelante y hacia atrás en la dirección del movimiento de la onda—, lo que constituye una serie de compresiones y enrarecimientos sucesivos. La longitud de onda es la distancia entre dos compresiones o enrarecimientos consecutivos.

Ondas sonoras producidas en la laringe por la salida del aire (espiración) que, al atravesar las cuerdas vocales, las hace vibrar. La voz se define en cuanto a su tono, calidad e intensidad o fuerza. El tono óptimo o más adecuado para el habla, al igual que su rango de variación, depende de cada individuo y está determinado por la longitud y masa de las cuerdas vocales. Por tanto, el tono puede alterarse, variando la presión del aire exhalado y la tensión sobre las cuerdas vocales. Esta combinación determina la frecuencia a la que vibran las cuerdas: a mayor frecuencia de vibración, más alto es el tono. Otro aspecto de la voz es la resonancia. Una vez que ésta se origina, resuena en el pecho, garganta y cavidad bucal. La calidad de la voz depende de la resonancia y de la manera en que vibran las cuerdas vocales, mientras que la intensidad depende de la resonancia y de la fuerza de vibración de las cuerdas.

Cada instrumento musical produce una vibración característica. Las vibraciones se propagan por el aire formando ondas sonoras que al llegar al oído nos permiten identificar el instrumento aunque no lo veamos. Los cuatro ejemplos que se muestran representan formas de onda típicas de algunos instrumentos comunes. Un diapasón genera un sonido puro, y vibra regularmente con una forma de onda redondeada. Un violín genera un sonido claro y una forma de onda dentada. La flauta genera un sonido suave y una forma de onda relativamente redondeada. El diapasón, el violín y la flauta tocan la misma nota, por lo que la distancia entre los máximos de la onda es la misma en todas las formas de onda. Un gong no vibra de forma regular como los primeros tres instrumentos. Su forma de onda es dentada y aleatoria, y por lo general no se puede reconocer la nota.

Otro aspecto importante de la acústica de una sala es el aislamiento de los sonidos no deseados. Esto se logra sellando cuidadosamente cualquier rendija que pueda dejar pasar el sonido, empleando paredes gruesas y construyendo varios tabiques no unidos y separados por cámaras de aire.

Para evaluar las propiedades acústicas de las salas y los materiales, los científicos emplean instrumentos como las cámaras anecoicas o los medidores de nivel de sonido. La cámara anecoica es una habitación libre de ecos y reverberaciones, en la que todo el sonido es absorbido por pirámides de fibra de vidrio colocadas en la superficie de las paredes y el techo. Un medidor de nivel de sonido mide la sensación sonora o intensidad fisiológica, que no es proporcional a la intensidad física (flujo de energía por unidad de tiempo). El medidor expresa el resultado en decibelios (dB), una unidad logarítmica que se define a partir de cierta intensidad física umbral, Io, de tal forma que el número de decibelios de un sonido de intensidad I es: n° dB = 10 lg (I/Io).

La medición del sonido se clasifica de sub sónicos a ultrasónicos, y de subgraves a medios. Durante todo el rodaje una vez seteada la consola se recomienda mantener el mismo volumen. El seteo de consola previo se registra en base al pico en el registro de la voz del o los protagonistas que luego decae y no debe estar más bajo de (-2).

EL EQUIPO DE AUDIO Y SONIDO

En el sistema normal mecánico-electrónico de grabación de sonido, las ondas sonoras están inevitablemente distorsionadas y recogen ruidos del propio proceso de grabación. En la grabación digital estos problemas no existen. El grabador digital mide las ondas miles de veces por segundo y asigna un valor numérico o dígito a cada una de estas medidas. Estos dígitos se convierten en una corriente de pulsos electrónicos que se almacenan en una memoria para su posterior reconversión y reproducción. En los últimos años estas técnicas se han utilizado de forma limitada para la producción de grabaciones gramofónicas convencionales. Actualmente se realizan grabaciones digitales directas, en las cuales los pulsos electrónicos se sitúan en un disco compacto (CD), en el que, observados a través de un microscopio, se asemejan a una espiral de señales en código Morse. El CD, una vez extraído de su estuche de plástico, se coloca en un equipo en donde un rayo láser lee la información codificada y una serie de circuitos la convierten en señales analógicas para su reproducción a través de sistemas de altavoces convencionales.

Entre los nuevos dispositivos digitales que se han vuelto portátiles y más ligeros esta el "Handy Recorder" con dos micrófonos para grabar ambientes. Mide el nivel de la señal de sonido, con un par de entradas o jacks para audífonos. Se graba en un rango entre 12 – 3. Donde 30 es un rango de ruido. Tiene la capacidad de crear carpetas o folder con files de tipo .wav (Waveform audio) y mp3 como opción comprimida en la memoria.

Este dispositivo permite entradas laterales por medio de cable USB, volumen, audífonos, hold y encendido.

El uso de la claqueta hasta el día de hoy continúa siendo necesario para sincronizar audio y video. Como parte del equipo principal tenemos una fuente sonora, captador, 3 señales análogas, cables y conectores que disponemos al técnico o electricistas de campo.

TIPOS DE MICRÓFONOS

En rodaje de televisión y de cine se utilizan tres tipos de micrófonos:

- **Dinámicos:** Entre los micrófonos dinámicos se encuentran los micrófonos de cinta y los de bobina móvil. Los primeros llevan una fina cinta metálica adherida al diafragma, colocado en el seno de un campo magnético. Cuando la onda sonora incide sobre el diafragma y hace vibrar la cinta, en ésta se genera un pequeño voltaje por inducción electromagnética. El funcionamiento del micrófono de bobina móvil se basa prácticamente en el mismo principio, pero posee una bobina de hilo fino en lugar de una cinta. Algunos micrófonos modernos, diseñados para captar solamente sonidos unidireccionales, llevan una combinación de cinta y de bobina.

- **Condesador**: Otro tipo es el micrófono de condensador. Posee dos finas láminas metálicas muy próximas, que actúan como un condensador. La lámina posterior va fija, mientras que la anterior hace de diafragma. Las ondas sonoras modifican la distancia entre las láminas, alterando la capacitancia eléctrica entre ambas. Si se integra un micrófono de este tipo en el correspondiente circuito, se pueden amplificar las variaciones y producir una señal eléctrica. Este tipo de micrófonos suelen ser muy pequeños. En los audífonos se utiliza otro tipo muy habitual, el micrófono de condensador de electretos.
- **De Cristal**: Otra variante muy corriente, el micrófono de cristal, emplea cristales piezoeléctricos, en los que se origina un voltaje entre las dos caras del cristal cuando se le aplica una presión. En este tipo de micrófono las ondas sonoras hacen vibrar un diafragma que a su vez modifica la presión sobre un cristal piezoeléctrico, lo cual genera un pequeño voltaje que más tarde se amplifica.

En cinematografía se utiliza el **Bumper o caña**, o percha de aluminio. Debe colocarse en la posición correcta tanto la caña como el micrófono, sosteniéndola con ambos brazos y ubicar la posición del micrófono frente del que habla. Según la posición y distancia se apoya la caña sobre la muñeca o los hombros del sonidista. Otras recomendaciones son:

- Evitar que se vea reflejada la sombra del micrófono en la cámara.
- Se debe usar esponja o mota en exteriores cuando hay mucho viento para evitar reverberancia.
- Se debe marcar sobre el área de la escena un cuadro indicado por el director que limite su rango de movilidad respetando el de la cámara.
- El estándar 48 – 24 es el pulso en el cual corre la grabadora.

EDICIÓN DE AUDIO

A medida que se van obteniendo los "folies" o archivos de audio el director de audio con la ayuda de un Data manager deben organizar tal y como se hizo el diseño sonoro por separado los tipos de archivos como música, sonidos, ambiente, etc. Estos se pueden numerar y colorear por grupos como: Locución 1, Locución 2, Diálogo 1, Diálogo 2, Efecto 1...
Algunas veces los sonidos de ambiente se usan para emparejar diálogos en una misma escena. Esto se entregarán al director de montaje cuando pase a Post producción.

La edición digital hoy en día se hace a través de softwares de manera dual. Los más conocidos son "Pro Tools 10" y "Premier" a través d eformatos varios como los .aaf, .omf y los .qt. El cual cada 6 siglos añade un bit y sincroniza el archivo OMF. Se trabaja por track numerados, cronómetro de inicio a fin, duración y gráfica de ondas, entre otras opciones y configuraciones.

Los voice over y Fuera de pantalla se montan desde estudio otro día. Respecto al cumplimiento del guión, hay cosas que por distancia se obvian o al contrario por su importancia se indican al actor durante la acción. La pre mezcla también se mantiene a través de Sound mixer que puede rondar los $2 mil dólares. Hay un proceso de "depuración" previa del sonido antes de su aprobación por el director y de que se realice el montaje de sonido. Pueden haber varios encargados de reproducir los sonidos según sea el presupuesto de la película.

Las mezclas en Cine y Televisión son diferentes. En TV se comprimen para lograr la conversión analógica que todavía el medio mantiene. Mientras que en cine el masterizado de música y diálogos se manda a hacer internacionalmente, por ejemplo a Chile y otros.

Pre edición y Data Managing

Es un profesional en informática y programación. Por ejemplo Movie Magic es un programa que arroja el Plan de Rodaje. Es el únicop software usado en la industria de cine internacional, que asigna colores a los horarios por locación.

La memoria está formada por chips que almacenan información que la CPU necesita recuperar rápidamente. La memoria de acceso aleatorio (RAM, siglas en inglés) se emplea para almacenar la información e instrucciones que hacen funcionar los programas de la computadora. Generalmente, los programas se transfieren desde una unidad de disco a la RAM. Esta memoria también se conoce como memoria volátil porque la información contenida en los chips de memoria se pierde cuando se desconecta el ordenador. La memoria de sólo lectura (ROM, siglas en inglés) contiene información y software cruciales que deben estar permanentemente disponibles para el funcionamiento de la computadora, por ejemplo el sistema operativo, que dirige las acciones de la máquina desde el arranque hasta la desconexión. La ROM se denomina memoria no volátil porque los chips de memoria ROM no pierden su información cuando se desconecta el ordenador.

Electricidad en Rodaje

El Gaffer o Jefe de electricidad en un set de grabación de una película, se encarga junto al Productor de Campo, o al Jefe de Piso en el caso de la televisión, de instalar y garantizar las fuentes de electricidad para la maquinaria de equipos de sonido, luces y cámaras que operará en las locaciones exteriores de la película. El Best Boy es el ayudante de electricidad. Dependiendo de la complejidad de la producción se contrata un grupo de electricistas llamados juicers.

El Director

Es la persona clave en la realización de una película. Es quien convierte un guión en imágenes, y para ello todos los que intervienen en el proyecto están a sus órdenes: el equipo técnico y el equipo artístico, compuesto por los actores. Su trabajo no empieza el primer día de rodaje, sino mucho antes desde el desarrollo y la pre producción. Junto con el jefe de producción, elabora un plan de rodaje que decide la división de la película en localizaciones y tomas a partir del guión. El director imprime un estilo personal a la película, y el éxito o fracaso de ésta dependen en gran medida de su labor.

Del Director es de quien deben partir las órdenes que permitan al film asumir una forma propia. Entre las habilidades más importantes que se considera debe tener encontramos:
- Capacidad organizativa.
- Conocer los detalles del escenario.
- Guiar la interpretación de los actores con el fin de obtener los mejores resultados.
- Controlar todas las fases de la filmación y el montaje.
- Supervisar la profesionalidad técnica y artística de muchas personas.
- Alcanzar un determinado objetivo comunicativo y expresivo.
- Saber cuánto escoger de cada uno de sus colaboradores.

El director debe perdurar durante la realización en un estado mental curiosamente elástico y, sin embargo, firme. Al final es quien suma todas las decisiones que se adoptan en el proceso de narrar el argumento.

Algunas recomendaciones para el director son:
- Nunca tratar de ser egocentrico, o destacar más que los demás dentro de la película.
- Nunca permitir que el editor este dentro del set durante el rodaje ya que podría intervenir en el trabajo d elo sdemás.
- Nunca te fíes de tus primeros tres guiones, si creas que el presupuesto es una barrera, existen muchos ejemplos de exito de películas que costaron menos de lo que se cree.
- Nunca obvies los personajes dejándolos con poca fuerza dramática dentro del planteamiento de las escenas.
- Nunca te fies de la censura para el trabajo final de tu película, si se usa lenguaje soez o exceso de violencio deben existir las dos versiones de la escena que permitiran ampliar tu audiencia y evadir posibles limitaciones de ser exhibida.

LA ATENCIÓN DEL ESPECTADOR

El objetivo de hacer una película es captar la atención de los espectadores, creando una espacio y tiempo únicos que surgen de la tarea conjunta de todos los departamentos y directores que trabajan para la película.

Para considerar la mirada del espectador nos detendremos en la forma en que los elementos anteriormente vistos están presentes en el film, lo que nos lleva necesariamente al problema del espacio y el tiempo.

- La mirada espectatorial está materialmente forzada a seguir una dirección estipulada por la interacción existente entre la composición bidimensional y el efecto representado de tridimensionalidad.
- La mirada se mueve guiada por ciertos movimientos, colores, distribución y tamaños. Un elemento móvil atraerá más la atención que uno estático.
- La distribución y tamaño de los elementos también dirigen la mirada del espectador.

La profundidad espacial se crea por la relación de dos elementos, tamaño y movimiento. Eso es lo que se define como diferentes planos de profundidad en un encuadre. La temporalidad desempeña un papel importante en la puesta en escena. Sólo los planos de muy corta duración nos permiten mirar la totalidad de la composición a la vez. Por lo general, sin embargo, la simultaneidad debe ser aprehendida sucesivamente. Mirar un plano consume tiempo. La temporalidad, pues, puede ser utilizada como elemento fundamental de guiar la concentración de nuestra mirada.

EL TIEMPO Y EL ESPACIO CINEMATOGRÁFICO

La duración de una película puede ser de 1 a 2 horas y media en casos excepcionales, como ocurre con algunas películas. La relación entre tiempo representado y tiempo diegético tiene varias carcaterística como:

- Sumario que es la duración de un discurso más breve que la de los sucesos representados.
- Figuras retóricas son aquellas destinadas a comprimir el tiempo de la historia (reloj, hojas de calendario que pasan,

fechas escritas, voz del narrador, etc.), con un aumento de velocidad irreal con respecto a la realidad.
- La elipsis implica la eliminación de una parte más o menos amplia de la historia que se considera inútil para los fines de la economía narrativa. Las cuales pueden ser definidas o indefinidas.
- Planos-Secuencia. Coincidencia entre el tiempo diegético y el tiempo representado.
- Alargamiento temporal. El tiempo del discurso puede ser más largo que el de la historia, (disminución de velocidad, frame-stop (congelación del fotograma).

Es manejo atemporal conlleva la presentación de un orden que hace referencia a que el discurso puede resituar los acontecimientos de la historia a su gusto.
1. Coincidencia entre el orden de la historia y del discurso
2. Anacronías:
- flasblack. Cuando el discurso rompe el flujo de la historia para recordar sucesos anteriores.
- flashforward. Cuando el discurso salta hacia adelante.

Toda anacronía puede ser medida en términos de distancia (tiempo entre ahora y el salto hacia delante o atrás). Por su amplitud (la duración de la anacronía en cuanto tal). Por lo que es imposible dilucidar la relación cronológica entre el tiempo de la historia y el tiempo del discurso.
Aspectos temporales que tienen que ver con la frecuencia:
- Singularidad - Una sola presentación discursiva de un momento de la historia.
- Singularidad múltiple - Varias representaciones, cada una perteneciente a momentos similares, pero diferentes de la historia.
- La repetición implica varias representaciones discursivas del mismo momento.
- La iteración implica una presentación narrativa de varios momentos de la historia.

Por otra parte, la espacilidad se denotan algunas fenómenos o supuestos:
- Los acontecimientos ocurren en lugares concretos.

- La historia y el relato pueden manipular el espacio desde el punto de vista de la serialidad.
- El film puede asimismo utilizar, aparte del espacio del relato y el espacio de la diégesis el espacio físico del encuadre como elemento narrativo.
- Muchas anécdotas dialogadas no especifican dónde tiene lugar la acción.

EL LENGUAJE CINEMATOGRÁFICO Y ESTILO

Si amas el cien y quieres dirigir un cortometraje o largometraje, debes ser buen observador y activar tu caudal creativo para llegar a ser un buen director de la gran pantalla. Lograrlo requiere una conciencia e identidad clara respecto al mundo del cine alrededor del mundo y además desarrollar un entendimiento intuitivo de lo que es el drama.

La manera en que cada director combina los elementos o herramientas audivisuales que conforman el cine, son los que definen su estilo. Estos elementos elementos de composición fotográfica son por lo general, el formato de filmación, digital o película 35mm, su propio guión técnico y los tipos de planos, los momentos en que decida utilizar el encuadre, ángulos, movimientos, y el uso de las tecnicas de iluminación.
Estos son "Códigos" que se remiten exclusivamente a la composición fotográfica o planificación desde dos puntos de vista diferenciados como el que se refiere a la delimitación de los bordes y el formato de la imagen fílmica:

- Formato - normalmente rectangular con una relación alto-ancho. El formato implica disponer de una superficie diferente para distribuir los elementos.
- Guión técnico: A veces hecho con base a la continuidad dialogada, enriquecida con toda clase de indicaciones para el rodaje y la puesta en escena: lista del tamaño de los planos (PP, PC. PM, PML, PG, etc.), ángulos de toma (picado, contrapicado, etc.), movimientos de cámara (panorámicas, travellings hacia adelante, hacia atrás, elevación, etc.) movimientos ópticos (zooms hacia adelante, hacia atrás), relaciones visuales (corte, fundido, fundidos encadenados,

etc.), tipos de objetivos utilizados (focales, filtros especiales), etc.
- Función representativa del encuadre que consiste en marcar los límites del encuadre. Significa separarlo del contexto establecido por los otros encuadres.

La técnica de filmación implica elegir un fragmento de espacio dejando otras partes fuera del campo de visión del espectador. Donde el campo y el fuera de campo se relacionan:
- A través de sus entradas y salidas de personajes u objetos y de las interpelaciones realizadas hacia el fuera de campo.
- Con el raccord de miradas como forma privilegiada, y la determinación del espacio off a través de la fragmentación de personajes u objetos.
- El fuera de campo delimitado por el encuadre consta de seis segmentos.
- El fuera de campo como el conjunto de elementos que, sin estar incluidos en el campo, se relacionan con él imaginariamente por cualquier medio.

Y el que lo hace al modo de realización de la imagen, modo de mirarlo, o lo que es lo mismo, a la forma y escala de los planos, a la inclinación de la cámara y a la angulación. Así es como todo se remite a la tipología del plano, al ejercicio de estilo y a la simple elección.

La fotografía es un medio que define cómo se cuenta mejor una historia a través de imágenes. Todos estos movimientos son procedimientos técnicos, pero implican efectos de sentido. En efecto, todos ellos implican una función relacional.

Todo plano define un campo, entendido éste como la porción de espacio imaginario contenida en el interior del encuadre.
- El encuadre se presenta como los límites del campo.
- El encuadre forma el elemento básico a partir del cual se puede estructurar la composición plástica del campo.
- Profundidad de campo - efecto que en cine o en fotografía, surge de la correlación de una serie de parámetros técnicos, distancia focal, apertura del diafragma y sirve para designar la parte del campo en la que los objetos o personas situados en ella se perciben con nitidez.

Por ello cada uno de los tipos de plano cumplen una función significante diferente, según el conjunto en que se integran.

Los factores que inciden en la creación de un plano son los siguientes:
- Tamaño - Clasificación imprecisa.(PP, PM, PG, etc.)
- Duración - Plano-secuencia.
- Distancia - normales, gran angular, teleobjetivo, etc.
- Movilidad
- Plano fijo
- Planos en movimiento
- movimiento de la imagen representada redistribución, jerarquización de elementos.
- movimientos de cámara
- Movimiento real de la cámara.
- movimiento de la cámara (travelling, dolly, grúa)
- sobre su eje vertical-horizontal (panorámicas)
- Movimiento como efecto aparente (Zoom)

En cuanto a la angulación e inclinación de la cámara estos códigos se encargan de organizar cómo y desde dónde se sitúa la cámara para filmar. Y pueden ser:
- Anulación - normal, picado y contrapicado.
- Inclinación de la cámara - normal, inclinada a derecha o hacia la izquierda.

Finalmente la iluminación influye en el mensaje que se proyecta a través de la pantalla con los siguientes parámetros:
- Neutra - sirve sólo para que el encuadre sea percibido con nitidez.
- Función dramática y de composición.
- La iluminación funciona como dispositivo retórico de puesta en escena según su calidad, dirección, fuente y color.
- Calidad - se refiere a la intensidad.
- Dirección de la luz - se refiere al lugar desde donde surge y es proyectada sobre el objeto presente en el encuadre.
- Fuente - puede ser diegética o no diegética, realista o no realista.

- Puede utilizarse para colorear naturalista o estilizadamente un encuadre.
- Estos elementos configuran tanto la composición como el carácter significativo de un plano o del film en su totalidad.

Primer Asistente

Normalmente se asignan uno o varios ayudantes de dirección, según el presupuesto y la complejidad de la producción. El primer ayudante controla el cumplimiento del plan de trabajo, que prepara cada día y aprueban el jefe de producción y el director; asimismo trabaja junto a éste durante el rodaje, ayudándole en la preparación de cada toma.

Se puede considerar que dentro de la industria el rol del Primer asistente de director mantiene cierta polivalencia, ya que éste puede asumir varias funciones, dependiendo del criterio del propio director. Por ejemplo en una película de bajo presupuesto, un primer asistente puede cobrar hasta $1,500 o más, por hacer el trabajo de tres personas en varias etapas del proyecto. Organiza las copias y documentación necesaria para los directores y sus asistentes, que halla resaltadores, plumas y demás material de oficina para todo el crew.

Esta al corriente del avance del decorado y del vestuario y de que se compre los materiales necesarios para su realización. En ocasiones los props de utilería también pueden ser hechos por cada encargado de departamento o hacerlo el primer asistente de dirección. Además es el encargado de analizar el guión y desglosarlo según sus costos.
Determina problemas con las locaciones, el cumplimiento de las meriendas y horarios de almuerzo, consulta el pronóstico del estado del tiempo, previendo qué será lo más sencillo o dejar lo complicado para el final del día.

Esto no significa que puede dirigir, aunque en casos extremos donde se hace necesario que el directo este en dos locaciones el mismo día, puede asumir las indicaciones del director en una de estas. También organiza las hojas de llamados de actores o dejarle esta labor al segundo asistente.

Segundo Asistente

El segundo ayudante ayuda al primero disponiendo a los actores y al equipo técnico en el lugar adecuado y el momento exigido. Dirige también a la figuración (los extras), y cuida de los pequeños detalles para la preparación del plan de trabajo del día siguiente. Puede realizar dos labores a la vez como el cámara o el continuista donde el presupuesto o tipo de organización de la producción lo ameriten.

Continuidad

La Continuidad en series de televisión y películas es muy importante ya que es la persona que se encarga de registrar toda la acción que se lleva en el set para ser tener guías o fotos, y retomar las escenas del día anterior sin errores de ningún tipo.

El Continuista debe conocer el guión y e manejo de los diversos saltos de tiempo en la línea de continuidad de todos los eventos del argumento. Si el montaje regula el ensamblaje de los planos para formar la unidad del film, y siendo todo plano una unidad espacio-temporal cada vez que exista un cambio de un plano a otro, reproducirá una relación entre los parámetros de ambos planos que da lugar a lo que Burch denominó la articulación espacio-temporal.

- Rigurosa continuidad
- Elipsis definida y medible
- Elipsis indefinida
- Retroceso definido
- Retroceso indefinido
- Articulación espacial entre dos planos contiguos:
- Discontinuidad espacial simple - continuidad espacial con o sin continuidad temporal.
- Discontinuidad espacial normal.

- Raccord - El instrumento privilegiado destinado a soldar esa discontinuidad.

Al hacer una película, los planos no se filman siguiendo la trama de forma consecutiva. Las tomas no son consecutivas como el guión, sino que se busca la conveniencia de tiempo y locación. Se perdería gran cantidad de tiempo llevando los equipos de un lugar a otro.
- Resulta caro tener a los actores todo el tiempo.
- Las localizaciones deben estar cerca y reservadas todo el tiempo de rodaje.
- Por lo tanto el guión debe descomponerse siguiendo un Plan de Rodaje.

Ahorrar tiempo agrupando todos los planos que se tengan que hacer desde una posición de cámara, independientemente de que estén en orden según la historia o no. De esta forma no hace falta mover la cámara de un lado a otro entre planos y la iluminación necesita un mínimo de ajustes.

DOCUMENTACIÓN DE LA CONTINUIDAD

Finalmente la organización que relaiza el Continuista segun el volumen y complejidad de su proyecto puede formatear su propias Hojas de continuidad las cuales tienen los datos precisos de todo el rodaje:
- Para la unidad de rodaje. Es necesario tener un registro de lo filmado y también de lo que consiste cada toma, con objeto de preservar la continuidad ente planos distintos, independientemente del orden de rodaje.
- Lo que sucede en cada toma, la relación entre diálogos, posición de los accesorios, etc. Todo lo que ve la cámara deberá anotarse para disponer de referencias.
- La cámara necesita anotaciones de carácter técnico, lentes, distancia o filtros.
- Para el montador. Le interesa conocer el nº de claqueta, la descripción de la toma, la toma buena, etc.

Teoría de Dirección de Cine

De la teoría de la comunicación a la narrativa, podemos citar variedad de autores que han contribuido al estudio de la semiótica y otras ramas relacionadas al desarrollo de los medios y el multimedia. Para Benveniste, el lenguaje tiene dos modos: el semiótico, propio del signo, y el semántico, propio del discurso. El modo semiótico se refiere a las unidades aisladas del lenguaje, consideradas fuera del contexto y sin referencia cuando están disponibles para su uso. El modo semántico se basa en los enunciados y, por tanto, conlleva la existencia de referencias al mundo real. Benveniste contribuyó de un modo crucial a la teoría de la comunicación. Su distinción entre semiótica y semántica pretendía complementar la definición de signo de Saussure, que no ofrecía ningún vínculo entre el signo y su uso en el discurso, o entre el signo y el mundo del que forma parte. Todo texto narrativo, de manera paralela a lo que ocurría con los signos, articula una expresión (discurso) con un contenido (historia) o, más en concreto, una forma de la expresión con una forma del contenido. El proceso de producción de un film se basa en la capacidad de dominio y control de distintas técnicas dotadas de un mayor o menor grado de especificidad. Algunas pertenecen estrictamente al campo cinematográfico (la filmación, el montaje), pero otras, aunque cada una a su modo, son compartidas por otras actividades artísticas (la dirección artística y la interpretación, pero también la administración del personal o la organización del trabajo).

En Francia, André Bazín en su teoría de la Especifidad fílmica señaló que el *"Plano secuencia con profundidad de campo, una alternativa al montaje clásico que permite una fusión ejemplar del realismo narrativo y del realismo perceptivo"*. Además menciona que *"El cine se constituiría en un lenguaje sintético, más realista y más intelectual"* enunciado que hemos podido hoy día corroborar.

El director de cine y teatro ruso Serguéi Mijáilovich Eisenstein consideró al cine una especie de arma política al escribir en su obra *"Teoría y técnicas cinematográficas"*: *"La ambigüedad de la realidad, era necesario combatirla, evitando la confusión de la imagen cinematográfica con una captación inmediatamente realista del mundo"*. Resultado de esta ideología neorealista se expresa en la película del director Passolini, titulada "120 días de Sodoma" la cual es una adaptación de La República de Saló escrita por le Marques de Sade.

En el mundo existen además autores que se citan para interpretar la teoría del cine. El carácter necesariamente selectivo del relato cinematográfico, que obliga a que todo discurso tenga que elegir que sucesos y actuantes mostrar y cuales mantener implícitos, establece una serie de relaciones entre el tiempo diegético (o tiempo de la historia) y el tiempo representado (tiempo del discurso), que pueden ser analizadas en términos de orden, duración y frecuencia (Genette, 1972).

Román Gubern señala que la operación sintagmática del montaje (selección y ordenación de fragmentos espacio-temporales) reproduce las condiciones de selectividad de la percepción y la memoria humanas, en lo que éstas tienen de discontinuas y de privilegiar ciertos aspectos significativos en detrimento de otros que no lo son.

Otro de los grandes teoristas rusos fue Konstantín Serguéievich Stanislavski que fue actor, director y autor de "Un actor se prepara" quien fue pionero en preparación de actores dijo: "Lo importante es no perder de vista el punto de llegada previsto. *"Cada personaje y su acción en un guión argumental encierran un objetivo determinado pero parcial, que no debe contradecir el carácter general de la obra"*. El término "superobjetivo" lo tomamos de éste gran director teatral ruso Stanislavski. Del mismo modo que al desarrollar un conflicto en un guión tenemos allí un objetivo - o superobjetivo- que es llegar a alguna parte, y tenemos una motivación: queremos llegar allí, estos dos extremos permitirán trazar una línea que los unirá pero, al mismo tiempo, nos permitirá también un análisis sobre lo bien fundado de la elección de uno u otro punto del trayecto.

El guionista francés Jean-Claude Carriere citaba como ejemplo histórico dos maneras distintas de estructurar un relato.
1. En la narración oriental: china, india, árabe y como ejemplos en la literatura española, tal como "El lazarillo de Tormes". Este tipo de estructura desarrolla una suerte de descripción lineal como la de un

trayecto desde un sitio a otro, en el transcurso del cual ocurren episodios diversos en los que el protagonista se vincula con gente que a su vez cuenta su historia y así sucesivamente.

2. La tragedia dramática que nació en la antigua Grecia y tuvo su apogeo en la Francia del siglo XVII y que se prolonga en la tradición occidental hasta nuestros días, donde la narración comienza se desenvuelve y culmina siguiendo una progresión que abre y cierra un conflicto.

Carriere concluía diciendo que esas dos grandes tradiciones llegan a veces a mezclarse.

IDEAS CLAVES DE ESTE CAPÍTULO

▶ El día de rodaje de una película comienza por el área técnica: instalación cableado de electricidad, toldas, equipo de audio, escenográfos y luces. Todo esto a cargo del Productor de Campo o Field Producer que se encarga de montar un espacio apropiado para el resto del crew.

▶ El lado artístico luego aparece para prepararse para iniciar el rodaje. Los Actores son atendidos en camerinos improvisados por los asistentes de dirección, maquillistas y vestuaristas; mientras repasan por última vez sus diálogos. Justo a mitad del día todo debe estar concertado para que el director indique luces, cámara y acción. El Data manager guardará los valiosos clips de audio y video.

▶ Un plan de rodaje puede cubrir de 6 a 10 semanas, si es largometraje o menos de una semana si es un corto. Es un periodo de producción de trabajo intenso, donde cada detalle está planeado para disponerse a un horario de rodaje preciso, con el personal capacitado para obtener el mejor resultado.

ACTIVIDADES SUGERIDAS

1. **VISIONADO DE PELÍCULAS:** Seleccione el detrás de cámaras o Making of de varias películas. Discutan en grupo sus dudas y comenten en clase sobre los diversos detalles de su producción.

CORTOMETRAJE: Realicen en grupo uno o dos cortometrajes:

1. Escojan el mejor guión de cortometraje, escrito con el propósito de mantenerlo dentro de un bajo presupuesto: Locaciones accesibles y pocos actores.
2. Realice las tareas de casting, presupuesto, escenografía y props. Organice ensayos previos.
3. Realice el Guión técnico y el Rodaje.

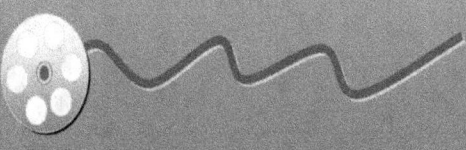

CAPÍTULO 8

POST PRODUCCIÓN Y MONTAJE

- ▶ Técnicas de Montaje
- ▶ Edición artística
- ▶ Edición publicitaria
- ▶ Montaje de secuencias
- ▶ Masterizado de películas
- ▶ Plan de Mercadeo de Cine
- ▶ Plan de Distribución de Cine
- ▶ La Recaudación y derechos

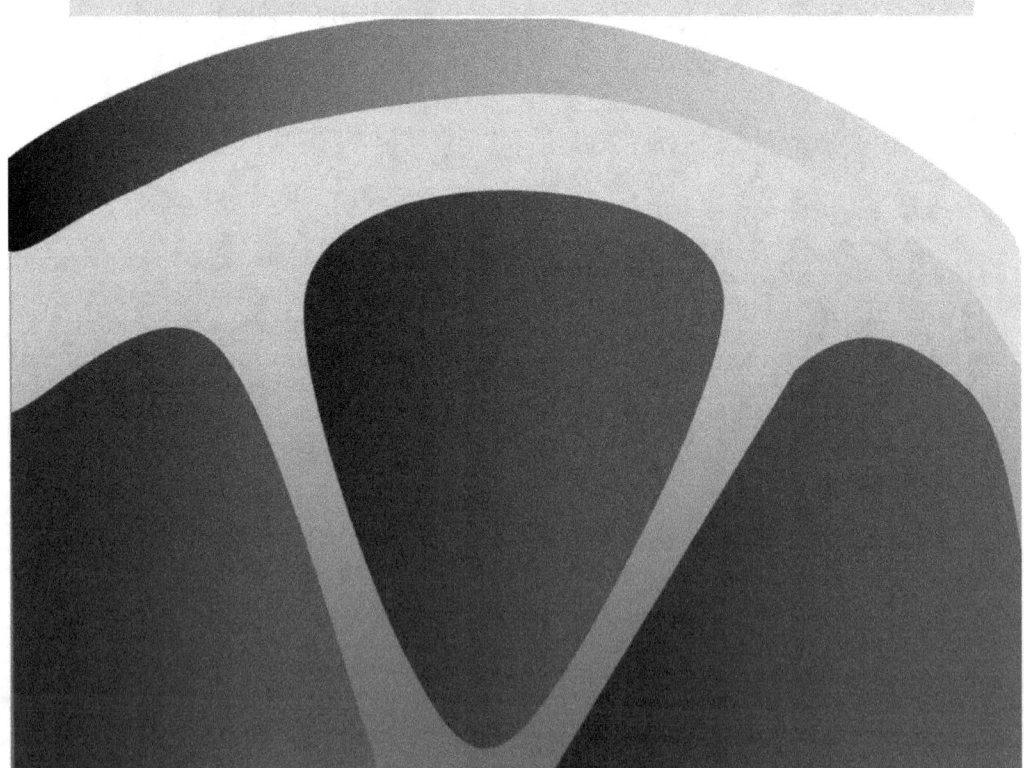

Post Producción

El montaje de la versión digital de la opera prima de un director es el final de varias esfuerzos a largo plazo, pero es el inicio de la mejor etapa de la película. Es justo cuando se organiza la promoción publicitaria del estreno de la obra en salas de cine, donde se convoca a una audiencia interesada en disfrutar de su argumento único, y de ser parte de la gran industria local e internacional. Es el momento en que se sabrá al fin cuán entretenida, emocionante y apasionante puede ser tu historia. Es una experiencia enriquecedora que lleva enseñanzas para todos.

Una película es el ensamblaje de cientos de tomas breves, por lo que su ordenación en una secuencia que transcurra, rítmicamente, y sin cambios bruscos, es un arte especializado. Esta función la cumplen el montador, o montadores, que supervisan a los equipos de especialistas en el corte y montaje tanto de las bandas sonoras como del negativo de la imagen. El montador sincroniza la imagen con el sonido (tarea habitualmente encomendada al ayudante de montaje). Visiona las tomas diarias junto al director y los miembros clave del equipo (el director de fotografía, que así supervisa su propio trabajo). Hoy en día, muchas películas se montan en vídeo, y después ese montaje sirve de referencia para cortar y empalmar el negativo de celuloide. La preparación de estas tomas diarias se desarrolla cada día a lo largo del rodaje de la película. La posproducción es el momento en que el montador ha reunido todo el material necesario para completar un primer montaje de la película. Después de que el director y el productor aprueban el montaje final, un montador de sonido especializado corrige los posibles problemas con éste. Si fuera necesario, el montador de sonido regraba los diálogos en un estudio de grabación, mientras los actores ven en proyección la imagen correspondiente. Este proceso se conoce como doblaje. Los montadores de sonido reúnen las grabaciones y crean a veces nuevos sonidos (efectos sonoros) para intensificar la fuerza dramática de una escena. Mientras se prepara la banda de sonido, el montador también supervisa los efectos ópticos y los títulos que se van a incorporar a la película. Uno de los pasos finales es la preparación y la mezcla de las diferentes bandas sonoras en un único máster, primero magnético, que contendrá los diálogos, música, sonido directo y efectos de sonido, sincronizados con la imagen y adecuado al volumen de cada banda. La mezcla sin los diálogos hace posible el doblaje para la distribución de la película en otros idiomas.

La edición se define como un concepto de unión espacial y temporal, es algo que la cinematografía tomó prestado de otras artes como la fotografía, la pintura y la literatura, donde la unión de las acciones proporciona al lector la continuidad lógica en la animación de la historia así como la creación de una idea.

Técnicas de Montaje

¿Cómo mostrar escenas que se sucedan simultáneamente? Para ello exiten diversas posibilidades:

1. Mostrando acciones que coexistan en el mismo campo (por ejemplo, gracias a la profundidad de campo).

2. Que coexistan en el mismo encuadre (doble exposición).

3. Presentarlas en sucesión.

4. Presentarlas en montaje alternado.

Los tipos de edición o montaje son:

- Montaje Alternado - propone una serie amplia de analepsias o retrocesos, definidos dos sucesos diegéticamente simultáneos y alejados en el espacio.

- Montaje Paralelo - En el que las acciones que se muestran alternativamente no son simultáneas en el tiempo de la historia.
- Montaje Convergente - separación física de grupos en conflicto que convergen hacia un único lugar en un único tiempo.

Los primeros films de los hermanos LUMIERE, eran de un solo cuadro, en ellos estaba ausente el montaje o la unión de cinta. Con el tiempo apareció la necesidad de alargar los Films porque un gran número de acciones y acontecimientos no podían ser filmadas en un solo cuadro y hubo que "pegar" las diferentes tomas que hubieran sido filmadas previamente por separado. La unión puramente técnica de dos diversos cuadros fue la primera forma de edición primitiva y se le denomino MONTAJE TECNICO

EL PRINCIPIO DE MONTAJE

Uno de los rasgos más evidentes del cine es que se trata de un arte de la combinación y de la disposición. Este rasgo es el que caracteriza en lo esencial, la idea de montaje y podemos apuntar de entrada que se trata de una idea central en cualquier teorización del hecho fílmico.

El montaje en un filme (y por lo general en el cine) es ante todo un trabajo técnico, organizado como una profesión, y que en el curso de algunos decenios de existencia ha establecido y progresivamente fijado ciertos procedimientos y ciertos tipos de actividad.

- Recordemos rápidamente cómo se presenta la cadena que lleva del guión a la película acabada en el caso de una producción tradicional:
- Una primera etapa consiste en desglosar el guión en unidades de acción y, eventualmente, en desglosar éstas para obtener unidades de rodaje (planos).
- Estos planos durante el rodaje engendran varias tomas.

El conjunto de estas tomas constituye los "rushes", a partir de los cuales comienza el trabajo de montaje propiamente dicho, que consta de tres operaciones indispensables:

1. Una selección, entre los "rushes", de los elementos útiles (los que se rechazan constituyen los descartes).

2. Un enlazado de planos seleccionados en un cierto orden (se obtiene así lo que se llama una "primera continuidad").

3. Finalmente se determina con un nivel preciso la longitud exacta que conviene dar a cada plano y los empalmes (raccords) entre estos planos.

El montaje se compone de tres grandes operaciones: selección, combinación y empalme. Estas tres operaciones tienen por finalidad conseguir, a partir de elementos separados de entrada, una totalidad que es el film.

DEFINICIÓN DEL CONCEPTO

El objetivo y función de la edición esta dado por la necesidad de exponer el tema coordinada y orgánicamente, además del contenido, la trama, la acción, el movimiento dentro de la serie fílmica y su acción dramática como un todo a partir de la animación de una fabula y hasta su lógica y continuidad. Otras definiciones señalan:

- Montaje: Serie de códigos que articulan el proceso de composición y reunión de todos los elementos para construir el film.
- Montaje: Operación destinada a organizar el conjunto de los planos que forman un film en función de un orden prefijado. Se trata por tanto, de un principio organizativo que rige la estructura interna de los elementos fílmicos visuales y/o sonoros.

El film se compone de porciones separadas de cintas que unidos conforman las representaciones, las acciones, las imágenes, los acontecimientos, los episodios, las estructuras dramáticas y el todo.

ELEMENTOS BASICOS DE LA EDICIÓN

Durante el proceso de edición dos aspectos fundamentales se unen al yuxtaponer dos o mas cuadros:
1. el Contenido de la toma
2. el tiempo que transcurre en cada cuadro

GUION TECNICO COMO BASE DE LA EDICIÓN

El guión técnico es la base de la edición, en el se encuentran descritas las diversas tomas y ángulos de cámara, así como la duración de cada cuadro. El guión técnico es literatura sin filmar, es la idea literaria mas aproximada de como será el futuro trabajo audiovisual (cuña, film, documental)

Según los teoristas rusos, los dos grandes métodos de edición son:
1. La edición Confortable
2. La edición Artística

EDICIÓN CONFORTABLE

La edición es un proceso que se debe preveer a la hora de escribir un guión técnico y dibujar el story board, pero para ello se requiere un determinado entrenamiento de la imaginación para sentir el efecto del cambio de los cuadros en la pantalla. Este entrenamiento comienza con la ubicación de la cámara en relación al sujeto; que porción del sujeto seré fijada por la cámara y como esa porción se vera en la pantalla.

El objetivo de la edición confortable es que las acciones que transcurren en la pantalla ocurran con la lógica de la vida real sin afectar el proceso de percepción visual de los objetos o sujetos que participan en la acción. Si un sujeto entra al cuadro por la izquierda y sale por la derecha la unión lógica con un cuadro subsecuente es que el sujeto vuelva a entrar por la izquierda y desplazarse a la derecha.

Si establecemos determinada posición para un sujeto A, por ejemplo, la derecha de la pantalla y durante la filmación descuidamos la posición del sujeto y lo filmamos a la izquierda, esta toma no se podrá unir con el resto por composición ya que se vería como si el sujeto saltara de derecha a izquierda.

La misma relación ocurre con todos los sujetos u objetos que participan en la acción a la hora de filmar.

OBJETOS DEL MONTAJE

- Plano se debe tornar aquí en una sola de sus dimensiones, la que determina la inscripción del tiempo en el filme (es decir: el plano caracterizado por una cierta duración y un cierto movimiento), y por tanto como equivalente de la expresión "unidad (empírica) del montaje". Pero podemos considerar que las operaciones de organización y disposición que definen el montaje pueden aplicarse a otros tipos de objetos:

Tres tipos de operación:
1. yuxtaposición (de elementos homogéneos o heterogéneos)
2. ordenación (en la continuidad o la sucesión)
3. fijación de la duración

El montaje es el principio que regula la organización de elementos fílmicos visuales y sonoros, o el conjunto de tales elementos, yuxtaponiéndolos, encadenándolos y/o regulando su duración.

FUNCIONES DEL MONTAJE

1. Función narrativa - El montaje asegura el encadenamiento de los elementos de la acción según una relación que, globalmente, es una relación de causalidad y/o de temporalidad diegéticas: bajo esta perspectiva, se trata siempre de conseguir que el «drama» sea mejor percibido y correctamente comprendido por el espectador.

2. Función expresiva, es decir, aquel que «no es un medio sino un fin» y que «consigue expresar por sí mismo -por el choque de dos imágenes- un sentimiento o una idea».

- El montaje asegura, entre los elementos que une, relaciones «formales», reconocibles como tales, más o menos independientes del sentido. Estas relaciones son esencialmente de dos clases:

- Efectos de enlace, o por el contrario, de disyunción, y más ampliamente, todos los efectos de puntuación y marcaje.

- Efectos de alternancia (o por el contrario, de linealidad).

3. Funciones semánticas - Abarca casos extremadamente numerosos y variados. De manera quizás artificial, distinguiremos:

- la producción del sentido denotado -esencialmente espacio-temporal- que abarca, en el fondo, lo que describía la categoría del montaje «narrativo»: el montaje es uno de los grandes medios de producción del espacio fílmico, y de forma más general, de toda la diégesis;

- la producción de sentidos connotados, muy diversos en su naturaleza: a saber, todos los casos en que el montaje pone en relación dos elementos diferentes para producir un efecto de causalidad, de paralelismo, de comparación, etcétera.

4. Funciones rítmicas - El ritmo fílmico se presenta, pues, como la superposición y la combinación de dos tipos de ritmos, completamente heterogéneos:

- ritmos temporales, que han encontrado un lugar en la banda sonora (aunque no debamos excluir absolutamente la posibilidad de jugar con duraciones de formas visuales, y al cine «experimental» en su conjunto le tienta a menudo la producción de tales ritmos visuales);

- ritmos plásticos, que pueden resultar de la organización de las superficies en el cuadro, de la distribución de intensidades luminosas, de los colores, etcétera (problema clásico de los teóricos de la pintura del siglo XX como Klee o Kandinsky).

Edición Artística

La edición artística es el proceso de unión de las diversas tomas y tiempos del filme y puede tener diversos propósitos, construir una narración paralela, mostrar una alegoría, acelerar el ritmo de la acción, mostrar imágenes bajo diversos bits musicales e incluso lograr tensión o confusión en el espectador. Incluso el género experimental, o la combinación de diversos sub géneros del cine como la animación, el stopmotion, la ausencia de un argumento central, o imágenes yuxtapuetas pueden ser considerados dentro de la edición artística.

La edición artística es el resultado de estudios minuciosos sobre las posibilidades de la yuxtaposición de los cuadros (aunque muchas de éstas reglas se descubrieron por casualidad, a través del ensayo y el error) Si se nos presenta la escena del cuadro "El Diluvio" de Leonardo Da Vinci, cual planos cerrados combinados bien elegidos como la siguiente:

"Los miembros relucientes de los luchadores apareciendo a plena luz. Ojos desafiantes. Manos golpeando la carne al agarrarse con fuerza. Olor a sudor de animal salvaje. Palidez mezclada con rubios bigotes. Carne magullada enrojeciendo. Espaldas sudando como las paredes de piedra de un baño de vapor. Avance arrastrándose sobre las rodillas. Girando sobre sus cabezas, etc."

Descubriremos que en pocos segundos de descripción las distintas tomas que conforman los "elementos de montaje" tocan literalmente todos los sentidos, excepto tal vez el del gusto, presente sin embargo por indiferencia.

1. Sentido del tacto: "espaldas sudando como las paredes de piedra de un baño de vapor"
2. Sentido del olfato: "olor a sudor de animal salvaje"
3. Sentido de la vista: Este incluye la luz "la profunda sombra y los miembros brillosos de los luchadores apareciendo a plena luz, botones y los puños de las espadas de los agentes de policía titilando en la profunda sombra" y el color" palidez mezclada con rubios bigotes, carne magullada enrojeciendo".
4. Sentido del oído: "manos golpeando la carne"
5. Sentido del movimiento: "arrastrándose sobre las rodillas, girando sobre sus cabezas."
6. Emoción o drama: "ojos desafiantes".

Innumerables ejemplos de esta clase podrían citarse, pero todos ilustrarían en mayor o menor grado la tesis sentada anteriormente, es decir: No hay diferencia fundamental entre los caminos a seguir para realizar un montaje puramente visual y un montaje que una a distintas esferas de sentimiento, particularmente a la imagen visual con la imagen auditiva, en el proceso de crear una sola y unificadora imagen audio-visual.

La edición artística es el resultado de estudios minuciosos sobre las posibilidades de la yuxtaposición de los cuadros (aunque muchas de éstas reglas se descubrieron por casualidad, a través del ensayo y el error).
Los géneros utilizados en edición artística son:

- Edición Paralela
- Edición de Contrastes
- Edición Rítmica
- Edición Métrica
- Edición Vertical
- Edición interna del cuadro

LA EDICIÓN PARALELA

Se presentan acciones paralelas que ocurren al unísono en distintos lugares pero que unidas por un acontecimiento o un protagonista. El uso de la edición paralela esta estrechamente ligada a la presentación del recuerdo, los sueños, los pensamientos, y el mundo subconsciente. La edición paralela une diferentes líneas de acción y existe en varias formas:

La edición paralela que se desarrolla a través del paso de los acontecimientos (montaje de información primitiva)

El montaje paralelo según el curso de diversas acciones.

El montaje paralelo de sensaciones (Montaje de comparaciones primitivas).

El montaje paralelo de sensaciones y significados (Montaje alegórico).

El montaje paralelo de representaciones (Montaje que construye un concepto).

LA EDICIÓN DE CONTRASTES

Dos cuadros que contrastan por su contenido dramático; un hambriento y la gula de un glotón. El mecanismo sicológico de la tiene su fundamento en la reconstrucción brusca del proceso de recepción y la búsqueda de unión lógica entre fenómenos contrarios.

LA EDICIÓN METRICA

En la edición métrica el factor dominante es la longitud absoluta de cada cuadro que se repite en varias series, como por ejemplo: 2 metros + 2m + 2m + 2m + 4m + 4m + 4m + 2m ó 5 fotogramas + 7 fotogramas + 7 fotogramas + 7 + 7 + 10 + 10 + 10 + 5 + 5 + 5. Esta edición se da con un cálculo absoluto del contenido de cada cuadro en una longitud determinada de tiempo.

LA EDICIÓN VERTICAL

En la edición vertical las imágenes transcurren en conjunto con los acordes y acentos musicales. En una partitura de orquesta hay varios pentagramas y cada uno contiene la parte de un instrumento o grupo de instrumentos, cada una de esas partes se desarrolla horizontalmente, pero la estructura vertical desempeña un papel no menos importante al relacionar entre si todos los elementos de la orquesta dentro de cada unidad determinada de tiempo. A través de la progresión de la línea vertical que ocupa todo el conjunto y entrelazada horizontalmente avanza el intrincado y armónico movimiento musical de la orquesta entera. Cuando pasamos de esa imagen de la partitura instrumental a la de la partitura visual se hace necesario agregar algo nuevo: "Un pentagrama de visuales sucesivas" que corresponden, de acuerdo a sus propias leyes, con el movimiento de la música y viceversa.

Al sincronizar la música con la serie, esta sensación general se convierte en un factor decisivo, pues esta directamente ligada tanto a la percepción imaginativa de la música como a la de las escenas. La edición vertical se describe gráficamente como dos líneas cada una de las cuales representan el conjunto completo de una partitura de muchas voces. La búsqueda de la correspondencia debe partir de la intención de sincronizar la fotografía y la música con el complejo conjunto de imágenes audiovisual.

LA EDICIÓN RITMICA

"El ritmo es siempre lo mas importante" porque en el ritmo esta todo. En cada instante de nuestra vida, sin detenernos a pensar en ello, vivimos en uno u otro ritmo de respiración, de pálpitos del corazón, de movimiento de los ojos, de un cambio del día a la noche, de la destrucción a la creación, todo en el mundo es un ritmo. Es por eso que el trabajo creativo debe construirse sobre este hecho - debemos permanentemente obedecer moviéndonos hacia el ritmo irrepetible del texto. Es necesario tener certeza hasta lo último y en cada instante del ritmo correcto. El ritmo es un todo completo, es toda la instrumentación del espectáculo o el film completo, es moverse mas lento, detenerse y no se trata solamente del movimiento de los actores de un punto a otro del escenario sino de los gestos, de un mínimo giro de la cabeza, la correlación de los actores con el escenario es una parte del ritmo del espectáculo o el film. Si por ejemplo cambiamos el ángulo de incidencia de la luz sobre el escenario se puede crear un ritmo completamente distinto para la visión.

La edición rítmica es la correspondencia entre la duración de cada plano y la tensión que provoca en el receptor. No nos referimos a un ritmo abstracto en el tiempo sino a un ritmo de atención. En consecuencia un ritmo lento puede expresar una espera tensa a una amenaza latente, la desesperanza. Un ritmo rápido le imprime dinámica al acontecimiento, proceso de lucha o choque cuando la recepción no puede transcurrir en calma sino que es expresada a través de una tensión rápida, un ritmo tenso del proceso síquico.

El ritmo de un film surge en correspondencia con el carácter del tiempo que transcurre en cada cuadro y se determina, no por la longitud de los segmentos unidos en el montaje, sino por el nivel de tensión que transcurre en su tiempo. La unión de los cuadros no puede determinar el ritmo del film. Es precisamente el tiempo fijado en el cuadro quién dicta al director uno u otro principio de edición. Por eso no se unen cuadros en los cuales se ha fijado un carácter distinto del transcurso del tiempo. Ejemplo, el tiempo real no puede unirse al condicional. La consistencia del tiempo que transcurre en el cuadro, su tensión o su relajamiento será "la presión del tiempo" en el cuadro. En consecuencia el montaje es un método de unión de cuadros con un cálculo de la presión del tiempo presente en cada uno de ellos.

LA EDICIÓN INTERNA DEL CUADRO

Éste género de edición es el resultado directo del plano secuencia. En el plano secuencia el cambio de torna fluye a través del movimiento de la cámara, por objetos o de sujeto. El cambio de planos y su contenido fluyen dentro de la serie fílmica, es a ese fluir de planos a lo que se denomina "Edición interna del cuadro".

Efectos digitales

Los programas de edición digital que funcionan sobre cualquier plataforma se basan en un estándar de íconos y tareas básicas, que se diferencian mínimamente, y que podemos resumir en la siguiente lista.

El programa de edición en la práctica debe cubrir los siguientes aspectos:

- Edición digital en Movie Magic, Movie Maker, Adobe Premiere, FINISH, y otros.
- Características básicas del Hardware: Son básicamente los equipos de una estación de edición digital actualizada como

un disco dura de alta capacidad entre 1 terabyte o más, discos externos, bocinas o teatro en casa con tecnología subwoofer , bajos y sonido dolby, monitor de alta definción, audífonos, micrófonos, teclado, etc.
- Características Básicas del Software: reproductor de DVD, Blue Ray y conector USB.
- Compresión digital
- Manejo de proyectos dentro del programa
- Ventana de Importación de achivos al proyecto por Clips
- Identificación de los clips
- Tracks de audio
- Ventana de Efectos y Transiciones
- Creación de disolvencias y efectos
- Fade in Fade out de audio
- El time Line
- Video line
- Aplicación de división del clic seleccionado para aplicar corte
- Cross Disolve
- Titulaje y subtitulaje
- Roll o arrastre de clips

Montaje de Secuencias

El montaje es en gran parte cosa de experimentación. No hay reglas rígidas que dicten lo que debe hacerse y lo que no. No obstante, igual que hay ciertos principios de utilidad en el rodaje, también los hay aplicables al montaje y que ayudan a ensamblar las secuencias de forma coherente. Las dos cuestiones más importantes -la continuidad y la acción visual- se explican con la duración de la acción que transcurre: ejemplo que tan rápido se acerca el actor a la puerta de su auto.

No siempre se montan las películas por razones visuales. En ocasiones el sonido puede ser más importante que la acción, sobre todo si se trata de música o voces. Hay también veces en que los puntos de montaje de cada medio entran en conflicto. Pero en general, quien decide es la imagen obtenida; una imagen bien construida suele ejercer un impacto superior al de cualquier clase de comentario, siendo por ello la acción lo primero a considerar.

¿POR QUÉ CORTAR?

Al proyectar la película sin montar, lo primero que debe preguntarse es si efectivamente hace falta algún Corte. Aun cuando haya rodado una escena desde diferentes ángulos o tenga cut aways y planos de reacción, es importante decidir si su inclusión mejorará o debilitará la acción central. ¿Es suficiente el plano master? ¿Son los ángulos y la información proporcionada por los otros planos suficientemente diferentes como para mejorar la escena, o se limitan a complicarla sin añadirle nada interesante? No corte nunca sin tener suficientes razones o por aprovechar el hecho de que tiene la escena cubierta desde varios sitios; esto es particularmente cierto en los casos en que ha rodado una representación prolongada o un estudio de carácter, situaciones en que las pausas y las imperfecciones dirán seguramente mas que un montaje impecable.

ELECCIÓN DEL PUNTO DE CORTE

Supongamos que ha filmado a un hombre que se acerca a un coche, abre la puerta y se marcha. Ha rodado la escena desde tres ángulos para tener mayor flexibilidad, y tiene la intención de cortar desde un plano general a un plano medio en el momento en que llega al coche, y a un primer plano cuando agarra la manecilla.
La acción: La escena se deberá haber rodado tres veces: en plano general, en plano medio y en primer plano de la manecilla de la puerta.

DURACIÓN DO LOS PLANOS

Hasta ahora hemos tratado de los cortes entre planos de la misma escena, aunque no todos los cortes de acción tienen como fin interconectar diferentes ángulos de cámara del mismo suceso. En cualquier forma de cine documental, desde las películas familiares para arriba, será necesario empalmar planos de diferentes momentos y lugares cuyo enlace será puramente temático. Cada plano tendrá su propio ritmo, y probablemente una serie de decisiones independientes a lo largo del mismo. La cuestión está, pues en dar con un buen punto final de partida para cada caso.

ELECCIÓN DE PUNTO DE ARRANQUE Y FINAL

En general suele haber bastantes puntos útiles para empezar y terminar un plano. Coloque la película en el reproductor, pásela unas cuantas veces y busque alguna acción decisiva. Como un gesto rápido de una mano o la salida de cuadro de un personaje, que sirva para llevar la vista al siguiente plano o para despedir el anterior; señale el punto de partida y pase el plano por el reproductor a la velocidad correcta hasta que crea haber localizado el sitio exacto en que debe terminar; señálelo y antes de dar el corte, considere la relación con el plano que ha de seguir: es muy frecuente que un movimiento de salida por la izquierda de un plano que sólo parecía muy eficaz, resulte fallido si el movimiento del que le sigue va en dirección contraria (tenga en cuenta, sin embargo, que no es ya cuestión de continuidad puesto que se tratan de planos de cosas diferentes, sino de efecto visual). Si todo resulta bien, haga el corte, empalme el siguiente plano y estudie el efecto de los dos seguidos (pero no pase todavía la película por el proyector).

Corte de planos estéticos

La búsqueda de un momento decisivo de la acción es un procedimiento de determinar un punto de corte pero no el único. Aun mas importante es el tiempo que el plano puede estar en pantalla, y que dependerá en parte del ritmo general de la secuencia. Evaluar este tiempo es particularmente difícil cuando se están montando una serie de planos fijos o cutaways. Primero, porque en un plano fijo no ocurre nada, y por tanto no hay acción que facilite las cosas. Segundo, porque salvo que se disponga de una reproductor, la película se pasara casi siempre en la velocidad que resulte cómoda, no a la correcta: este extremo puede controlarse en cierta medida con una tabla de tiempos de proyección que convierte el metraje en tiempo en pantalla; de todas formas lo mejor es cortar el plano largo en la fase del montaje en bruto. y volver a cortar durante la fase del primer corte una vez pasada toda la secuencia por el proyector a la velocidad correcta.

Tenga en cuenta que un plano fijo habrá de ser tanto más largo cuanta mas cantidad de información incluya. Si el plano ya se ha visto antes puede dejarse corto; pero si se trata de una sorpresa o si encierra muchos detalles habrá de estar más tiempo en pantalla. Siempre existe el peligro de que a medida que la película se vaya haciendo familiar conforme avanza el montaje, los cortes se hagan cada vez más grandes.

Enlazamiento del plano

En cine suele respetarse la convención que dice que cualquier escenario nuevo o cualquier lapso de tiempo debe introducirse por medio de un plano de situación. En general se trata de un plano general o medio en el que se aprecia la posición relativa de las personas o cosas que se verán en los planos subsiguientes; indica a la audiencia donde ocurre la acción, como mira la cámara en relación con el escenario y quizá también que desde la escena anterior ha pasado un cierto espacio de tiempo. Esta convención tiene, pues, un sólido fundamento práctico: establece la escena y permite cortar a planos mas próximos, si bien en una secuencia larga será posiblemente preciso volver a ella de vez en cuando. De todas formas, es posible variar la formula para lograr un efecto determinado: así, es frecuente en la creación de suspense empezar con una serie de primeros planos inconexos e inexplicables. que solo al final pueden situarse cuando aparece el piano de situación.

Los problemas del salto del eje ya se han explicado, y es Fundamental que las normas seguidas durante el rodaje se sigan obedeciendo durante el montaje. Al ensamblar una serie de planos deben mantenerse la continuidad de dirección, porque si no la audiencia se vera confundida.

Planos parecidos y contrastados

Al unir dos planos hay veces en que la sucesión de imágenes elegida determinara el "aire" de la secuencia. Por ejemplo, es posible mejorar el flujo de la acción y en algunos casos sugerir una relación armoniosa entre objetos muy diversos si se establece cierta semejanza entre planos consecutivos. Esta semejanza puede ser de composición y hasta de color. Por el contrario, si la composición o los colores chocan, el efecto será de drama y contraste. Este fenómeno es una herramienta de gran valor en el establecimiento del ritmo y la atmosfera.

Y no es el "aspecto" de dos planos consecutivos lo único a considerar: también hay que ser consciente del efecto de unir planos muy movidos, o fijos. La relación entre movimiento y quietud es en cine delicada y ejerce un efecto considerable sobre el resultado final. En un extremo, toda la acción podría ocurrir ante una cámara fija, y en el otro la cámara podría estar constantemente dando zoom, describiendo panorámicas y travelings en una especie de movimiento frenético. Por lo general se perseguirá un efecto intermedio; salvo que se quiera dar la sensación de gran movimiento, nunca debe colocarse un zoom o una panorámica a continuación de otro. Las tomas en movimiento deben espaciarse, sobre todo si van en la misma dirección, situando entre medias planos fijos. Y en todos los casos es necesario esperar a que cualquier movimiento que ocurra en un plano fijo termine antes de cortar.

Piense en los diferentes electos que puede lograr cambiando el tamaño y ángulo del plano. Un salto desde, por ejemplo, un plano general a un primerísimo primer plano resultará en pantalla excesivo y muy dramático: el efecto es muy expresivo si es eso lo que se busca. Pero si se introduce algo así sin una razón clara, resultara inadecuado y romperá el flujo de la acción.

PROCESADO Y MONTAJE: Elaboración de una Secuencia

Al montar una secuencia hay que recordar que el ritmo de la misma está determinado por la duración y frecuencia de los planos, así como por el movimiento del contenido de éstos. Acostúmbrese a mirar las secuencias no solo desde el punto de vista de la acción que desarrolla, sino también en base al ritmo. El punto más importante a recordar es que un intercalado rápido produce por si solo tensión y apasionamiento. Lo que importa es la variación del tempo de corte, no su velocidad media entre dos puntos. Una intensificación lenta seguida por una súbita explosión de rápidos primeros planos es algo mucho más eficaz que una agitada secuencia llena de cortes sin motivo. Si una secuencia ha de ser rápida, la longitud de los planos puede variarse incluyendo uno más largo cuyo ritmo emana no de su duración, sino de la rapidez de la acción que encierra.

Para lograr un ambiente de calma y ensoñación, lo mejor es cortar los planos a intervalos regulares, de forma tal que las variaciones en composición, duración y frecuencia de los mismos sean suficientes para sobrellevar el peso del interés, aunque no tanto como para alterar la tranquilidad de la acción.

Para crear suspense, cabe la posibilidad de llegar a un compromiso entre las dos posibilidades anteriores: así, una serie de lentos planos generales ya la final un golpe violento de verdad. La mejor forma de juzgar el ritmo de una secuencia es pasarla por una moto, aunque con práctica también puede hacerse a mano.

Masterizado digital

En cinematografía, pero no en televisión, se continúa utilizando el revelado de negativos de 35mm, el cual se envía a realizar a Estados Unidos o Europa. El traspaso digital a película fílmica tiene un costo de €25,000 de donde se obtiene la copia maestra. Desde que se consolidó el cine digital esta practica esta en desuso, pero las exigencias de rodaje y edición de alta resolución las han reemplazado.

El sincronizado de audio también es otra tarea anterior a la edición de la copia maestra. Re-recording es el proceso por el cual los track de audio de una película o producción de video son creados. Como los elementos de sonido son mezclados en la edición y combinados en un proceso necesario la grabación de todos los elementos de audio tales como el diálogo, música, efectos de sonido para lograr el resultado final deseado. Inclusive la banda sonora la cual es el la canción que la audiencia escuchará una vez el film termina la película vista.

Las películas de bajo presupuesto como por ejemplo "El Proyecto de la Bruja de Blair" pueden tener gastos promocionales que son mucho más costosos que el revelado.

Plan de Marketing de Cine

En comunicación social las campañas destinadas a promover un producto audiovisual comienzan desde que se escoge el tema del argumento, el género temático y el formato de rodaje definen la calidad de imagen al final del producto que se obtendrá. El precio sería otro aspecto importante, aunque el precio de taquilla en Latinoamérica varía entre cada país, podríamos establecer un rango de $4 a $9, donde el total de la recaudación es resumida con la siguiente fórmula:

CALCULO DE RECAUDACIÓN

$ Espectadores / $Ticket   = $ Aprox. Recaudación
60,000   ÷ $4.90   = $ 294,000.00

Se considera que el total de espectadores captados por regla general, es inferior para las minorías de éxito.

La promoción y distribución del film sugieren una inversión en compañías y profesionales del marketing, como servicios de alquiler y confección de suvenires, banners de patrocinadores, alfombras, el número de salas donde se estrenará, publicidad en televisión abierta y prensa escrita, etc. De un presupuesto de una película de bajo presupuesto en cine independiente de 200 mil a 300 mil, se separan aproximadamente $30,000 para promoción publicitaria de la película.

El canje y la participación procentual son dos técnicas que se suman a Product placement para cubrir las necesidades de la producción a cambio de publicidad en carteles, redes sociales y páginas web de la película, previa firma de acuerdos en los que se debe evitar la informalidad, más aún cuando la película registra cierto éxito.

Plan de Distribución de Cine

Una producción cinematográfica generalmente "no se vende" sino que se ceden los derechos donde se comparte la partición, esto según el territorio.
De acuerdo a los siguientes parámetros:
- Según un determinado tiempo.
- Se hace de acuerdo con una cantidad específica de exhibiciones, según el precio.

- Es para determinados medios.
- Además se hacen las cláusulas o condiciones por idiomas.

Los derechos de distribución de una guión, considerando un porcentaje final los derechos de autor del escritor se desglosan así:
- **Cine**: Salas privadas de diversas compañías.
- **Televisión**: Abierta, derechos reservados de exhibición.
- **Televisión por cable:** Pay per view, Home Video, etc.
- **Derivados:** Como los cedidos a aerolíneas, hoteles, etc.
- **Merchandising:** Internet, editorial, CD Rom, juguetes, textiles, y suvenirs.

Por lo general, se firman contratos con agentes de ventas locales o internacionales. Estos contratos le ceden el derecho a los agentes de recibir por ejemplo el 25% por las ventas que consigan. Para ello se recomienda en esta etapa incluir viáticos de asistencia a Foros y festivales que tengan entre sus actividades, mercado de posibles compradores. Se considera a Francia con Marche du Film, AFM, Matpe, Mipcom los más efectivos según la región que se propongan.

Si este tipo de negociación se realiza con un distribuidor durante la preproducción, se le denomina Preventa el cual es tipo de acuerdo de distribución limitado para un territorio concreto antes del inicio o del fin de la producción de una película. Se da ante las siguientes condiciones:

- Un distribuidor dispuesto a dar un anticipo.
- Pagará como porcentaje basado en la rentabilidad. Por ejemplo en HBO exigen que no se halla cedido el derecho de exhibición en televisión.

Auditoria de Recaudación

La compañía productora principal podrá crear una sociedad de representación limitada que representa la película ante toda la firma de acuerdos de interés financiero, económico y social. Este tipo de sociedad podrá por fondos de interés social cedidos por fondos gubernamentales, fundaciones y empresas privadas que se adjunten al proyecto como patrocinadores.

En resumidas cuentas esta relación se resume así:
Productor ↔ Inversor ↔ Exhibidores ↔ Distribuidores ↔ Público

La oficina administrativa del proyecto deberá cumplir con todos los compromisos legales antes de su fecha de cierre. En los estatutos se hará constar al menos la denominación de la sociedad, el objeto, domicilio y capital social, la fecha de cierre del ejercicio social y el modo de organizar la administración de la sociedad. Pueden ser objeto de aportación o derechos, pero no así el trabajo ni los servicios; las aportaciones pueden ser dinerarias y no dinerarias.

Existen impuestos por exhibición que van de $200 hasta $1,000 por películas extranjeras. Por ejemplo en ocasiones estos compromisos no son desembolsados de inmediato, por lo que a los pagos se les deducen:

REPORTE DE PAGO
$ Neto
- Menos distribución por Impuestos especiales
= Recaudación por venta de derechos de exhibición

Posterior al estreno se continúan registrando gastos que se descuentan de un fondo o capital del total recaudado, por ejemplo:

GASTOS A LA FECHA
$ Recaudación bruta
- Menos Impresión DVD´s
-            Movimiento por marketing de DVD's
-            Servicios de envío facturados
= Recaudación neta

PORCENTAJE DE PRODUCTORA

$ Recaudación - Menos Impuestos = SubTotal

Menos 50% - 15% Distribuidores - Lanzamiento = Subtotal
Sub Total - Menos agentes = Total de Productor

IDEAS CLAVES DE ESTE CAPÍTULO

▶ El montaje de una película comienza por una minuciosa organización de cada clip, de cada toma correcta para cada escena. Así es como se garantiza al editor el logro del guión, con una pista de audio sincronizada y de alta calidad para salas de teatro.

▶ El proceso de posproducción deja atrás al guionista, al equipo técnico y artístico, donde solo el productor y el director opinan sobre la lógica de edición, sobre dónde cortar y qué dejar fuera para destacar su mensaje.

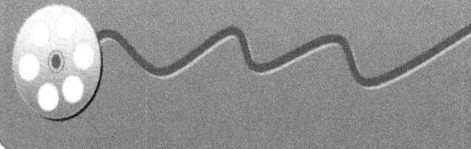

▶ Un plan de marketing debe acompañar siempre a la promoción previa al estreno de una película, siempre hay posibilidades de ajustar el costo de la campaña de acuerdo al presupuesto que se tenga. Incluso la exhibición gratuita es una manera de promocionarse y mantenerse dentro de a industria.

ACTIVIDADES SUGERIDAS

1. **DISEÑE UN CARTEL PARA SU CORTOMETRAJE:** Seleccione colores y estilos de letras, una fotografía tomada durante el rodaje y publicite la exhibición de su corto en redes sociales, carteles y demás.

CORTOMETRAJE: Discutan en grupo las siguientes tareas de posproducción:

1. Escojan el mejor lugar para la exhibición del cortometraje, discutan al final sobre le propósito de su argumento y sugieran mejoras.
2. Realice búsquedas de convocatorias que se ajusten a la duración, subgénero y requisitos para que su cortometraje sea inscrito y mostrado internacionalmente o localmente.

Glosario

1. **Acción dramática:** Se refiere a los sucesos que configuran la historia de la película y componen una escena o secuencia.
2. **Acotación:** Indicación de emoción, tono o acción que coexiste con las palabras que pronuncia un personaje, con el fin de complementarlas. El guionista debe escribirlas abajo del nombre, entre paréntesis, antes de las líneas del diálogo. Las acotaciones suelen mostrar cómo debe ser interpretado el diálogo y es aconsejable usarlas sólo cuando el contexto puede quedar ambiguo.
3. **Acto:** Cada una de las partes principales en las que se puede dividir un guión. Los largometrajes de ficción, siguiendo el modelo de estructura clásica, suelen tener tres actos: El acto primero es el establecimiento o planteamiento y tiene una duración aproximada de la cuarta parte del total de la película; el acto Segundo es el acto de desarrollo o nudo y tiene una duración aproximada de la mitad de la película; y el acto tercero es el acto de desenlace y tiene una duración aproximada de una cuarta parte final de la película. Algunos programas de TV se estructuran en dos, cuatro, siete u ocho bloques; en Estados Unidos, origen de este patrón, se debe a que van diseñados en función de los cortes de publicidad.
4. **Acuerdo básico de mínimo de honorarios:** Son las condiciones vigentes en algunos países que regulan el empleo de escritores y guionistas y son establecidas por las leyes.
5. **Ad Lib:** abreviatura del término del latín *"ad libitum"* que significa "a voluntad" y en guión se utiliza para indicar acciones y diálogos no especificados de los extras presentes en derredor de un actor.
6. **Adaptación:** Reescribir un material existente; como por ejemplo una novela, dentro del formato de guión cinematográfico.

Involucra escoger cuáles aspectos de la historia son adaptables, o no, a la gran pantalla.
7. **Agente:** Un profesional de la industria cinematográfica que ayuda a los guionistas a encontrar trabajo o a vender sus guiones. Su porcentaje de comisión está basado en el 10%. Las oficinas de registro de autoría de cada país rigen y aplican la legislación vigente sobre estas obras.
8. **Antagonista:** Villano o malvado personaje que está en conflicto con el protagonista principal de una trama, oponente al protagonista de la historia. Normalmente persigue la misma meta, diferentes intenciones, o persigue una meta diferente opuesta al del protagonista.
9. **Anticlímax:** Es el momento cuando la audiencia es llevada a un punto en que la historia culmina dejando un sentimiento de insatisfacción. Clímax que no resuelve el conflicto central de la historia, provocando una sensación decepcionante en el público. La mayoría de las veces, se trata de un efecto no deseado, ocurre al proporcionar una solución demasiado superficial, fácil, increíble, poco interesante para considerar un conflicto central. Punto dramático culminante donde la acción no alcanza la subida de tensión dramática esperada. En ciertos tipos de Cine puede ser un efecto buscado, pero, en general, no es bien aceptado por el público.
10. **Antihéroe:** Protagonista que no se ajusta al arquetipo del héroe aceptado.
11. **Arco:** curva imaginaria sobre la línea de evolución de un personaje a lo largo de la historia. Usualmente se caracteriza por la adopción o el abandono de una serie de valores, como consecuencia de las vivencias experimentadas en la historia.
12. **Argumentistas:** Escritores que se dividen los derechos de autor, lo cual engloba porcentajes de reparto por la confección de capítulos, personajes, argumentos, tramas y escaletas, en contraposición a la parte correspondiente a quien trabaja todos esos elementos hasta la confección del guión, o a la correspondiente a música y dirección.
13. **Argumento:** Es la historia que se desarrolla en un guión. A veces se denomina así a la forma mas sintética de resumir la historia, si bien es necesario aclarar que el argumento no pierde su condición debido a la extensión o forma de escritura.

14. **Asignación**: termino utilizado en los medios de comunicación para designar una labor a realizar dentro de un periodo definido.
15. **Atmósfera**: Tono o dimensión que se añade entre el rodaje y edición de un audiovisual a través de música, luces, escenografía, vestuario y maquillaje. Además de los ángulos de cámara.
16. **Avant Garde**: filmación experimental fuera de los límites usuales.
17. **B.G.**: Anotación de escenografía de origen inglés que significa "background" o atmósfera que indica a utilería los props de escena, son secundarios a la acción.
18. **Beat:** clasificación del presupuesto en general de la película de acuerdo a sus necesidades y fuentes financieras confirmadas.
19. **Biblia**: Documento o exposición escrita de los parámetros de una serie televisiva, que incluye descripción de la obra, tono, estructura de tiempo de duración, target de audiencia, personajes y relación entre éstos, descripción de sinopsis de los capítulos, así como otros datos que se consideren relevantes. La escaleta suele ir acompañada de un guión piloto.
20. **Biografía:** El testimonio verídico de la vida de una persona contada en una película, serie de televisión, etc.
21. **Blockbuster:** un largometraje que obtiene una enorme recaudación de ventas.
22. **Borrador:** Es la primera versión del guión escrito de forma continua que incluye diálogos. Se entrega a posibles socios ejecutivos e inversores durante la preproducción.
23. **Box office:** Ventas de salas de cine.
24. **Breakdown:** Plan de rodaje o desglose detallado y analítico que enlista todos los requerimientos relacionados al rodaje, en una base diaria, como actores, utilería (props), vestuario, etc.
25. **Carta de solicitud:** Es una carta de una página para aspirar a que un agente o productor lea una obra, sólo se provee información breve y relevante.
26. **Catalizador:** Se refiere a un suceso, información o elemento que induce al protagonista a actuar en una determinada dirección, es un elemento que genera una activación dramática.
27. **Censura:** Revisión de la clasificación para la exhibición de una película hecha por un ente censor el cual tiene la autoridad de

solicitar ciertos cambios antes de permitir su exhibición bajo ciertos niveles de clasificación.
28. **Certificación de Autoría:** Documento legal que certifica legalmente al autor de un guión, película u otra obra, estableciendo derechos patrimoniales sobre la misma mediante un pago de timbres fiscales. Este trámite protege la obra de posibles demandas legales futuras.
29. **Cesión de derechos:** documento redactado mediante un abogado de oficio que deberá firmar el guionista a cambio de una cantidad acordada o de un futuro porcentaje sobre las ganancias reportadas.
30. **Compensación contingente:** Pago que puede incluirse como bono, ganancias derivadas, derechos reservados, o pago por una eventual secuela de una película.
31. **Compensación:** Dinero pagado a un escritor por la venta de un guión o por servicios prestados dentro de una producción audiovisual.
32. **Concepto:** Una premisa única que a través de una oración puede ser entendida. Por ejemplo: "Cebras azules en el espacio" (Avatar)
33. **Corrector de texto:** Analista contratado para la corrección gramática de guiones de cine.
34. **Corte a:** dirección al final de una escena que indica cambio de lugar, de un conjunto o secuencia de varias escenas de un mismo día, o cambio tiempo.
35. **Créditos:** La medida y colocación de los nombres del equipo de producción y socios financieros al inicio de la película y en cualquier material impreso relacionado.
36. **Crisis:** punto en la acción dramática donde todo se detiene al alcanzar el punto más dudoso, es una pausa dramática que inicia el último tramo hasta el clímax de la historia. Ante la "crisis" el protagonista se muestra tal y como realmente es y su reacción a ella es la que suele llevar al clímax.
37. **Cross-genre:** cruce de género o combinación de dos géneros, tales como Horror-comedia, comedia-romance, musical-drama, drama-histórico, aventura-ciencia ficción, etc. Si sucede el caso que el argumento mezcla más de dos géneros se debe revisar y ajustar sus características.

38. **Culminación:** escenas de una película donde los elementos de una historia son entonces terminados y es mostrado el estatus de un personaje después de un clímax.
39. **Derechos conexos:** Dícese de los derechos que por su relación con la creación de una obra original deben ser objeto de un mismo proceso. Llámese derechos de distribución o exposición pública en salas de festivales o muestras de una obra audiovisual, derechos de reproducción de afiches, logos, personajes, libros, making of, etc. Que posibilitan legalmente a un autor a recibir un porcentaje de ganancias de parte de su socio productor.
40. **Derechos de Autor:** Protección establecida sobre cualquier expresión creativa que esté fijada y tangible desde libros, música, película terminada, etc.
41. **Desarrollo:** proceso en que un guión es compuesto antes del rodaje o producción en el cual puede ser alterado o modificado para considerar la visión personal de cualquier ejecutivo o individuo involucrado en el proyecto.
42. **Descripción:** detalle de lo que vemos en la película, especialmente acciones y aspectos visuales de las localizaciones, personajes o vestuario. Se describe siempre en tiempo presente y sólo se debe plasmar lo que se puede ver en la película. Es inadecuado describir sensaciones, pensamientos, acciones por venir, acciones pasadas, justificaciones, explicaciones y conceptos más allá del instante mismo.
43. **Desenlace:** acto tercero y final de la película, donde culmina la acción dramática, todas los cabos se atan, los enigmas se resuelven las preguntas planteadas a lo largo de la película deben quedar contestadas (a no ser que se elija conscientemente una posibilidad alternativa). El desenlace contiene el clímax y la resolución y suele dar respuesta a la cuestión dramática.
44. **Detonante:** incidente situado en el primer acto y que determina una nueve dirección de la historia usualmente al provocar o imponer un rumbo distinto a su protagonista, ligado este al conflicto dramático central que se plantea.
45. **Deux Ex Machina:** Un tipo de resolución al problema de un argumento que es demasiado conveniente para el escritor e increíble para la audiencia.

46. **Director:** Es el jefe creativo detrás de fuerza laboral de una película.
47. **Disolver a:** Dirección visual en un guión que indica que el fin de una escena se desvanece gradualmente sobre el comienzo de la escena siguiente.
48. **Distribuidoras:** Los mayores estudios de Hollywood son MGM/UA, 20th Century Fox, Sony Pictures, Wagner Bros., Paramount Pictures, Universal and Disney.
49. **Dominio Público:** Cuando un trabajo entra en dominio público, pierde legalmente la protección de derechos de autor, que según cada país puede ir desde 50, 70 ó 100 años transcurridos después de la muerte del autor.
50. **Elipsis:** Es la omisión de cualquier elemento que corresponde al suceder de la historia. Puede tratarse de una elipsis en los diálogos, de la presencia de un personaje, de una escena o del propio tiempo. Si se efectúa correctamente imprime ritmo y eficiencia a la narración. Por el contrario, si no se presenta de forma correcta enturbia la claridad narrativa.
51. **Empaquetado:** Proceso mediante el cual los representantes de agencias de distribución por televisión por cable y abierta firman con el productor de un proyecto y lo venden a un estudio, por ejemplo Paramount, y lo distribuyen dentro de un territorio determinado.
52. **Escaleta:** lista de escenas del guión con breve descripción de las mismas, que marca la progresión dramática de la obra. Una escaleta completa lleva todas las escenas del guión, si en ocasiones se utilizan escaletas intermedias, que llevan únicamente los grandes bloques de secuencias. Una escaleta muy detallada en su descripción puede ser origen de un tratamiento secuenciado.
53. **Escena:** unidad básica del guión formada por una serie de pianos que forman una acción dramática dentro de la trama y que normalmente mantienen constantes la unidad espacial y temporal. En general, si se cambia de lugar o se rompe la unidad temporal, se cambia de escena. Un excepción a esta norma sería, por ejemplo, una persecución callejera en la que se rompe la unidad espacial sin variar de escena. El término también puede definirse como una acción dramática que podría ser registrada en un solo plano; desde este punto de vista, se

cambiaría de escena cuando ineludiblemente se tuviera que efectuar un corte. El objetivo fundamental de cada escena en el guión de estructura clásica es hacer progresar la historia.
54. **Estructura lineal**: Desarrollo de un personaje, presentación y eventual transformación de su personalidad a través del curso de un guión o argumento.
55. **Estructura**: orden y forma en que se presenta lo que pasa en una historia. Se considera el esqueleto del guión, que en la historia cinematográfica tradicional se ajusta a un primer acto de planteamiento con un incidente clave o detonante, un segundo acto de desarrollo usualmente acabado en crisis, y un acto de desenlace con un clímax y resolución, siendo el protagonista el epicentro de la historia.
56. **Estudio**: edificio de filmación financiado por grandes productoras para la filmación en interiores que recrean tanto exteriores como interiores para controlar efectos especiales, visuales o mecánicos específicos como cromakey (pantalla verde), volar en el aire, inundaciones, nieve, niebla, etc.
57. **F.G.:** indicación de dirección de un guión que quiere decir Foreground, indica todo lo que debe estar más próximo a la cámara dentro de un plano de apertura.
58. **Fade in:** Después de la portada de un guión, son las palabras con las que comienza un guión.
59. **Fade out:** Después de la culminación de un guión, son las palabras con las que termina un guión.
60. **Flashbacks**: Una o varias escenas que interrumpen el normal hilo narrativo del guión para mostrar eventos que ocurrieron en un punto del pasado.
61. **Flashforwards**: Una o varias escenas que interrumpen el normal hilo narrativo del guión para mostrar eventos que ocurrirán en un punto del futuro.
62. **Formato:** Canon o estándar de guión diseñado para facilitar los cálculos de cada departamento de preproducción. Sus características fundamentales son las siguientes: los encabezados, las descripciones de acción, los diálogos y acotación de personajes se realizan a lo ancho de la pagina en márgenes específicos, y los diálogos se ubican en el centre de la pagina en márgenes amplios y antecedidos por el nombre del personaje que habla (en la línea anterior) escrito en mayúsculas

y con margen casi en el centre de la pagina; la mecanografía es a un espacio, excepto en el paso de diálogos a descripción, que tiene doble espacio, y en el paso a una nueva escena o secuencia, que tiene tres espacios; los títulos de las escenas o encabezados van en mayúsculas. El formato de guión estándar se escribe en Courier 12 o Courier New 12 y se calcula que cada pagina de guión corresponde a un minute de película.

63. **Gancho inicial**: Primera escena en un guión necesaria para catalizar la acción principal relativa a todo el concepto del argumento del guión.
64. **Giro**: inesperado cambio de rumbo en la trama marcado por un suceso inesperado cuyo objetivo esencial es intensificar el interés del público en la historia.
65. **Guión de lectura**: Este es el formato en el cual el guión debe ser adscrito a una compañía de producción. Este no debe contener números de escenas o direcciones visuales y debe ser de 120 páginas preferiblemente.
66. **Guión de rodaje**: documento escrito que además del guión, se añaden los números de escenas, diálogos y direcciones visuales para fotografía durante el rodaje.
67. **Guión literario**: Guión escrito por el guionista. El guión literario no debe incluir tipos de plano otras indicaciones de cámara, ya que estas serán añadidas posteriormente en la confección del guión técnico. En algunos países, como en España, se suele incluir numeración en contraposición a otros como EEUU, donde no es lo usual.
68. **Guión técnico**: Guión al que se le ha incorporado una numeración de escenas, otra columna con los tipos de planos a utilizar en cada una de ellas. También acostumbra incluir la estimación de tiempo de rodaje e indicación de efectos especiales. El director rueda la película a partir de este guión.
69. **Guión**: Un documento escrito en formato cinematográfico para la producción de un cortometraje de 30 páginas, mediometraje de 60 páginas o de largometraje entre 90 y 120 páginas.
70. **Guionista**: Se refiere aquella persona que escribe un guión. Los guionistas se pueden dividir en argumentistas, biblistas, escaletistas, dialoguistas, según se dediquen a alguna de las partes del proceso de escritura de un guión. También podemos hablar de adaptadores y guionistas originales. De todos los

creativos de la obra audiovisual, el guionista original es el único que se enfrenta a la nada, y por tanto, la figura mas importante del proceso creativo.

71. **Guionista:** Un escritor que escribe guiones o libretos originales, los adapta, los reescribe para cine.
72. **Identificación de créditos:** anotación obligatoria en la portada de un guión que señala autoría, como "escrito por:" "historia original de:" "adaptación de:"
73. **idiolecto:** forma en que un personaje usa la lengua. El idiolecto depende de una serie de variables como son el vocabulario, sintaxis, uso de jerga o argot, ritmo al hablar y todas aquellas que configuran las peculiaridades que deben distinguir el habla entre personajes distintos.
74. **Indie:** Termino anglosajón para referirse a una producto realizado independientemente de obligaciones legales impuestas por una productora trasnacional, es decir una pequeña empresa productora.
75. **Jefe de Producción:** es el jefe licenciado que ejerce activamente el control de la gestión de todas las actividades del proyecto, dependiendo de la magnitud jerárquica del proyecto. El porcentaje de honorarios sobre el grueso de ganancias que puede obtener es de 15%.
76. **Largometraje:** película o filmación cuya duración máxima es de más de 60 minutos de duración.
77. **Libretista:** es el argumentista y escritor quien escribe series o películas para televisión.
78. **Localización:** Ubicación real, especialmente seleccionada para la acción dramática, situación o evento. Debe ser en exterior y con previa firma o acuerdo de permiso de rodaje. Cuando la localización es parte de un conjunto mayor, se establece primero el conjunto mayor y después el menor.
79. **Luz:** tipo de iluminación que el guión indica que hay en el exterior mientras transcurre la escena, en contraposición a otros tipos de alternativa. Usualmente se dividen en: DIA, NOCHE, AMANECER o ATARDECER, siendo los dos primeros los mas comunes. En el guión, viene indicada el encabezado de escena, en mayúsculas, tras la localización y antecedido por uno o dos guiones, se refleja en el encabezamiento tanto si estamos en el exterior como en el interior.

80. **McGuffin**: término creado por Alfred Hitchcock para describir at elemento de curiosidad dramática, formado por algún sujeto u objeto que ha desaparecido o que es altamente deseado, que sino para poner ciertas historias en marcha especialmente suspenso, pero que, a menudo, queda relegado a un mero pretexto para desarrollar otros contenidos dramáticos de mayor importancia, usualmente emocionales.
81. **Montaje**: Edición final de las escenas mediante técnica digital o análoga con una precisa sucesión de imágenes y sonido.
82. **Obstáculos**: Son todas las acciones, personajes, y decisiones contrarias del protagonista que crean conflicto en la historia.
83. **Ofrecimiento**: Entrega voluntaria de un guión a un profesional externo a una agencia, productora, abogado, productor, etc. Sin embargo la mayoría de las compañías adoptan la política de rechazar obras no solicitadas. Lo mejor es adaptarse a las bases de concursos para guionistas.
84. **Opción a venta**: Es cuando una compañía o individuo solicita un guión, ellos obtienen los derechos exclusivos para producir el guión dentro de un periodo de tiempo específico, que usualmente es de un año. El contrato o permiso especificará el cargo porcentual a ser pagado o el precio de venta del guión.
85. **Película épica**: género frecuentemente del contexto histórico que requiere una inmensa producción.
86. **Pitch**: Es una charla de un productor donde expone la premisa básica de su historia destinada para convencer los oyentes a solicitar o comprar su película.
87. **Plano cerrado extremo**: Close up, es cuando el encuadre de la cámara enfatiza el rostro del actor o un objeto.
88. **Planteamiento**: nombre que recibe el primer acto de la estructura clásica, que tiene una duración aproximada del 25% de la historia y se caracteriza por presentar el entorno y rasgos principales del protagonista, introducir el detonante o incidente clave que dará pie a la historia, y establecer la meta dramática y la cuestión dramática, sus funciones primordiales son para conocer de qué va la historia y quién es el protagonista. Crea empatía hacia él, para infundir curiosidad.
89. **Premisa**: Es el concepto básico sobre el que se construye la historia. La mayoría de las premisas se pueden reducir a "personaje X inmerso en una situación Y quiere conseguir Z".

90. **Premisa**: La base de la idea para una historia en su manera más simple.
91. **Presupuesto Financiero**: Plan detallado de cada costo o gasto que involucrará el rodaje de un audiovisual, sobre la línea (antes) o bajo línea (post producción). Usualmente hecho en hoja de cálculo y bajo un estándar de numeración de cuentas.
92. **Productor**: Es la persona al mando de todos los asuntos relacionados a la producción de un guión, exceptuando las labores creativas del director. Típicamente involucra encontrar los materiales, arreglar el financiamiento, contratar personal y hacer los acuerdos de distribución.
93. **Pulir**: No es tan drástico como reescribir, pero envuelve cambios menores en los diálogos, narración o acciones dentro del guión.
94. **Recaudación**: Las ganancias obtenidas desde las ventas de salas de cine, rentas de video, ventas de DVD y mercadería derivada.
95. **Registro de Obra**: Significa proteger el guión enviando una copia impresa o digital del guión a la entidad gubernamental encargada para respaldar de una certificación oportuna en caso de alguna disputa legal.
96. **Remake:** Es la realización mediante permiso de una película ya estrenada años atrás, pero con un nuevo enfoque artístico, tanto como en su calidad digital. No es precisamente una secuela, sino una adaptación de un guión ya rodado y vuelto a ceder. Ejemplo: Titanic, Spider Man.
97. **Reporte de corrector**: documento generado por un profesional involucrado en la evaluación de un guión para una potencial compra o cesión de derechos de producción, puede ser definitivo, como sugerencia o simple opinión.
98. **Ritmo**: cadencia entre las escenas y planos de una película basado en la longitud que tienen unos y otros, sumado al efecto provocado por la información que se suministra en las escenas y que hace que progrese la historia. El ritmo es un factor clave en la forma en que el público percibirá la película.
99. **Secuencia**: conjunto de escenas que forman un núcleo o unidad de acción. Una secuencia tiene su propia estructura, con establecimiento, desarrollo y desenlace, conteniendo una o más escenas que pueden cambiar de ubicación o temporalidad, pero manteniendo el nexo común que las une entre si.

100. **Set o Plató:** Escenografía o montaje decorativo compuesto especialmente para la acción dramática, situación o evento. Debe ser en el interior de un estudio de televisión por lo general.
101. **Sinopsis de venta:** sinopsis cuya función principal no es el resumen argumental sino el interés de despertar una segunda parte para adquirir la obra. Para ello no se cierra el tercer acto y se dejan abiertos enigmas para interesar a socios en una continuar desarrollando el concepto.
102. **Sinopsis:** Argumento escrito en una a tres páginas que resume la estructura completa de la historia.
103. **Sinopsis:** Breve descripción o resumen del tema y argumento que trata la película. Con extensión de una a cuatro páginas, se escribe en presente de indicativo, con Lenguaje conciso y sin diálogos. Incluye el desenlace.
104. **Síntesis:** Descripción corta del argumento del guión, escrita en tres a cinco líneas de un párrafo, que se enfoca en el concepto pero no da el final de la misma.
105. **Software de guión:** software creado para ayudar al guionista en sus tareas de formato y construcción de guiones.
106. **Subtrama:** Son las acciones y conflictos producidos por los personajes secundarios que rodean la trama central de los protagonistas, por lo que según el formato dramático, pueden ser más de una.
107. **Sujetadores:** pieza metálica que se utiliza para sujetar fajos de copias del guión, plan de rodaje, hojas de llamados, etc. que deberán manejar los directores del audiovisual.
108. **Súper Texto:** Es capa o imagen que se muestra sobre otra, más comúnmente usado cuando los títulos se sobreponen sobre la escena de apertura.
109. **Talento:** termino informal para referirse a los actores. Usualmente se ofrece una tutoría de actuación sobre cada escena individual o grupal antes del rodaje.
110. **Tarjetas de Escenas:** Método mediante el cual un guionista describe cada escena por separado y luego las acomoda a su antojo con el fin de hallar la mejor opción al reordenar la estructura definitiva del guión.
111. **Tema:** idea central sobre la que versa la historia. Es la materia esencial de un guión.

112. **Tempo:** cadencia de una escena determinada por su nivel de actividad dentro de la misma, a diferencia del ritmo, que viene determinado por su longitud general y la de sus planos. El tempo se suele confundir con el ritmo, y, a menudo, se utiliza un término para hacer referencia al concepto que expresa el otro.
113. **Tono:** carácter especifico de la expresión o estilo de una historia, consecuencia del enfoque, atmósfera o clima que se le imprime.
114. **Trabajo por encargo:** Un guionista es contratado para tomar un encargo de escritura a cambio de una oferta de pago, algunas veces existe un argumento de antemano que se quiere convertir en película, es una adaptación literaria con permisos legales, o se re-escribe un guión que carece de profesionalismo. Los derechos pertenecerán al productor titular o inversor principal.
115. **Teaser:** Un clip de corta duración ensayado y rodado durante el desarrollo de un proyecto audiovisual y utilizado para demostrar el concepto visual de modo introductorio, sin importar si este se realizará o no.
116. **Trailer:** Comercial promocional de una película que se usa como técnica de mercadeo antes del estreno de una película en salas, Internet, radio y televisión.
117. **Spoiler:** Propaganda sucia y subliminal para desprestigiar a un persona, ideología o movimiento.
118. **Trama:** conjunto de sucesos encadenados unos con otros para hacer progresar la historia y llevarla finalmente a su conclusión.
119. **Transición:** Es la acción de pasar de una escena a la siguiente. Las transiciones se pueden efectuar directamente, a través de un corte, o se pueden efectuar a través de un efecto determinado. El guionista ocasionalmente escoge un tipo de transición por denotar una idea abstracta.
120. **Tratamiento secuenciado:** Tratamiento detallado y con los encabezados de escena. Es prácticamente un guión sin diálogos.
121. **Tratamiento:** Es más largo que una sinopsis corta, con todos los giros dramáticos contados en tiempo presente: Juan esta... Juan camina por..., etc.

122. **Voz:** término para diferenciar el dialogo pronunciado por el personaje de las voces en off. Las voces o diálogo en off pueden expresar pensamiento de los personajes, narración, diálogos pronunciados fuera de cuadro de imagen o en espacios contiguos, voces electrónicas o mecánicas como las propias del teléfono o radios, y otro tipo de voces sobreimpuestas. Si bien los países de habla hispana mantienen el origen inglés de varios de estos como OS., V.O, etc.

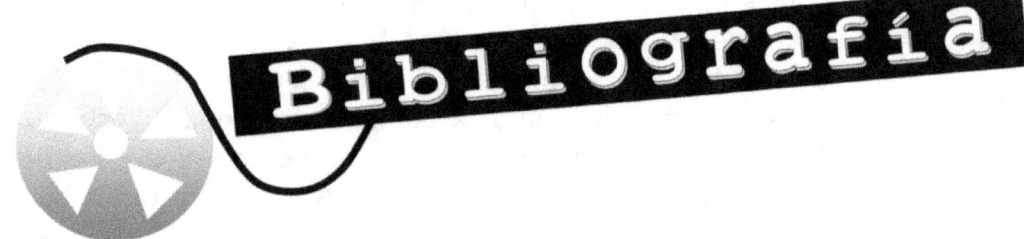

Bibliografía

LIBROS :
* El Director de Cine. FELDMAN, Simon.
* Géneros realistas en televisión: Los reality shows.
* Producción de Programas. KAPLÚN, M.
* The Tools of Screenwriting. HOWARD, David y MABLEY, Edward.
* Adventures in the Screen Trade. GOLDMAN, William.
* The complete Guide to standard Script formats. COLE, JR., Hillis y HAAG, Judith.
* Screenwriting Business. WRIGHT, Leonore y BOND, Angela.
* Obras escogidas en seis tornos. EISENTEN, Serguei. Tomo 2. Ediciones "Arte" Moscú
"La Efigie Cinematográfica". Andrei Tarkovskij
* Fundamentos del Cinematográfico. O.F. NECHAY y G_V. RAANIKOOV, Ediciones El Arte del Cine
Segunda Edición. Editado por el Ministerio de Educación Media y Superior de Bielorusia.
* El Lenguaje del Cine.
* El Sentido del Cine. EISENTEN, Serguei. Ediciones del Departamento de Actividades Culturales. Universidad de la Haban, serie Literatura y Arte.
* Television Producing and directing. BLUMENTHAL, H. 1987.
* Dictionary of Broadcast Communications. DIAMANT, L., 1991.

ENCICLOPEDIAS:
* Enciclopedia Encarta. Microsoft Corporation. 2006.
* Wikipedia.com

DICCIONARIOS:
* Diccionario Océano de Sinónimos y antónimos. Editorial Océano. Barcelona, España.

* Diccionario de la Lengua Española. Real Academia Española. Vigésima primera edición. Tomo I y II. Madrid, España. 1992.

PÁGINAS DE INTERNET:
* http://amodelsdiary.blogspot.com Castings Calls
* www.backstage.com. 10 tips for winning Audition.
* "El cine en definiciones", de Valentin Fernandez - Tubau Rodés, Director del área Técnica y Servicios de abcguionistas.com

MONOGRAFÍAS, REVISTAS Y OTRAS FUENTES:
* Apuntes. "Taller de Cine, Mente Pública". Varios profesores. Panamá, 2015.
* Apuntes "Panama Film Lab". Varios exponentes internacionales. Panamá, 2013.
* Talleres "Escribir un guión", Festival Internacional de Cine de Panamá. Panamá, 2014.
* Apuntes, "Producción radial y televisiva", Universidad de Panamá. 2003.

OTROS EBOOKS DE ESTE AUTOR

Conozca nuestros libros del enlace

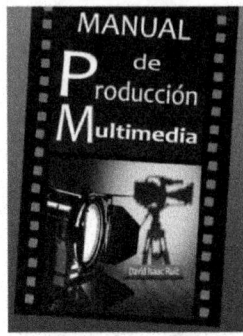
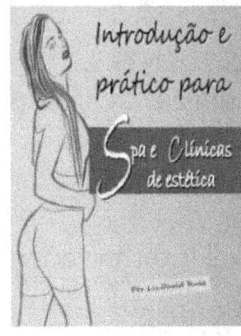
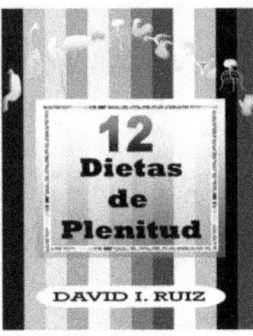
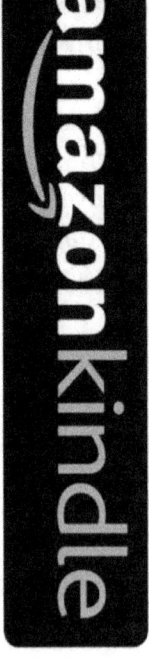
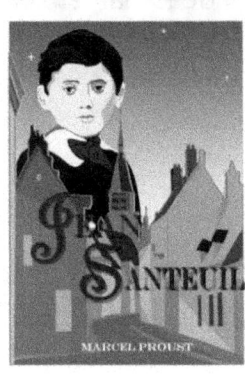
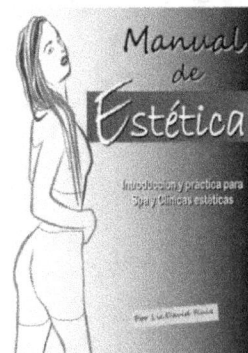
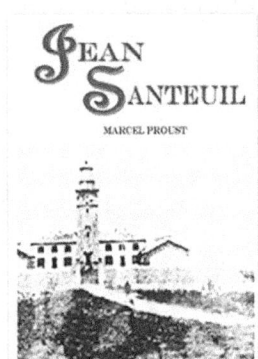

**OTROS VOLÚMENES DE LA SERIE
"12 DIETAS DE PLENITUD"**

▫ Volumen 1: La pirámide alimenticia.

▫ Volumen 2: La digestión, la respiración y la orina.

▫ Volumen 3: Las hormonas, la inmunidad y los nervios.

▫ Volumen 4: Los músculos, la circulación y los huesos.

- Volumen 5: La sexualidad y la desintoxicación

- Volumen 6: Hábitos, recetas sanas y más.

Para más información de estos volúmenes visite la página con la lista completa de los programas a doce pasos de esta serie, sugerimos consultar nuestra página de autor en el siguiente enlace electrónico.

Página de autor en amazon.com:

Promoviendo el conocimiento en la Internet

www.ingramcontent.com/pod-product-compliance
Lightning Source LLC
Chambersburg PA
CBHW071205240526
45470CB00018B/1503